施工标准化系列丛书

城市轨道交通工程（轨道）施工作业操作手册

中铁电气化局集团有限公司 ◎ 编著

西南交通大学出版社
·成 都·

图书在版编目（CIP）数据

城市轨道交通工程（轨道）施工作业操作手册 / 中铁电气化局集团有限公司编著. -- 成都：西南交通大学出版社，2024.1

ISBN 978-7-5643-9678-7

Ⅰ. ①城… Ⅱ. ①中… Ⅲ. ①城市铁路 – 轨道交通 – 工程施工 – 手册 Ⅳ. ①U239.5-62

中国国家版本馆 CIP 数据核字（2024）第 008968 号

Chengshi Guidao Jiaotong Gongcheng (Guidao) Shigong Zuoye Caozuo Shouce

城市轨道交通工程（轨道）施工作业操作手册

中铁电气化局集团有限公司 **编著**

责任编辑 姜锡伟
助理编辑 赵思琪
封面设计 原谋书装

出版发行 西南交通大学出版社
（四川省成都市金牛区二环路北一段 111 号
西南交通大学创新大厦 21 楼）
邮政编码 610031
营销部电话 028-87600564 028-87600533
网址 http://www.xnjdcbs.com
印刷 成都勤德印务有限公司

成品尺寸 185 mm × 260 mm
印张 16.75
字数 364 千
版次 2024 年 1 月第 1 版
印次 2024 年 1 月第 1 次
定价 96.00 元
书号 ISBN 978-7-5643-9678-7

课件咨询电话：028-81435775

施工标准化作业系列丛书

编 委 会

序 PREFACE

随着我国城市轨道交通的迅速发展，地铁和轻轨已成为人们出行的重要公共交通工具。结合国家新一轮城市轨道交通网线规划，城市轨道交通工程建设仍将保持长期的良好态势。

为贯彻工程建设标准化管理的要求，满足施工项目精细化管理需求，规范铁路及城市轨道交通各专业施工作业的程序，合理安排施工组织，提高现场施工作业人员的操作能力，预防工程项目实施过程中的安全质量隐患，全面提升企业整体施工技术管理水平，降低成本，提高企业效益，中铁电气化局集团有限公司组织技术人员编写了《城市轨道交通工程（轨道）施工作业操作手册》。

为进一步加强轨道专业化发展，确保工程质量和安全生产，中铁电气化局集团有限公司根据现行城市轨道交通工程国家及行业有关规范、标准，并结合公司积累的施工技术管理经验和项目实际情况，牵头组织编写了《城市轨道交通工程（轨道）施工作业操作手册》，以供企业内部施工参考。

该手册的编制本着"合理先进、方便实用、安全高效"的指导原则，结合近年来信息化、智能化的管理手段，围绕公司轨道专业做优做强的战略目标，针对地铁轨道施工特点，紧密结合施工现场，以提升城市轨道交通专业施工技术及质量管理为出发点，致力于培养专业化技术人才，为社会提供绿色、智能、安全可靠的轨道交通产品和服务。

该手册本着满足现行国内城市轨道交通技术规范和验收标准的原则，结合行业内近年来的施工现状，以中铁电气化局集团有限公司的福州地铁 2 号线、南昌地铁 3 号线、长沙地铁 6 号线轨道施工等实际工程项目案例为参考，并结合中铁电气化局集团有限公司近年在北京、天津、苏州、太原、杭州、金华等的轨道项目，为优化现场施工方案及工艺工法而编写。轨道施工技术人员可通过学习本书，对轨道工程施工技术、工艺有进一步的认识，使专业施工达到科学化、系统化、标准化，对高标准、高质量、高效率指导轨道交通工程轨道施工具有一定的参考作用，对规范、提升轨道交通工程施工具有一定的指导意义。

由于编者水平有限，书中难免有疏漏之处，欢迎广大读者及同行提供宝贵意见，以便再版完善。

林云志

2023 年 11 月

前言 PREFACE

目前，随着我国城市化进程高速发展，城市人口大量增加，以及城市群、经济区建设大力发展，城市轨道交通在缓解市区交通拥堵、提升区域交通出行质量和为区域经济发展提速方面的作用越发显著。全国大多数大中城市都已经规划或者实施了地下轨道交通建设。近十年来，我国城市地下轨道交通的高速发展使我国已经成为世界上城市地下轨道交通线路里程最长的国家，也是地下施工条件和结构形式最为复杂的国家，城市地下轨道交通工程技术处于世界领先水平。城市轨道交通工程作为我国的基础建设正处于方兴未艾的发展时期，建设水平的高低和施工安全质量的把控为从事这个行业的技术人员带来了前所未有的挑战。

为规范城市轨道交通各专业施工作业的标准化管理，实施工程项目管理精细化，全面提升企业整体施工技术管理能力和水平，促进施工管理和作业人员全面掌握施工工序，施工工艺、施工方法，以及质量、安全和环保的要求，中铁电气化局集团有限公司组织技术人员编写了《城市轨道交通工程（轨道）施工作业操作手册》。

本书共九章，包括地铁轨道工程施工测量，地铁轨道工程铺轨基地建设及设备、工器具选用，地铁轨道工程正线及站场线道床施工，地铁轨道工程道岔区施工，地铁轨道工程钢轨焊接、应力放散及线路锁定，地铁轨道工程安全及附属设备施工，地铁轨道工程安全质量保证措施，地铁轨道工程竣工验收及资料移交，地铁轨道工程信息化应用。本书是对中铁电气化局集团有限公司铺轨施工板块技术标准和施工技术要求的完善补充，是中铁电气化局集团有限公司参与城市地下轨道交通铺轨施工的技术经验和具体实践总结。

本书依据国家及行业现行有关施工技术标准、规范、办法编写，力求通俗易懂，便于学习、培训，并兼顾系统性、科学性、实用性、准确性。

本书涵盖地铁轨道施工中各工序的作业内容，明确各工序的作业条件、工序流程，规范各工序的作业标准、操作要点及质量控制标准，对安全、环保控制措施作出具体要求。本书具有系统性、针对性、实践性和简易性，让操作方法易于理解，更易于操作，能有效且针对性地指导现场施工。

本书可作为项目部岗前培训教材，亦可作为施工现场工程管理人员、施工技术人员的工具书。衷心希望本书能为城市轨道交通工程施工技术发展尽绵薄之力，恳请同行对书中的不当之处不吝赐教。

作　者

2023 年 11 月

目录 CONTENTS

PART ONE

第一章

地铁轨道工程施工测量

第一节　基标施工测量

一、适用范围

适用于城市轨道交通地铁项目车站及区间轨道工程范围内的施工测量。本节部分内容及数据参考福州地铁 2 号线轨道工程。

二、作业条件及施工准备

（一）作业条件

控制点坚固、稳定、保存完好，控制点位信息资料齐全。

（二）施工准备

前期准备主要有测绘专业人员培训、仪器设备准备和测量资料收集等。

1. 测绘专业人员培训

铺轨施工现场，施工人员众多且成分复杂，各专业交叉施工，各种施工机械穿梭于现场，因此在测绘专业人员进场前必须进行充分的技术及安全培训，避免事故发生。培训内容包括：仪器操作规程学习，技术交底、技术规范学习与考核，进场动员，安全教育等。

2. 仪器设备准备

高精度基标测量要求测量仪器设备具备良好的准确性和可靠性，仪器设备应按照相关规范和项目实施方案的要求进行认真准备和严格检校，确保仪器在有效鉴定期内且处于良好状态，并依据施工组织设计方案将仪器设备发放到各个专业测量小组，并及时进行登记。为保证成果质量，仪器设备在铺轨阶段不得挪为他用。仪器设备准备工作的内容包括：按规范要求合理配备仪器设备，确认仪器设备在有效检定周期内，对仪器及其附件进行常规性检查。

3. 测量资料收集

认真做好资料收集工作，以便为基标测设提供全面的数据支持。应收集的资料见表 1.1.1。

表 1.1.1　应收集的测量资料

资　料	内　容
设计资料	线路平面设计图
	线路铺轨综合图
	其他与轨道测量有关的设计资料

续表

资　料	内　容
测绘资料	控制（沿线控制点、高程控制点等）资料
	施工导线及线路基标检测资料
	其他铺轨测量有关的测量资料

三、主要引用技术标准

（1）《工程测量标准》GB 50026—2020。

（2）《城市轨道交通工程测量规范》GB/T 50308—2017。

（3）《城市测量规范》CJJ/T 8—2011。

（4）《地下铁道工程施工质量验收标准》GB/T 50299—2018。

（5）《国家一、二等水准测量规范》GB/T 12897—2006。

四、仪器设备投入

为了确保测量工作的顺利进行，按期提交测量成果报告，每标段投入的设备见表 1.1.2，图 1.1.1。

表 1.1.2　仪器设备

序号	名称	制造单位	规格型号	精度	数量
1	全站仪	徕卡	TS60	0.5″，0.6 mm+1×$10^{-6}D$	2
2	电子水准仪	天宝	DINI03	0.3 mm/km	2
3	条码尺	—	—	—	4

注：制造单位及规格型号仅供参考，其他测量设备应按现场需求进行配置。

（a）全站仪　（b）电子水准仪　（c）条码尺

图 1.1.1　测量仪器设备

五、主要工作内容及测量施工工序

（一）主要工作内容

（1）控制点移交、测量、交验。

（2）控制基标测量、报验。

（3）加密基标布设、测量、报验。

（4）控制基标竣工测量、移交。

（5）轨道铺设竣工测量。

（二）测量施工工序

测量施工工序如图 1.1.2 所示。

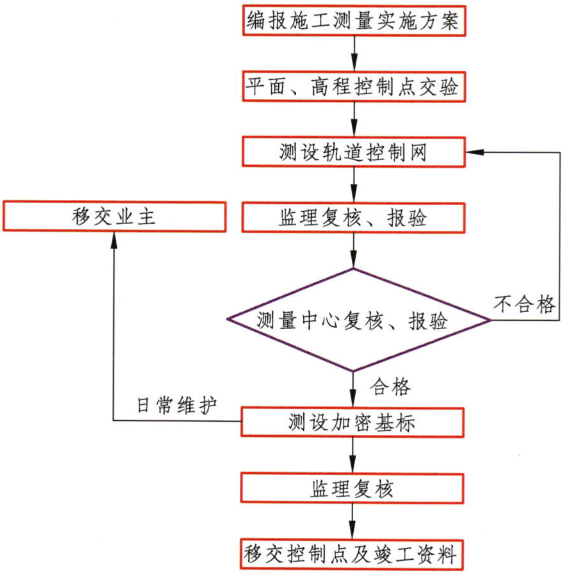

图 1.1.2　测量施工工序

六、铺轨基标测量

铺轨基标是混凝土整体道床和碎石道床铺设的控制点，精确测设铺轨基标是保证轨道施工质量及后期运营的关键。

（一）前期准备工作

（1）测量仪器的检校。要保证所需的测量精度，首先要保证各种测量仪器处于正常可靠的工作状态。除了定期检校外，在使用过程中应经常进行常规检校工作，例如：全站仪的圆水准器、长水准器、两倍照准差（2*C* 差）、指标差、光学对中器等的检校；反射镜基座圆水准器、长水准器、光学对中器、觇标、对中杆圆水准器等的检校；水准仪的圆水准器、i 角误差、水准尺的圆水准器等的检校。

（2）铺轨基标资料计算。坐标计算通常是在局部坐标系下通过截取坐标级数展开式的有限项求得，不同的计算方法对坐标精度有不同的影响，需核对铺轨基标坐标、高程的计算方法。

（二）现场踏勘

组织有经验的专业测绘人员，对沿线各级控制点进行普查，了解控制点现状，并进行相关资料的统计分析，对全线控制网点的完整性和稳定性作出初步评估。对已知控制点，要现场绘制点位图，配以相关文字说明，并进行现场点位栓桩、标识等工作。

（三）线路控制点复测

1. 施工控制点移交

（1）铺轨基标的测设依据测量中心提供的施工控制点。在进入现场以后，必须在驻地监理工程师的主持下由施工单位测量队、第三方测量中心、业主代表四方进行交接桩，各方人员持交桩表逐桩核对、交接确认，并经过监理方、第三方测量中心签字盖章后方可使用。

（2）交接过程中，应检查桩号是否相符，点位有无松动或不清晰的。

（3）在交桩完成后一定要对控制点进行保护，以避免控制点不完整而造成偏差。

（4）由于受施工、地基沉降及其他外界因素的影响，施工控制点有可能发生变化，为了满足施工的需求，施工测量队需对提供的平面控制点、水准点在施工前进行复测并严格按照《城市轨道交通工程测量规范》（GB/T 50308—2017）中 3.3、4.1、4.2 节的相关规定执行。当实测值与计算值相差较大时即可重新复测检查并查明原因，不满足平差要求时应及时上报驻地专业监理工程师和业主测量队，请求进行统一调整。

2. 平面、高程坐标系

测量点的坐标可以通过坐标系表示，根据几何要素的不同可分为空间直角坐标系、大地坐标系、平面坐标系、高斯平面直角坐标系等。其中：

（1）空间直角坐标系的坐标原点位于参考椭球的中心，Z 轴指向参考椭球的北极，X 轴指向起始子午面与赤道的交点，Y 轴位于赤道面上切（按右手系与 X 轴呈 90°夹角）。某点的坐标可用该点在此坐标系的各个坐标轴上的投影来表示。

（2）大地坐标系是采用大地纬度、经度和大地高程来描述空间位置的。纬度是空间的点与参考椭球面的法线与赤道面的夹角；经度是空间的点与参考椭球的自转轴所在的面与参考椭球的起始子午面的夹角；大地高程是空间的点沿着参考椭球的法线方向到参考椭球面的距离。长轴、短轴和扁率参数取值的不同会产生不同的参考椭球体。

（3）平面直角坐标的坐标原点 O 可以任意假定，以正北方向为 X 轴。由于测量上所用的方向是从北方向（纵轴方向）起按顺时针方向以角度计值（象限也按顺时针编号）。因此，将数学上平面直角坐标系（角值从横轴正方向起按逆时针方向计值）的 X 轴和 Y

轴互换后，数学上的三角函数计算公式可不加改变直接用于测量数据的计算。

（4）高斯-克吕格平面直角坐标系（简称高斯平面直角坐标系），是根据高斯-克吕格（Gauss-Krüger）投影所建立的平面坐标系。它是用大地经度和纬度表示的大地坐标，是一种椭球面上的坐标，不能直接应用于测图。因此，需要将它按一定的数学规律转换为平面直角坐标系。高斯平面直角坐标系成为大地测量、城市测量、普通测量、各种工程测量和地图制图中广泛采用的一种平面坐标系。

我国使用过的坐标系有 1984 年世界大地坐标系（WGS84）、1954 北京坐标系和 1980 西安坐标系。目前我国采用 2000 国家大地坐标系（CGCS2000），高程系统采用 1985 国家高程基准，基准面采用青岛大港验潮站 1952—1979 年确定的黄海平均海水面。

3. 精密控制网复测

（1）精密导线平面控制网精度指标（见表 1.1.3）。

表 1.1.3 精密导线平面控制网精度指标

平均边长/m	导线总长度/km	每边测距中误差/mm	测距相对中误差	测角中误差/s	水平角测回数		方位角闭合差/(″)	边长长测回数	全长相对闭合差	相对点位中误差/mm
					Ⅰ级	Ⅱ级		Ⅰ、Ⅱ级		
350	3～4	±4	1/60 000	±2.5	4	6	$\pm5\sqrt{n}$	往返测各 2 测回	1/35 000	±8

注：n 为导线的角度个数，一般不超过 12 个。

精密导线的等级：各项指标与城市四等导线的精度指标比较接近，一般称之为四等导线点或精密导线点。

Ⅰ级全站仪的测角标准差 $|m_\beta| \leqslant 1''$，测距标准差 $\pm(1+1\times10^{-6}D)$ mm；

Ⅱ级全站仪的测角标准差 $1''<|m_\beta| \leqslant 2''$，测距标准差 $\pm(3+2\times10^{-6}D)$ mm。

（2）精密导线平面控制网观测要求。

精密导线应布设成附合导线、闭合导线和结点导线网的形式。

水平角观测一测回内 $2C$ 较差，Ⅰ级全站仪 9″，Ⅱ级全站仪 13″。同一方向各测回较差，Ⅰ级全站仪 6″，Ⅱ级全站仪 9″；

测距时现场应读取温度和气压，温度读至 0.2 °C，气压读至 50 Pa；

现场在仪器内进行加、乘常数以及温度和气压改正，导线观测尽量使用三联脚架的观测方法。

4. 二等水准网复测

1）二等水准网精度指标（见表 1.1.4）

表 1.1.4　二等水准网精度指标

精度指标名称	精度指标要求
每公里水准测量的全中误差/mm	≤±4.0
每公里水准测量的偶然中误差/mm	≤±2.0
往返测高差不符值	$\leqslant \pm 8\sqrt{L_3}$
附合线路或环线闭合差	$\leqslant \pm 8\sqrt{L}$
检测已测段高差之差	$\leqslant \pm 8\sqrt{L_i}$
i 角/（″）	≤±15″
视线高度/m	≥0.3
视线长度/m	≥3 m 且≤50
前后视距差/m	≤1.5
任一测站上前后视距差累积/m	≤3.0

注：L_3—测段、区段、线路长度，km；L—附合线路或环线长度，km；L_i—检测测段长度，km。

2）观测操作方法

（1）测前准备。

观测仪器采用天宝电子水准仪器（如天宝 DINI03）进行外业观测。

① 测量前应选择二等水准测量模式自动控制各项观测限差。

② 仪器、标尺使用前必须进行规定项目的检验。外业观测方式、时间、顺序及方法必须严格按相关规范执行。

③ 在观测前期，每天作业前检测仪器 i 角一次，作业开始的 7 个工作日内，若 i 角较为稳定，则每隔 15 d 检校一次。

④ 观测前 30 min 应将仪器置于露天阴影下，使仪器与外界气温趋于一致。

（2）观测要求。

① 二等水准测量采用往返观测，同一区段的往返观测，应使用同一类型的仪器和转点尺承沿同一路线进行。

② 同一测段的往返测应分别在上午和下午进行，在日间气温变化不大的阴天和观测条件较好时，若干里程的往返观测可在同一上午或下午进行。但里程的总站数不应超过所有里程总站数的 30%。

③ 水准观测应在标尺分划线成像清晰且稳定时进行，如图 1.1.3 所示。

④ 设站时，需用测伞遮蔽阳光。迁站时，应罩以仪器罩。

⑤ 在连续各测站上安置水准仪的三脚架时，应使其中两脚与水准路线的方向平行，而第三脚轮换置于路线方向的左侧与右侧。

⑥ 往返测奇数站观测顺序：后—前—前—后；偶数站观测顺序：前—后—后—前。

图 1.1.3　水准观测

3）二等水准平差计算

平差可使用测量平差软件，如武汉测绘科技大学的科傻（COSA）系统系列软件的 CODAPS 2003 可进行平差计算，将计算所得的平差文件导入，自动进行附合或闭合差（环）计算，以及概算、平差、精度评定和平差结果的报表输出。二等水准提供原始数据的电子表格（手簿），平差资料中应包括闭合差（环）成果。

5. 极坐标放样的精度分析

全站仪进行极坐标放样（图 1.1.4）时，影响放样点位精度的主要误差包括仪器安置在测站上的对中误差、测设方位角的测角误差、测距误差以及放样点标定的误差等。

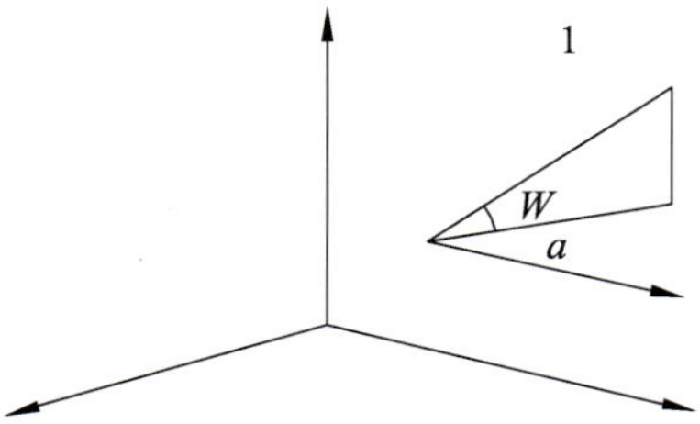

图 1.1.4　极坐标放样示意

$$m_1^2 = m_L{}^2 \cos^2 \omega + L^2 m_\omega{}^2 \sin^2 \omega / \rho^2 \tag{1.1.1}$$

式中：m_1 为仪器对中误差；m 为放样点对中误差；W 为测视角；L 为放样边长；ρ 为点到极点的距离；m_L 为测距误差；m_ω 为俯仰视线角误差。其中，俯仰角误差 m_ω 将引起中误差 $m_A = (Lm_\omega \sin w / \rho)$。

$$m_2^2 = m_{仪}^2 + m_{标}^2 + D^2 m_a^2 / \rho^2 \tag{1.1.2}$$

式中：m_2 为测量平距中误差；D 为测距误差；$m_{仪}$ 为仪器对中误差（≤1 mm）；$m_{标}$ 为放

样点对中误差（≤1 mm）；m_a 为全站仪测角中误差（≤1″）。其中，测角中误差引起中误差 $m_\beta=(Dm_a/\rho)$，控制点放样距离最大为 400 m，则 m_β=2 mm，因此测距精度为 2 mm+2×$10^{-6}D$。

综合上述，$m_0^2=m_D^2+m_仪^2+m_标^2+m_\beta^2$=8 mm^2，m_0=±3 mm，放样限值取 2 倍中误差，即 $m_d=\pm 2m_0=\pm 6$ mm，满足桩位放样 1 cm 的精度要求。

（四）铺轨基标种类及设置

1. 铺轨基标的种类

道床铺轨控制基标和加密基标分两种设置形式，如图 1.1.5、图 1.1.6 所示。

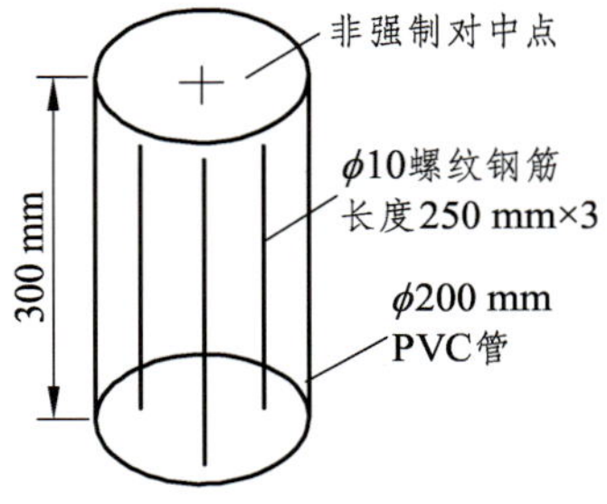

图 1.1.5　基标（混凝土桩）

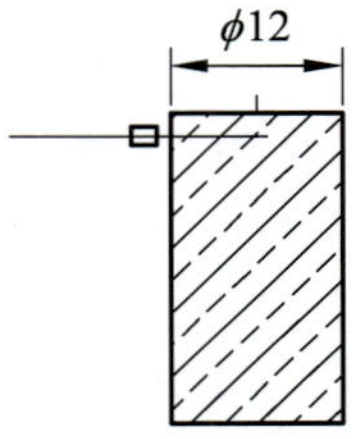

图 1.1.6　基标（钢筋）

（1）由于需求不同，轨道施工中道床形式较多，使用基标种类分两种，图 1.1.5 包括碎石道床、库内线道床、橡胶减振垫道床和钢弹簧浮置板道床，图 1.1.6 包括普通道床。因碎石道床地面结构不稳定、库内线道床轨顶面与基底面高差变化较大（不同道床变化量约为 110 cm）、地下橡胶减振垫道床和钢弹簧浮置板道床与基底面有 2 ~ 3 cm 悬空无法设置等高控制基标，建议统一标准均采用不等高。

（2）混凝土道床加密基标长约 5 cm，碎石道床段加密基标长约 20 cm。

2. 基标设置

以调整好的线路控制点为起算依据进行基标测设。铺轨基标依据线路实际情况设置在线路中心或外移边线上，铺轨基标具体分类描述如下。

1）正线及车场线基标设置要求

（1）地下段基标设置。

根据设计图纸中的道床类型进行布控线路基标，在不影响现场施工的情况下，控制基标设置在线路前进方向的线路中心外移 1.55 m 处，高度低于轨面 0.22 m（左线左侧，右线右侧）。控制基标在直线线路上每 120 m 设置 1 个，曲线线路上除曲线要素点外每 60 m 设置 1 个；由于个别曲线为小半径曲线，控制基标点间距可适当调整。控制基标检测合格后，再进行加密基标放样测量。加密基标同样也是设置在轨道中心线外移 1.55 m 处，直线段为每 6 m 设置 1 个，曲线段为每 5 m 设置 1 个。

（2）车场线碎石道床段及库内线基标的设置。

由于车场线道岔及小曲线较多，车场线控制基标设置在线路中心上，更容易进行现场施工。控制基标在直线线路上每 120 m 设置 1 个，曲线线路上除曲线要素点外每 60 m 设置 1 个，每组道岔岔心设置 1 个。加密基标设置在轨道中心线外移 1.55 m 处，直线段为每 6 m 设置 1 个，曲线段每 5 m 设置 1 个。

2）正线及车场线基标埋设方法及要求

（1）控制基标埋设方法及要求。

① 正线控制基标埋设方法及要求。

在埋设基标标点的管片面上凿 0.05 m×0.05 m 的毛面，在点位旁边植入钢筋，起护桩连接作用，钻眼、埋设膨胀螺栓，拼装控制基标，利用对点器投射坐标点到基标顶面，并利用直径 150 mm 的 PVC（聚氯乙烯）管作模板，灌注 C30 混凝土。地下线圆形区间控制基标埋设方法如图 1.1.7 所示。

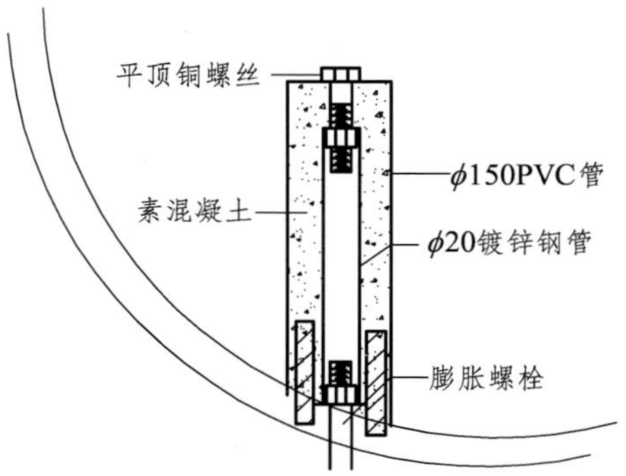

图 1.1.7　地下线圆形隧道区间控制基标埋设

② 车场线控制基标埋设方法及要求。

先挖直径不小于 10 cm 且深 10 cm 的圆洞，利用 ϕ20 的钻头钻取深 8 ~ 10 cm 的圆孔，将长 30 cm 的控制基标打入且外露路面 2 ~ 3 cm 即可，控制基标周围钻孔埋上钢筋，起护桩连接作用，完成后灌注 C20 混凝土。车场线碎石道床控制基标示意图如图 1.1.8 所示。

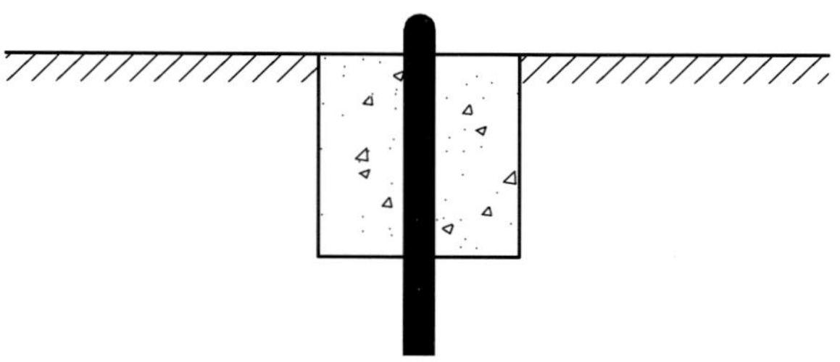

图 1.1.8　车场线碎石道床控制基标示意图

（2）加密基标埋设方法及要求（见图 1.1.9）。

① 正线加密基标埋设方法及要求。

用电钻在点位上钻取 3 cm 深的孔洞，打入 5 cm 长的 ϕ12 钢筋，点位确定后在钢筋表面用中心冲作标记。

② 车场线加密基标埋设方法及要求。

用电钻在点位上钻取 5 cm 深的孔洞，打入 20 cm 长的 $\phi 20$ 钢筋，点位确定后在钢筋的表面用中心冲作标记。由于车场线碎石道床稳定性不足，在加密基标的旁边，浇筑水泥，固定加密基标。车场线整体道床加密基标埋设方法同正线。

图 1.1.9　加密基标埋设

（五）等高控制基标埋设流程

（1）根据设计图纸计算待放点位的资料，按照已交控制点的平差实测数据进行放样。

（2）粗放点位，在点位上方标注里程，打上膨胀螺丝，固定完成后再进行精确放样。为了方便以后调点顺利，要保证点位在 1 mm 以内。因设计要求控制基标等高，故在旁边 100 mm 内打上高程控制点，如图 1.1.10 所示。

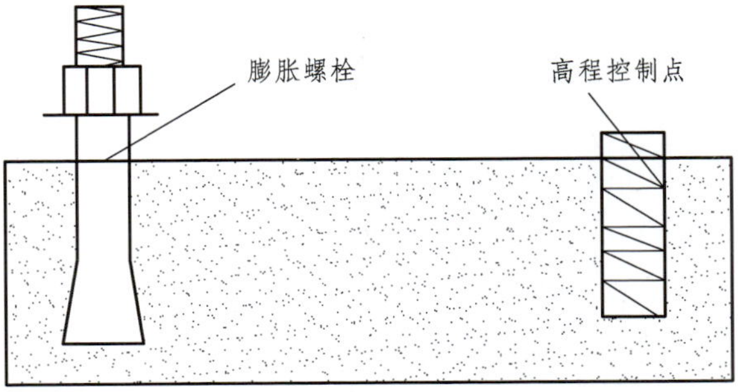

图 1.1.10　高程控制点及膨胀螺栓植入

（3）对每个高程控制点进行二等水准联测，形成附合导线，计算出高程控制点实测数据 $D_{测}$，再根据设计调坡图计算出控制基标设计高程 $D_{设}$，即可计算出所需要的镀锌管长

度 $L(D_{测} - D_{设} = L)$。控制基标焊接如图 1.1.11 所示。

（4）镀锌管加工完成后进行控制基标的安装，首先用对点器控制好平面，开始安装控制基标，利用水平尺或丁字尺来调整控制基标的高程。把 PVC 管套在镀锌管的外面进行混凝土浇筑，在浇筑过程中镀锌钢管受到混凝土的挤压可能会移动，浇筑完成后再进行平面和高程的调试，检查无误后用红油漆点作标记，如图 1.1.12 所示。

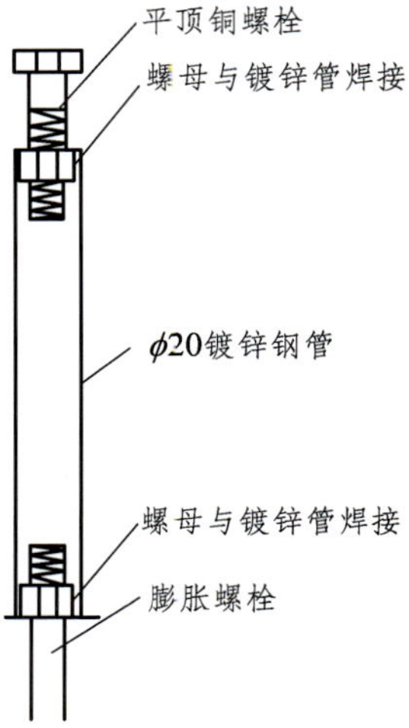

图 1.1.11　控制基标焊接

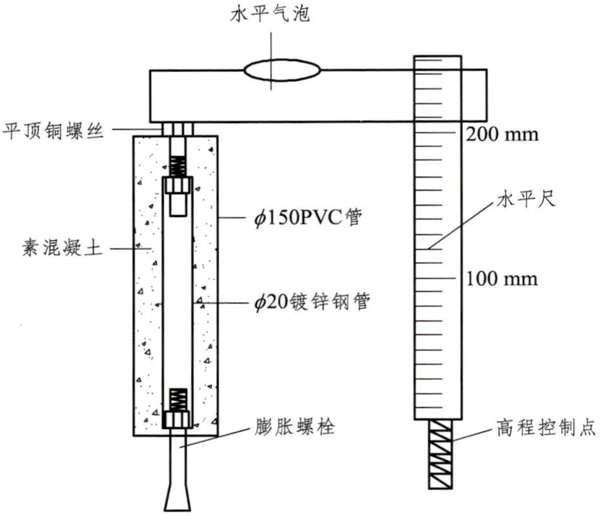

图 1.1.12　控制基标的安装

上述制作工艺适用于等高地段，统一按轨面向下 220 mm，可使控制基标外露道床面。

（六）铺轨基标测设

1. 控制基标测设

依据业主提供的精密控制点，控制基标采用极坐标法进行测量。两站一区间以车站控制点为起算边和闭合边形成附合导线的形式，对区间控制基标点进行串线测量，导线测量方法及精度与精密导线测量相同，具体内容可参见《城市轨道交通工程测量规范》（GB/T 50308—2017）。

1）控制基标初步设置

根据调线调坡设计图中的线路平面曲线要素计算出所需测设点的坐标，并与提供的电子版线路平面图中获取的测设点的坐标进行比较，确认无误后，再利用已复测确认的控制点，采用极坐标法对控制基标点进行初次测设点位，再通过等高控制基标操作流程设置控制基标（不等高控制基标直接植入基标即可）。

由于控制精度和人为的原因，个别点位无法满足限差要求。待基标点位固定后统一进行角度、距离、高程联测，分别测出相邻基标间的关系，并与设计要求进行比较，对超限的基标点按其要求进行调整，使各点相对关系满足规范限差。

2）控制基标调整

根据调线测量成果计算控制基标间各夹角与理论值的较差，如有超限，则对部分及全部控制基标点位进行归化改正，使各控制基标间的几何关系满足限差要求。线路边桩调整如图 1.1.13 所示。

线路边桩调整示意图			
调整值	↓	↑	↓
观测值	180° 00′ 13″	179° 59′ 46″	180° 00′ 10″
理论值	180° 00′ 00″	180° 00′ 00″	180° 00′ 00″
改后值	180° 00′ 04″	180° 00′ 03″	180° 00′ 01″
残　值	4″	3″	1″
调线图	K1+000 ○ 120.000 m / 120.002 m ○ K1+120	K1+120 ○ 120.000 m / 120.004 m ○ K1+240	K1+240 ○ 120.000 m / 120.003 m ○ K1+360

图 1.1.13　线路边桩调整示意图

3）超限处理

控制基标高程如有超限，利用高程控制点进行控制基标高程的修改。

2. 控制基标测量限差要求

（1）使用 1″级全站仪进行测量，检测控制基标间夹角，水平角左、右各两测回，其左、右角之和与 360° 之差小于±6″；边长往返各两测回，测回差小于±5 mm。控制基标测设形式为等高等距。

（2）直线段控制基标间夹角与 180°较差应小于±8″，实测距离与设计距离较差小于±10 mm，曲线段控制基标间夹角与设计值较差计算出的线路横向偏差小于±2 mm，弦长测量值与设计值较差小于±5 mm。

（3）控制基标高程测量按精密水准测量要求施测。其水准线路闭合差小于$\pm 20\sqrt{L}$ mm（L 为水准线路长度）。

3. 报验

控制基标测设调整完成后，按业主相关要求向监理工程师和测量中心提请报验。

4. 加密基标测设

依据线路上加密的控制导线，按设计图纸要求，采用极坐标法或偏角法，进行基标布设，经线路调整、复测，然后测设加密基标。

1）正线加密基标

（1）加密基标的设置。

控制基标经监理工程师或测量中心确认合格后，在控制基标的基础上进行加密基标测设，加密基标测设形式为等距不等高，一般直线段每 6 m 设置 1 个，曲线段每 5 m 设置 1 个。

（2）加密基标平面测设方法及要点。

加密基标测设如图 1.1.14 所示。

图 1.1.14　加密基标测设

① 加密基标是在控制基标检测合格的基础上进行的，在进行加密基标测设时除了利用布置完成的控制基标，也可利用导线点进行测设。为了节约时间，提高工作效率，利用偏角法进行测设是最简便快捷的。

② 加密基标测设可按照现场布置控制基标要素点进行置镜，利用拨角度、拉尺距进行测设。

③ 偏角法计算。

a. 圆曲线段。

偏角计算：$$\alpha=\frac{180L}{2\pi R}\text{（偏移后角度算法一样）}\tag{1.1.3}$$

弦长计算：$$D=2R\sin\alpha\tag{1.1.4}$$

增长量计算：$$E=D/RH\tag{1.1.5}$$

式中：L 为置镜点（YH、HY）到测点的距离；R 为半径；H 为外移量。

b. 缓和曲线段（见图 1.1.15）。

参数：$$C=\frac{Rl_s}{1+\frac{2}{5}\left(\frac{l_s^2}{R^2}\right)+\frac{1123}{3\,600}\left(\frac{l_s^2}{R^2}\right)^2+\frac{23\,519}{78\,000}\left(\frac{l_s^2}{R^2}\right)^3+\cdots}\tag{1.1.6}$$

偏角计算：$$\alpha=\frac{L^2}{6C}-\frac{L^6}{100C^3}\tag{1.1.7}$$

弦长计算：$$D=L-\frac{L^5}{90C^2}\tag{1.1.8}$$

式中：l_s 表示缓和曲线长度；其余含义同上。

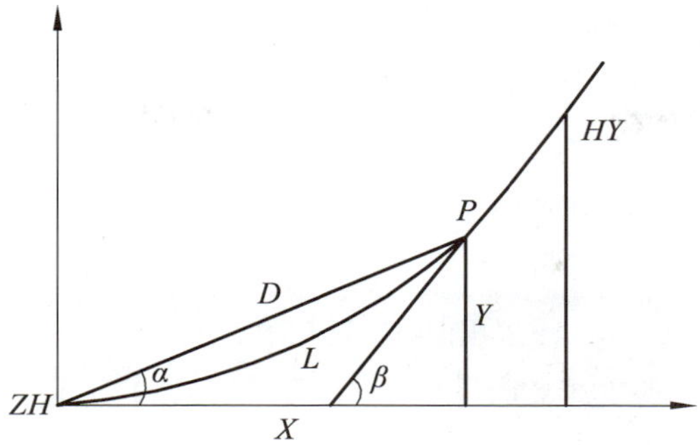

图 1.1.15　缓和曲线计算模型

④ 为防止加密基标在现场运钢轨时被破坏，建议钢筋长度在 5 cm 以内。现场做加密基标时其高度尽量比地面高出一点点，这样既能不影响水准测量，又能保证加密基标的精度。

⑤ 加密基标检核。直线段和圆曲线段加密基标测设完毕后，通过变换测站检查各放样基标。加密基标检核的具体方法：将全站仪与后视光学觇牌调换位置，按原测方法逐一检查各加密基标位置，对个别超限加密基标及时修正。对于缓和曲线段的加密基标，应重新摆放测站全站仪及后视光学觇牌，现场实测各加密基标偏角、距离，并与理论偏角及距离进行核对，对不符合限差要求的加密基标及时调整。

（3）加密基标水准测量方法及要点。

加密基标水准测量既能闭合到控制基标，也能闭合到测量中心移交控制点。水准测量可使用变动仪高法、双面尺法，这样可以复核所测点。在条件允许时，可利用两台仪器进行测量，这样既能复核所测点，也能更快更精准地完成作业。所测加密点数据保证在±2 mm 以内，把现场调轨所需点位的数据进行资料交底，包括基标顶面到轨面的差值（上升量）、超高、正矢等调轨有关数据。

在铺轨综合图上明确标注出里程长短链位置，在加密基标现场测设时对里程长短链位置应着重检查。对应各加密基标的位置在隧道侧墙上用红色油漆注明左右线设计里程，长短链处按设计图纸注明里程变化要素。

2）道岔基标测量

以 9 号单开道岔为例，其点位布设如图 1.1.16 所示。

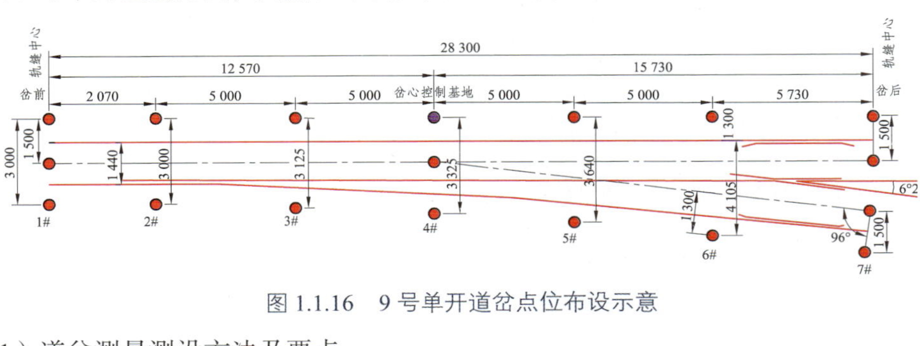

图 1.1.16　9 号单开道岔点位布设示意

（1）道岔测量测设方法及要点。

道岔基标分别采用极坐标法和偏角法进行放样，利用极坐标法把岔前、岔心、岔后放在直股外侧 1.5 m 处，然后利用偏角法进行加密。

单开道岔测量只需架设两次仪器，分别架设在岔心、岔心外移点，再利用三角函数关系，就可对所需点位进行测量。

单开道岔曲股边桩（见图 1.1.16 中 2#～6#桩号）主要是高程控制点，其余点位控制平面及高程。

对于交叉渡线，由于它是由四个单开道岔拼接而成的，在测量过程中应把四组单开道岔放出来，再把交叉渡线中心十字轴线放出来，一组交叉渡线就算完成了。

（2）加密基标测量限差要求。

① 直线段加密基标限差要求。

纵向：相邻基标间纵向误差小于±5 mm。

横向：加密基标偏离两控制基标间的方向线小于±2 mm。

② 曲线加密基标限差要求。

纵向：相邻基标间纵向误差小于±5 mm。

横向：加密基标相对于控制基标的横向偏距小于±2 mm。

5. 控制基标恢复及建议

铺轨基标高度要高于道床面，由于施工作业较烦琐，基标容易被破坏。利用相邻基标间的夹角关系可以对破坏的基标进行恢复，对于连续两点或多点损坏的，可用已有控制基标进行串线测量恢复点位。

特殊道床及碎石道床施工工艺烦琐，控制基标不易被保护，建议不做成等高形式。

6. 竣工测量

线路轨道竣工测量包括铺轨基标竣工测量和轨道铺设竣工测量。在隧道施工区内以控制基标为起始数据，在敞开段以地面导线点为测量依据，进行线路轨道竣工测量。控制基标或控制点若发生变化应重新进行控制测量，并以其作为起始数据布设线路导线。

在加密基标测设完成后进行铺轨基标竣工测量，一般主要检测各控制基标间的折角和高程，其测量方法和精度要求按前述铺轨测设有关技术要求执行。

轨道铺设竣工测量在道床铺设完成后进行，并以控制基标为起始数据，用水准仪测量铺轨控制基标与对应钢轨的轨顶高差。轨道距铺轨基标或线路中心线的允许偏差为±2 mm；轨道高程允许偏差为±2 mm，轨距允许偏差为−2～+3 mm，左、右轨的水平允许偏差为±2 mm。测量中误差应为允许偏差的 1/2。其他位置直线段每 20 m 检测 1 点，曲线段每 10 m 检测 1 点。

七、测量成果报验和提交资料

（一）测量成果报验

按照业主要求提请相关测量成果报验：

（1）控制点移交后，及时进行复测，于交接桩后 7 d 以内复测完毕并上报复测结果，交测量中心审定。

（2）完成本标段所需的控制测量工作后，上报测量监理工程师复核，并由测量中心进行检测，合格后安排下一步施工放样测量工作。

（3）铺轨控制基标测量在报请测量监理工程师检测合格后，还需报请测量中心进一步复测，待测量中心确认合格后，方可进行加密基标测设。

（4）加密基标测量在报请测量监理工程师检测合格后，方可进行下道工序施工。

（二）提交资料

（1）工程概况、起止里程、施工工艺。

（2）编制依据。

（3）测量仪器及标称精度，测量的时间及环境情况。

（4）控制基标检测数据。

（5）桩点的里程及埋设情况。

（6）测设的简略图形说明。

（7）测量精度评定。

（8）附件（复印件）、人员证书、仪器检定证书、原始记录等。

八、基标测量精度保障措施

地铁轨道工程测量作业十分紧张，存在工期紧、交叉多、作业环境恶劣等特点。并且地铁轨道结构采用维修量较小的整体道床，铺设轨道一次到位，几乎无调整余地，对铺轨基标的测量精度要求均为毫米级。

为了满足工程进度需要，并确保测量成果质量，在地铁测量活动中，需结合项目特点，采用有针对性的技术措施，确保质量目标的全面实现。

（1）认真编写项目实施方案。

测量作业开始前，应与业主、监理、测量中心积极沟通，全面收集基础资料（既有测量成果、设计资料和施工进度计划等），全面了解项目情况，认真进行现场踏勘，依据各种有关的技术标准和合同约定，并以满足工程需要为原则，结合项目的实际情况进行项目实施方案编制，确保实施方案科学合理，切实可行。

（2）实施方案的报审、修订和切实执行。

项目实施方案编制完成后，应及时报经业主审批，按照业主评审意见进行修正、补充和完善，并按时递交复审。获业主批准的项目，其实施方案作为测量作业的依据，在项目实施的全过程中切实执行。

（3）使用先进的测量仪器和测量技术。

作业过程中，使用全站仪和电子水准仪等一系列测量仪器设备（如徕卡、拓普康等），并充分发挥其技术和精度优势，实现仪器设备和测量技术的最优化，提高测量作业的工作效率。

同时，在作业过程中，将通过巡视员制度，动态了解施工现场情况，一边采取有效措施克服作业环境对测量精度和作业进度的影响，全程保持测量仪器设备在有效鉴定周期且处于良好运转状态，以确保成果质量。

（4）人力资源的合理配置。

按照技术职称高低组建测量队，确保作业队伍结构合理，保持作业队伍人员相对稳定。

（5）规范作业过程，严格质量检查。

严格按照规范要求进行测量作业，并按规定进行作业过程检查以及测量成果的检查验收。

（6）充分借鉴和总结类似项目的工作经验。

充分借鉴和总结类似项目工作经验，以避免盲目作业。同时，积极、虚心地向业主和监理单位学习，不断提高自身的业务能力和技术水平，以创造性的姿态来完成项目的各项工作。

（7）做好技术培训工作，统一技术标准和要求。

对测量队的作业人员进行全面技术培训和质量安全教育，使其深刻领会项目的技术要求和作业方法。统一技术标准，树立每一个作业人员、每一个作业环节的质量意识，确保成果质量。

（8）加强对测量成果的保护。

对测量队伍进行质量交底，主要是针对控制点和基标的保护进行交底，要求测量队做到测设点的随时固定。

铺轨基标埋设时，首先应按设计要求将底板凿毛，以增加基标与底板的黏结力。彻底清除各种杂物，经检查验收合格后，方可用水泥砂浆初步固定。

基标标桩埋设牢固后，检测基标满足各项限差要求后用混凝土及时固定，控制基标进行永久固定与保护，以满足轨道铺设施工和检测的需求。

现场施工员应对民工进行教育，并设立奖罚措施，共同对测量成果进行保护，以满足工程进度的需要。

在轨道车行车、汽车吊吊运作业和现场钢轨焊接等与测量工作同时进行时，现场安全员与施工员统一进行安全协调指挥。

（9）成果资料保密。

对取得的所有图纸、控制成果资料、作业过程的所有成果资料以及最终成果资料，应采取严格保管措施，并请专人负责保管，保证未经书面许可，不向第三方提供。上述资料在项目完成后，有必要的按相关规定移交给业主单位。

（10）数据的安全性。

为了确保数据安全，实行严格的文件管理和存储责任制度。作业过程中，应定期对各种数据进行备份。数据备份由系统工程师进行，并对有关备份情况建档备查。对于提交的最终数据文件，刻录光盘后，应进行有效性检查。

同时，对存放地铁测量专用数据的计算机不得上网，外来数据不得擅自拷贝到专用计算机，做到专机专用。切实做好计算机防毒工作，确保地铁测量数据的安全。

第二节　CPⅢ施工测量

一、适用范围

适用于城市轨道交通工程车站及区间轨道工程范围内的施工测量。本节部分内容及数据参考南昌地铁 3 号线、长沙地铁 6 号线轨道工程。

二、作业条件及施工准备

（一）作业条件

控制点稳固、保存完好，交桩资料齐全、复测合格。

（二）施工准备

前期准备主要有测绘专业人员培训、仪器设备准备和测量资料收集等。

三、主要引用技术标准

（1）《工程测量标准》GB 50026—2020。
（2）《城市轨道交通工程测量规范》GB/T 50308—2017。
（3）《城市测量规范》CJJ/T 8—2011。
（4）《地下铁道工程施工质量验收标准》GB/T 50299—2018。
（5）《国家一、二等水准测量规范》GB/T 12897—2006。

四、主要工作内容及施工工序

（一）测量准备

铺轨基标应使用不低于Ⅱ级全站仪和 DS1 级水准仪测设。仪器应在检校合格期内，在使用测量仪器过程中应经常进行常规检校工作，例如：全站仪的圆水准器、$2C$ 差、指标差、光学对中器等的检校；反射镜基座圆水准器、长水准器、光学对中器、觇标、对中杆圆水准器等的检校；水准仪的圆水准器、i 角误差、水准尺的圆水准器等的检校工作。

（二）测量工艺流程

测量工艺流程如图 1.2.1 所示。

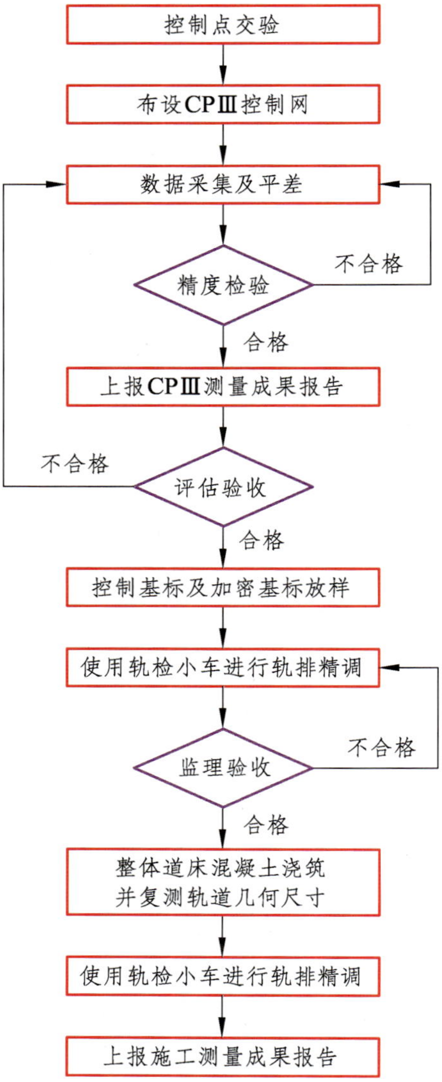

图 1.2.1　测量工艺流程

（三）线路 CPⅢ控制网点的布设位置

在地下隧道及高架区间段，轨道基础控制网点成对埋设在隧道侧墙上，应选择结构稳定、前后距离合适、便于控制网测量的位置进行布点，并距离轨顶适当的高度。具体操作如下：

（1）单圆隧道轨道基础控制网点成对布设在盾构壁上，且保证在疏散平台一侧的点位埋设距离疏散平台垂直距离为 0.4 m（距轨顶 1.1 m），疏散平台对侧与轨面平齐。为保证点位埋设误差在 ±50 mm 范围内，一般先检测结构底板高程，依据铺轨综合图计算每 5 m 处的起道量，使用塔尺及全站仪较准确放样出埋设点位，如图 1.2.2 所示。

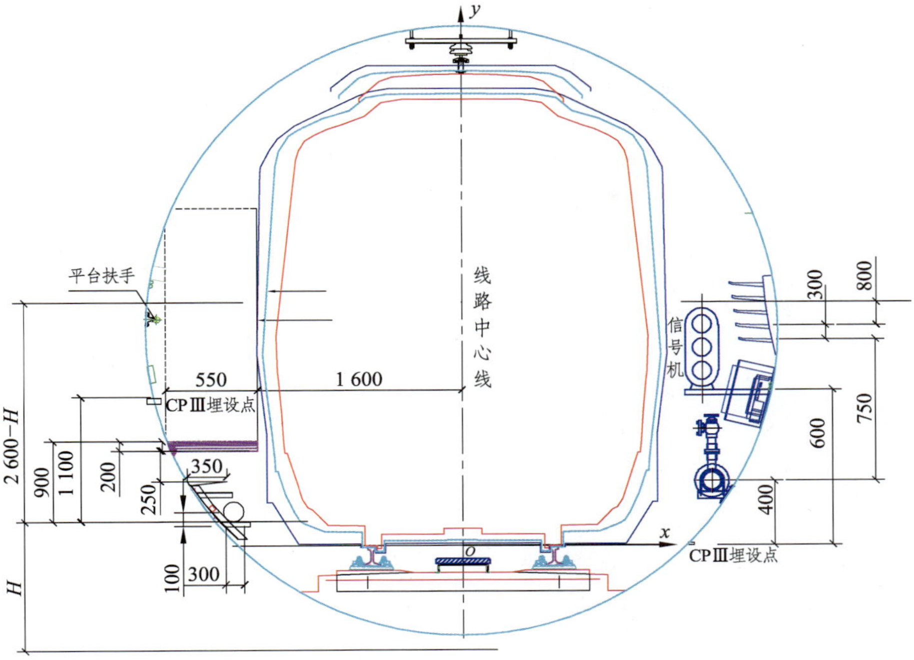

图 1.2.2　单圆隧道轨道基础控制点布设

（2）矿山法施工地段轨道基础控制网点两侧都布设在距离轨顶 1.20 m 的位置，如图 1.2.3 所示。

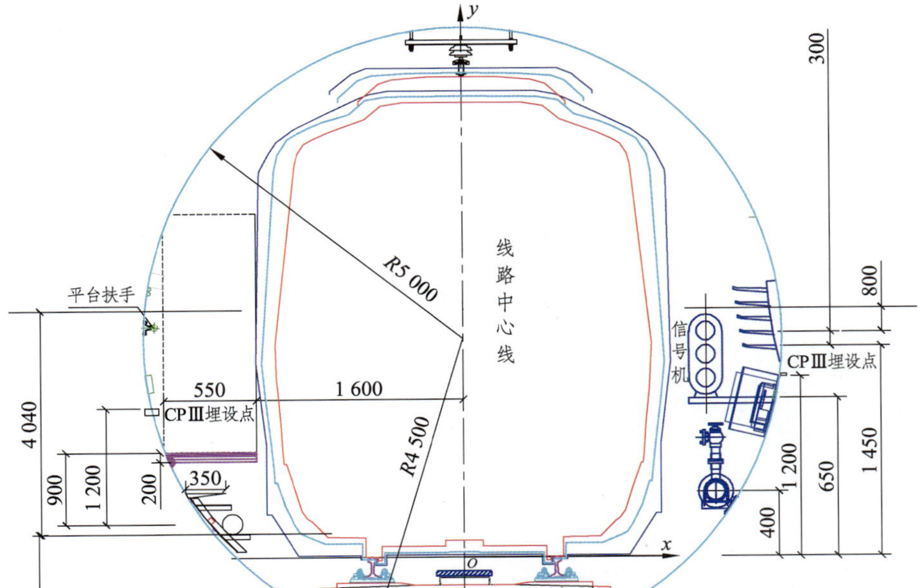

图 1.2.3　矿山法施工地段轨道基础控制点布设

（3）岛式矩形隧道站台车站轨道基础控制网点成对布设在站台边沿，距离设计轨顶高度 0.85 m，且不得影响限界。站台对侧控制网点设置距离轨顶设计高程相同结构墙上，如图 1.2.4 所示。

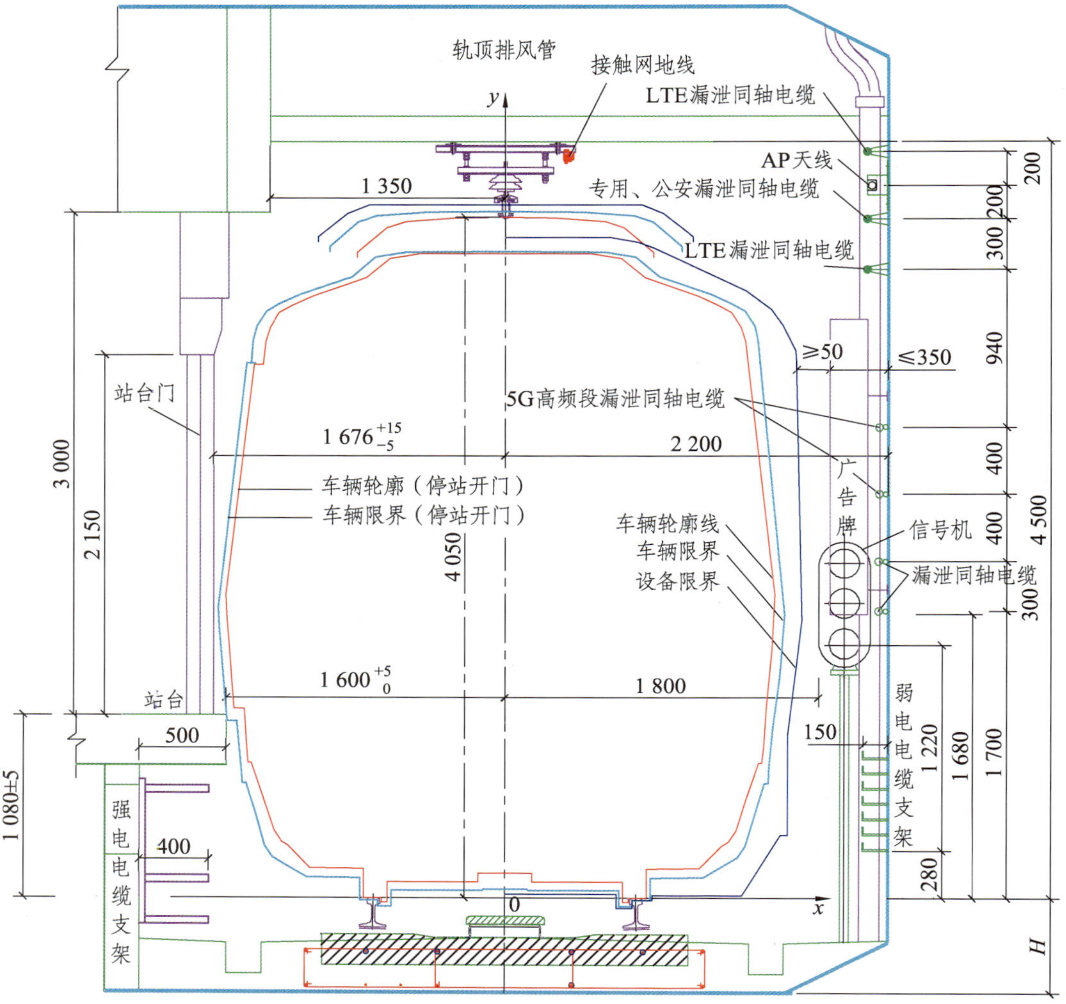

图 1.2.4　岛式矩形隧道站台车站轨道基础控制网点布设

（4）高架段轨道基础控制网点成对布设在高架两侧挡墙上距离设计轨顶 0.9 m 的挡墙板边沿，如图 1.2.5 所示。

（5）U 形槽区间轨道基础控制网点成对布设在线路两侧触网结构侧面，距离轨顶设计高程 1.20 m，如图 1.2.6 所示。

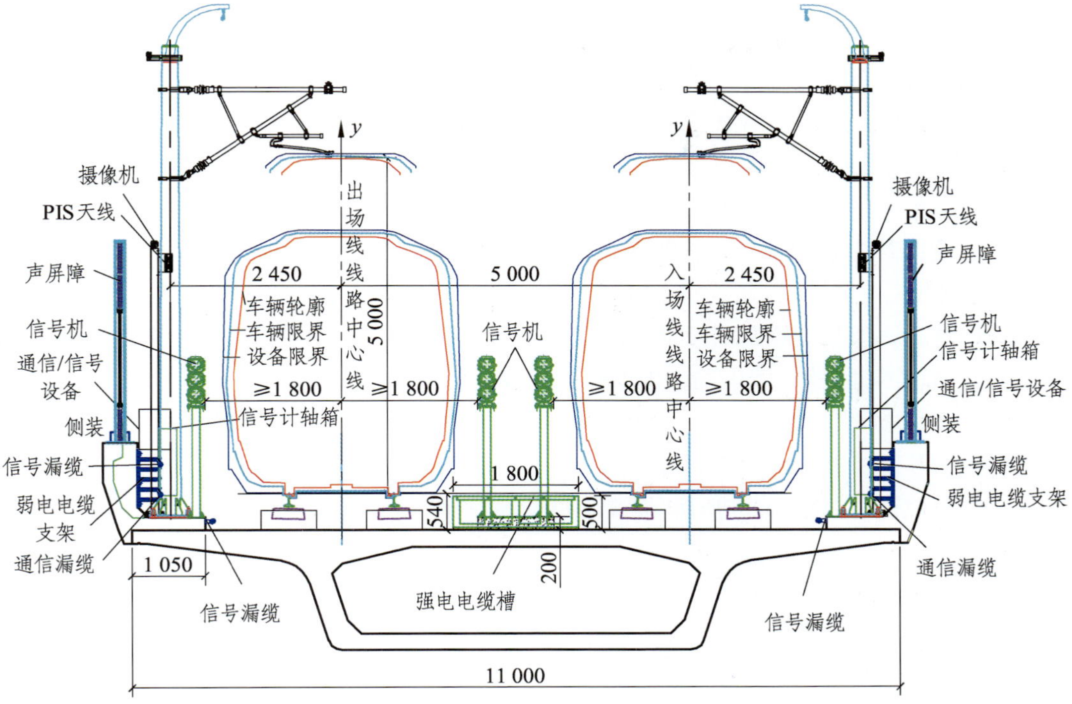

图 1.2.5　高架段轨道基础控制网点布设

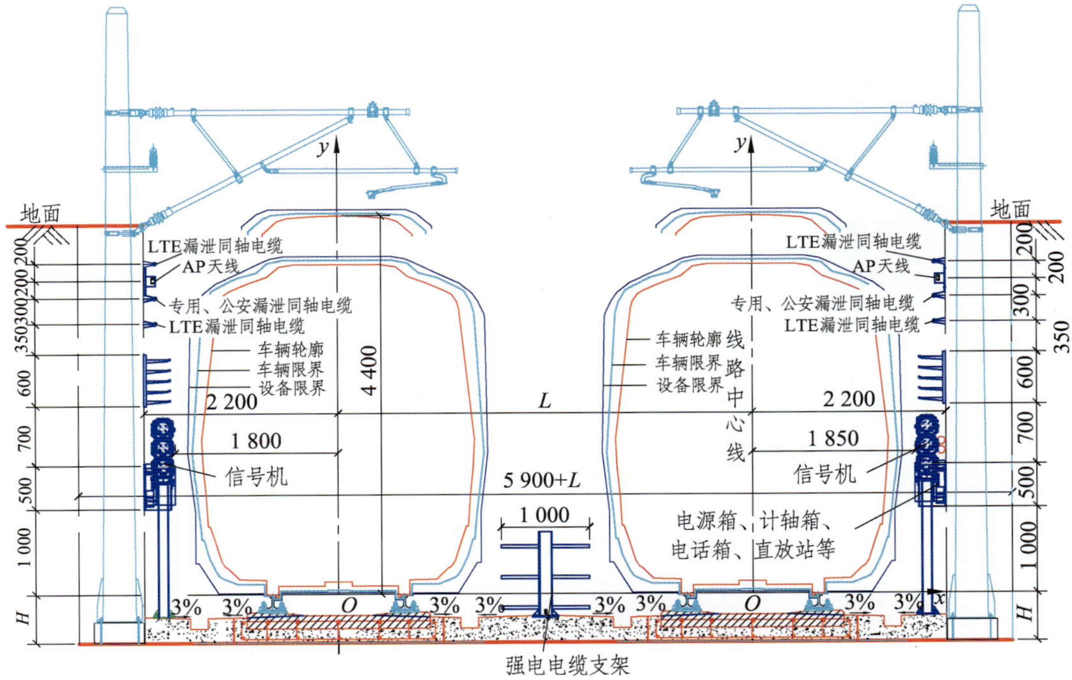

图 1.2.6　U 形槽段轨道基础控制网点布设

（四）测量组件及预埋件的埋设方法

（1）轨道控制点（铺轨 CPⅢ点）应设置强制对中标志，标志连接件的加工误差不应大于 0.05 mm，同一条线路或同一个城市应采用统一的 CPⅢ棱镜组件。基础控制点测量组件采用“单轴三维测量标志组件”测量组件，该组件由 1Cr18Ni9 不锈钢材料制作。标志重复安置精度和互换安装精度 X、Y、Z 方向均分别小于 0.4 mm、0.4 mm、0.2 mm。控制点测量组件由预埋件、平面测量杆、专用平面测量棱镜、高程杆四部分组成。

① 预埋件。

预埋件在轨道基础控制网测量前进行埋设，用于连接平面测量杆或高程测量杆进行后续平面或高程测量工作，如图 1.2.7 所示。

② 平面测量杆。

在轨道基础控制网平面测量时，采用平面测量杆并将其安装在预埋件中，用于连接专用平面测量棱镜，如图 1.2.8 所示。

图 1.2.7　预埋件

图 1.2.8　平面测量杆

③ 专用平面测量棱镜。

轨道基础控制网平面测量采用反射面大、精度高的徕卡棱镜 GPR121（为防止变形均采用铁壳原装徕卡棱镜），该棱镜与平面测量杆配套使用，如图 1.2.9 所示。

④ 高程测量杆。

高程测量杆如图 1.2.10 所示，安装在预埋件中测量时使用。

图 1.2.9　专用平面测量棱镜

图 1.2.10　高程测量杆

（2）根据设计单位提供的盾构排水管、环网电缆方案图、车辆限界平面图和相关要求，沿线路成对布设轨道基础控制网点（避免与电缆支架、管线等设备位置冲突），直线段纵向间距布置为 60 m，曲线段纵向间距布置为 30 ~ 60 m（确保 8 个 CPⅢ点位与全站仪通视良好）。轨道基础控制点成对埋设于盾构管片、侧墙、中隔墙或站台廊檐上。同一对 CPⅢ点前后里程应布设在同一管片上，点位布设高度按照设计值使用全站仪和水准仪配合进行定位测量。轨道基础控制网点相对埋设较高，轨道基础控制网高程测量地下隧道段，可采用自由测站三角高程测量与平面测量合并进行，每隔 300 m 左右相对轨道基础控制点下方高于轨面 20 cm 加设一个点用于高程传递及三角高程测量。高架段和敞开段用水准测量方法测量 CPⅢ点对，按二等水准等级要求施测，并与三角高程测量相比，两者较差不应大于测量规范要求的限差值。

（3）轨道基础控制网点应设置在稳固、可靠、不易破坏和便于测量的地方，并应防冻、防沉降、防震动和抗移动（CPⅢ点对及其他控制点均应设置在桥梁固定支座端）。

（4）根据圆形隧道、明挖地段及高架地段结构不同，依据调线调坡图纸计算出预埋件位置处的轨顶设计高程，使用全站仪及水准仪测设出预埋件的埋设位置。然后使用直径 25 mm 左右的钻头，钻深约 70 mm。埋设 CPⅢ预埋件时应注意清孔干净，预埋件应尽量水平，采用速凝水泥或锚固剂填充孔位，然后安放预埋件，使速凝水泥或锚固剂沿预埋件外壁四周被挤出。在速凝水泥或锚固剂凝固后进行检查，预埋件须稳固，标志内及标志顶面须无任何异物，并检查保护盖是否正常。

（5）在车站段埋设预埋件时，其外边缘应与车站廊檐侧面齐平，以免影响限界，严禁侵入限界。

（6）预埋件埋设完成或者不使用时，应加设保护盖，以防止异物进入预埋件内影响预埋件的正常使用及安装精度。

（7）CPⅢ控制点（见图 1.2.11）埋设时应使用品质良好的锚固剂，锚固措施必须保证预埋件牢固，以确保长期稳固。

图 1.2.11　CPⅢ控制点

（五）CPⅢ轨道基础控制网点编号规则

（1）轨道基础控制点按照线路里程递增方向进行编号，位于线路里程增大方向左侧的控制点号为奇数，右侧的则为偶数编号。在长短链地段其编号不能重复编制。

（2）控制点编号统一采用六位数，具体为：×（左右线标识 Z 或 Y）+××（里程整千米数）+ G（表示轨道基础控制点）+ ××（该整千米段内点位序号）。例如：Z26G01，表示左线 26 km 内轨道基础控制点第 1 号点。

（3）轨道基础控制网点号标注。

轨道基础控制网应明显、清晰地标注在侧墙、中隔墙或站台廊檐侧面上。同一路段点号标注高度应统一，点号标注字号采用统一规格的字模：字高 6 cm，正楷字体刻绘，并用白色油漆抹底，红色油漆喷写点号。点号名牌白色抹底，规格为 40 cm×30 cm，红色油漆注明工程线名简称、控制点编号、"严禁破坏"，每行居中排列，严禁采用手写，如图 1.2.12 所示。

图 1.2.12　轨道基础控制网编号标注（单位：mm）

（六）导线点复测

测量人员持交桩表逐桩核对、交接确认，对交接的导线点进行复核联测。复测前应根据已有点位资料计算转折角、边长、高差，在现场与实测结果对比，以业主所提供点位资料的前两个导线点和最后两个导线点作为已知点进行严密平差。如平差结果满足《城市轨道交通工程测量规范》（GB/T 50308—2017）规定的精度，即可利用该导线点测设 CPⅢ及控制基标。

（七）CPⅢ控制点

1. CPⅢ控制点的横断面布置

CPⅢ点位于线路两侧，综合考虑线路设备的安装位置设置，一般情况下，高于设计轨面 0.3 m；车站站台范围，站台一侧设置在站台边缘上，另一侧设置在边墙上，高于设计轨面 0.3 m。

2. CPⅢ控制点平面测设

（1）测设方法：采用自由设站的方式，将以 2×4 对 CPⅢ点为测量目标，每次测量保证每个点被测量 4 次，如图 1.2.13 所示。CPⅢ测站如图 1.2.14 所示。

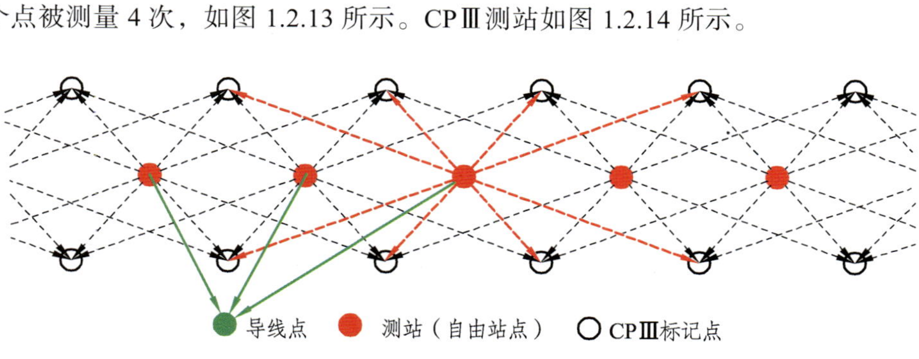

图 1.2.13　CPⅢ控制点平面测设

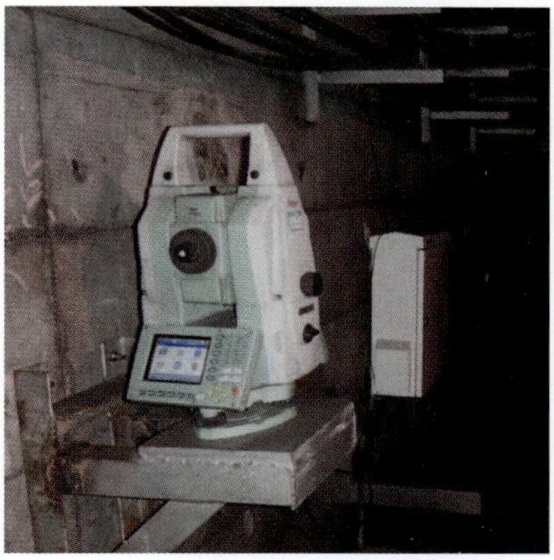

图 1.2.14　CPⅢ测站

（2）为保证每次测量时同一个点使用同一个棱镜，对测量需要的 8 个棱镜进行编号（1～8），并对每个 CPⅢ点使用的棱镜号和连接杆进行记录。

（3）在自由站上测量 CPⅢ的同时，应将靠近线路的导线点与 CPⅢ点进行联测，导线点应至少在两个自由站上进行联测，有条件时应联测 3 次，联测长度应控制在 150 m 之内。每次测量需完成 2 组完整的测回。

3. CPⅢ控制网高程测量

每一测段应至少与 2 个二等水准点进行联测，形成检核。往测时，以轨道一侧的 CPⅢ水准点为主线贯通水准测量，另一侧的 CPⅢ水准点在进行贯通水准测量摆站时就近观测。返测时以另一侧的 CPⅢ水准点为主线贯通水准测量，对侧的水准点在摆站时就近联测，如图 1.2.15 所示。

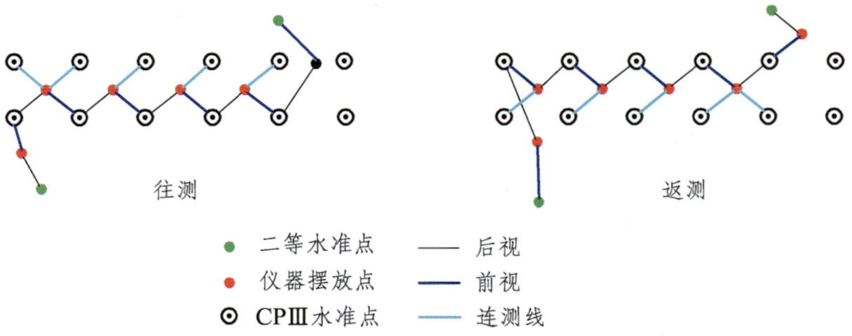

图 1.2.15　CPⅢ控制网高程联测

（八）CPⅢ控制网测量组件及使用注意事项

（1）平面测量时，在将棱镜安装在预埋件上后，应旋转棱镜头正对全站仪。

（2）测量完成后，应及时用保护盖将预埋件盖上。

（3）测量组件在搬运、运输过程中应用纸包裹，防止相互碰撞、磨损。

（4）每 3 个月检查一次预埋件和塞子是否损坏，用小毛刷刷除预埋件内的灰尘。对竖立的预埋件，如果灰尘积太厚，则用高压气枪吹净。

（九）基标标志制作

轨道施工前，根据 CPⅢ控制网成果设置控制基标和加密基标，控制基标和加密基标采用 ϕ10 的钢桩，埋设在线路中心线上，桩头外露约 5 mm，以防轨排和工机具的碰撞。控制基标用 ϕ10 的钢桩刻十字丝，加密基标埋设均采用 ϕ10 的钢桩（顶端带定位小孔）。

（十）内业资料准备

内业数据处理主要对现场采集的 CPⅢ控制点的平面和高程坐标进行平差，一般步骤包括：数据导入及限差检查→闭合差计算→网平差计算→搭接平滑处理。CPⅢ控制点数据平差符合精度要求后，进行上报，由专业单位评估，并出具评估报告，作为轨道施工的依据。

根据铺轨综合图计算出各基标的平面坐标和桩顶高程资料。在计算桩顶高程时应注意曲线地段超高对控制基标高程的影响。

五、轨检小车使用

（一）仪器设置及连接

（1）全站仪设置（徕卡 TS60）。打开全站仪，进入配置→接口设置→GeoCOM 模式（其他都为关闭模式）→点击“F3”按钮编辑→选用接口选择“是”→端口选择“端口 2”→点击“F5”按钮设备→选择电台里的“RH1200”→点击“编辑”→“波特率”为 115 200→点击“保存”→点击“继续”→点击“继续”→点击 F4 按钮→设置选成“流动站”连接号。

（2）小车与电脑连接。

小车上共两条线，一条连接红电池，一条连接 Modem，USB 接口连接电脑。打开电脑，打开 TCPS-config 软件，端口选为 14，波特率选为 115 200，点击“connect”按钮，出现一个对话框，插拔小车上的 Modem，将会收到 Modem 的信息，进入小车 GRPwin 软件，点击“选项”，进入“通讯”界面，全站仪端口设为 14，波特率设为 115 200 即可。

（二）轨检小车精调线路

（1）根据线路图纸坐标、高程及超高编写线路线形，根据电脑显示的轨向和水平调轨。

（2）当人工根据加密基标调整误差至 5 mm 以内时，利用轨检小车进行数据采集和调整。

（3）现场指导调轨时，由于调轨范围为 100 m 左右，因此后视点个数应尽量多选，通过一次设站完成。

（4）在每个调轨架处测量，轨排的起拨道量均在轨检小车（见图 1.2.16）电脑上显示，测量人员指导施工人员按照显示的数据进行轨排调整。调整后误差控制在 2 mm 以内。

图 1.2.16　CPⅢ轨检小车

（三）CPⅢ测量精度要求

（1）导线点测量应在Ⅱ级或Ⅱ级以上全站仪左右角各测两测回，左右角平均值之和与360°较差小于 6″，导线边长测量往返各测两测回，测回间较差应小于 5 mm，往返测平均值较差应小于 4 mm。

（2）数据处理应采用严密平差计算各相邻点间纵、横向中误差限值。直线段：纵向为±10 mm；横向为±5 mm。曲线段：纵向为±5 mm；曲线段小于 60 m 时横向为±3 mm，大于 60 m 时横向为±5 mm。

（3）在直线上与 180°较差不应大于 8″，曲线折角与相应的设计值较差在中线小于 60 m 时不应大于 20″，在点间距大于 60 m 时不应大于 15″。

（4）CPⅢ平面控制网水平角的观测要求见表 1.2.1。

表 1.2.1　水平角的观测要求

控制网等级	仪器等级	测回数	半测回归零差/（″）	同一测回个方向 2C 互差/（″）	同一个方向归零后方向值较差 2C 互差/（″）	2C 误差/（″）
CPⅢ	0.5″	3	6	9	6	≤+15
	1″	4	6	9	6	≤+15

（5）高程测量精度要求。采用二等水准测量精度作为高程控制精度，水准网测量的主要技术要求见表 1.2.2。

表 1.2.2　水准网测量的主要技术要求

水准测量等级	每千米高差中数中误差/mm		附合水准路线平均长度/km	水准仪等级	水准尺	观测次数		往返较差、附合或环线闭合差/mm
	偶然中误差	全中误差				与已知点联测	附合或环线	
二等	±2	±4	2～4	DS1	铟瓦尺	往返测各一次	往返测各一次	$\pm 8\sqrt{L}$

注：L 指附合线路长度。

六、基标测设及竣工测量

（一）加密基标测设

（1）在 CPⅢ控制网基础上采用坐标法和水准测量方法进行加密。

（2）相邻基标间纵向测量误差小于±5 mm，曲线段小于±2 mm；横向误差（方向误差）相对于两控制基标的横向偏差一般为±2 mm。

（3）高程测量误差，相邻两基标间实测高差与设计高差较差不大于 1 mm，每个加密基标高程实测值与设计值较差不大于 2 mm。采用三等水准测量，按照$\pm 12\sqrt{L}$计算闭合差。

（4）岔心相对于线路中线的里程与设计值较差不应大于 10 mm。

（5）主线、侧线的长度及其交角的检测值与设计值较差的距离不应大于 2 mm，其单开道岔角度不应大于 20″，其他道岔角度不应大于 10″。

（6）铺轨基标与线路的距离和设计值较差不应大于 2 mm。铺轨基标间距离与设计值较差不应大于 2 mm。

（7）相邻基标间实测高差与设计高差不大于 1 mm，高程实测值与设计值较差不应大于 2 mm。加密基标在线路直线段应每 6 m 设置一个，曲线段应每 5 m 设置一个。

（8）加密基标测设完成后，测量成果整理成册，上报监理进行复测。

（二）竣工测量

（1）整体道床施工完成后，采用轨检小车对每根轨枕处的轨道数据进行采集，采集的过程中应对每根轨枕进行编号。轨枕编号按每 100 m 归为一段，现场每 5 根轨枕进行标识。比如 271-1 表示 SK27+100 后第一根轨枕，用红油漆写于道床面上轨枕旁。

（2）采集完成后，将资料提交工程技术部，由工程技术部专业工程师根据采集的数据，采用软件调整方案的编制。

（3）调整方案主要在满足高低和方向的前提下，提供每根轨枕处的调整量。技术人员得到调整方案后，带领施工人员，按照轨枕编号所对应的调整量进行调整。

（4）调整完成后，对线路进行再次采集，确保满足验标要求。

七、测量接收资料

（1）业主测绘院提供的高程、平面控制点的内业资料。

（2）设计院调线、调坡图。

（3）中桩表、曲线表、坡度表、断链表、车站表等。

（4）有关变更设计等的相关测量资料。

（5）其他与本线、本标段轨道施工相关的资料。

八、复测注意事项

（1）复测时首先要确保人身安全、仪器安全，进入施工现场，必须戴好安全帽，听从现场安全员指挥。

（2）测量仪器要轻拿轻放，避免强烈的冲击震动，安置仪器前应检查三脚架的稳固性，整个作业过程中测量人员不得离开仪器，以免发生意外。

（3）测量仪器在运输时，采取减震措施保护测量仪器，防止测量仪器受到震动而影响其正常使用，从而产生不可预知的测量误差。

（4）禁止踩、踏、坐仪器盒（箱）、脚架、塔尺等。

（5）测量仪器放置环境要求干燥、通风、防尘、防锈等，光电类和激光类仪器每月开机一次，光学仪器每季度开箱晾置。

九、CPⅢ测量精度保障措施

（1）认真执行各项测量工作管理制度。测量人员必须熟悉国家或行业的有关测量规范、施工规范，工程设计文件、施工图纸，了解工程设计与施工意图，做到对测量任务心中有数。

（2）坚持项目总工程师技术负责制。工程开工前，组织对桩点、资料进行交接，并进行精密复测和控制测量。

（3）测量人员必须熟悉测量仪器的性能和操作规程，并能熟练操作测量仪器，避免因操作不当对测量仪器造成损害或使测量结果产生错误。

（4）所有中线、水平测量都必须有详细的图表计算和交底，由项目主管技术人员复核后实施。

（5）测量使用的仪器精度指标必须满足相应技术标准的要求。

（6）全站仪、棱镜、塔尺、钢尺等以及测量仪器、设备，使用前应请计量专业部门鉴定标识，出具鉴定证书，并报监理工程师审核同意。项目工程部应建立测量仪器台账和使用档案。

（7）严格执行测量工作双检制。凡接桩复测、施工放线放样及竣工测量都必须进行双检，即复核测量。一个测量组先后用不同的方法测量或两个测量组分别测量，核对结果。

（8）交接桩必须留有签认记录。无论是从设计单位、线下单位接桩、精测组交接桩，还是施工放样及施工过程测量交接桩，都必须办理书面记录、双方签字，重要桩点需有图示说明。

（9）测量时应特别注意相邻标段搭接处测量结果及资料的符合性，相邻标段必须进行贯通测量和跨标段联测。

（10）护桩应绘示意图并标注尺寸存档备用。相邻护桩较近或交叉易混淆时应设置明显的分辨标志。

（11）每次测量作业之前都应按照有关规范的要求对测量仪器进行检验。

（12）水平角的观测采用方向观测法。各测回间度盘和仪器位置的变换按照规范要求进行操作。

（13）水平角观测过程中，气泡中心位置偏离不宜超过 1 格。对于四等以上导线点的水平角观测，当观测方向的垂直角超过±3°的范围时，宜在测回间重新整置气泡位置。

（14）对于四等以上导线点的水平角观测，在观测总测回中以奇数测回和偶数测回分别观测导线前进方向的左角和右角。左右的平均值之和应等于 360°，其误差值不大于 2 倍测角中误差。

（15）水平角方向观测技术要求：对四等以上导线测量时满足光学测微器两次重合读数之差≤3″，半测回归零差≤8″，一测回中 2 倍照准差变动范围≤10″，同方向值各测回较差≤8″。

（16）测边在成像清晰和气象稳定时进行，雨天和大风天气不作业，不顺光、逆光测量。当测距过程中受不良影响出现粗误差时，应重新进行该测回的测量。

PART TWO

第二章

地铁轨道工程铺轨基地建设及设备、工器具选用

一、适用范围

适用于城市轨道交通地铁项目铺轨基地建设。本节部分内容及数据参考南昌地铁 3 号线、长沙地铁 6 号线轨道工程。

二、作业条件及施工准备

（1）铺轨基地设置原则：铺轨基地位置一般在车站土建设计阶段或者前期策划时确定；选在场地宽阔、地势平坦、交通干扰较少、大型车辆进出方便的地方；原则上一个铺轨基地左右辐射的范围不超过 5 km；铺轨基地车站原则上左右线分别设置轨排井，个别车站设置一个轨排井（需结合车站道岔），以方便左右线运输。

（2）铺轨基地施工前需做好交通导改、地基处理、场地硬化及防排水措施。

（3）铺轨基地建设应考虑永临结合，管线迁改应提前规划实施。各项手续提前与相关产权单位办理。以长沙地铁 6 号线韶光站为例，其铺轨基地如图 2.0.1 所示。

图 2.0.1　长沙地铁 6 号线韶光站铺轨基地

三、主要引用技术标准

（1）《施工现场临时用电安全技术规范》JGJ 46—2005。

（2）《起重设备安装工程施工及验收规范》GB 50278—2010。

（3）《电气装置安装工程起重机电气装置施工及验收规范》GB 50256—2014。

（4）《特种设备使用管理规则》TSG 08—2017。

（5）《建筑施工安全检查标准》JGJ 59—2011。

（6）《建筑机械使用安全技术规程》JGJ 33—2012。

（7）《通用门式起重机》GB/T 14406—2011。

（8）《重要用途钢丝绳》GB 8918—2006。

（9）《建筑施工起重吊装工程安全技术规范》JGJ 276—2012。

（10）《起重机械安全规程 第 1 部分：总则》GB/T 6067.1—2010。

（11）《起重机 钢丝绳 保养、维护、检验和报废》GB/T 5972—2023。

四、施工顺序及工序流程

铺轨基地建设工序如图 2.0.2 所示。

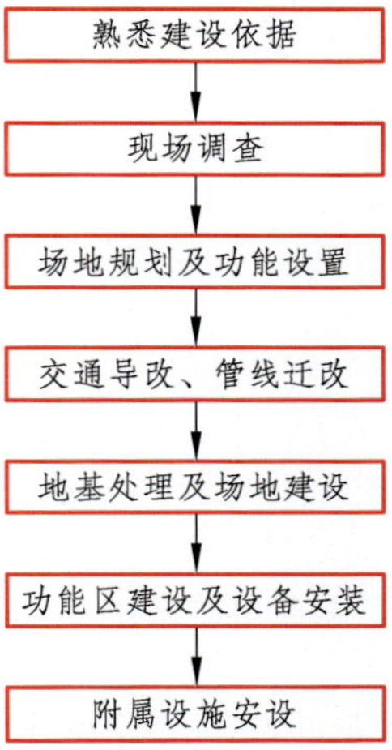

图 2.0.2 铺轨基地建设工序

五、施工方法及要求

（一）建设依据

（1）招投标文件、设计文件，业主及土建单位提供的有关图纸和资料。

（2）根据线路走向、铺轨基地场地布置条件，以及现场施工调查获得的交通运输、临水、临电等资料以及几何尺寸数据。

（二）铺轨基地承担范围

根据线路走向、建设规模，轨道工程工期一般为 8 ~ 14 个月，轨道工程一个作业面综合进度指标一般为 1.5 ~ 2 千米/月，单个铺轨基地施工覆盖范围以铺轨基地为中心前后各 5 千米，能够保障材料运输成本及施工效率。

铺轨基地需考虑轨排运输，其位置和大小应满足轨排安全、高效吊装的要求，铺轨基地吊运轨排如图 2.0.3 所示。轨排孔一般开设于地铁线路正上方。预留轨排井参考尺寸：

长边 30 m，短边 4 ~ 5 m，轨排井如图 2.0.4 所示。

图 2.0.3 铺轨基地吊运轨排

图 2.0.4 轨排井

轨道施工使用轨道车运输混凝土、钢筋、轨排、模板、施工机具等。一般混凝土运输距离在 3 ~ 4 km 为宜，若运距变长，会导致运输效率下降，影响施工进度。特别地，当混凝土运输时间过长易造成混凝土离析，降低道床浇筑质量，若混凝土从铺轨基地的运输距离超过 5 km，需在其他车站 2.5 km 运距范围内另行设置混凝土下料口，以保证混凝土施工质量。

混凝土下料口一般利用车站端头井预留，左右线各设置一个下料口，下料口参考尺寸为 400 mm×400 mm，采用溜槽或者下料管，穿过结构顶板、中板延伸至轨道上方，待轨道施工完成后进行二次封堵。

（三）铺轨基地整体规划

铺轨基地在土建单位主体施工完成的基础上进行建设，占地面积约 3 000 ~ 5 000 m^2，铺轨基地建设利用土建现有场地、道路等对场地进行硬化处理，铺轨基地整体布局原则上以轨排井为中心进行布置。

铺轨基地内设置 2 台门式起重机，起重机横梁轴线垂直于线路方向布置，基地内设有轨枕存放区、钢轨存放区、扣配件存放区、轨排加工区、钢筋原材存放区、钢筋加工棚、施工机具存放区、模板材料存放区、机械检修棚、其他材料存放区等，各区域尽量布置在龙门吊覆盖范围内，方便吊运。

基地设置生活区和生产区，两区域需隔离布置。基地内的生产生活用水用电需从业主提供的接入口接入，综合考虑生产生活用电负荷，避免电路负荷过大，确保生产生活顺利进行。

（四）生活区功能划分

生活区规划需考虑基地容纳人数，满足生活的需要，合理规划，充分利用有限的场地。根据业主提供的场地设置活动板房，满足人员居住、饮食、卫生等要求。每个铺轨基地一般安置劳力 150～180 人（包括地面和地下作业队），管理人员（含测量队）20 人（包括技术管理人员 6 人）、各作业队管理人员 6 人、轨行区管理人员（含调度室）3 人、现场生产经理 1 人、安全员 2 人、物资机械管理人员 2 人。

根据工程规模、总体施工部署和工程进度安排，每个铺轨基地一般设置 3～4 个作业面负责现场施工，一般配置 2 个机械铺轨作业面、1 个道岔施工作业面、1 个长轨焊接作业面，单个作业面平均劳力配置见表 2.0.1，单个焊轨作业队劳力配置见表 2.0.2（表格仅供参考，具体应以实际为准）。

表 2.0.1　单个作业面劳力配置

序号	班组配置		人数	备　注
1	工具轨安装班组	钢支墩固定、工具轨安装	6	
2	轨排班组	轨排拼装	8	基地
		轨排架设及精调	10	
		铺轨小吊司机	4	白班夜班各 2 人
3	钢筋班组	钢筋加工	5	基地
		钢筋绑扎、预埋件安装	8	
4	模板班组	模板安装、伸缩缝安设	6	
5	混凝土班组	道床混凝土浇筑	8	
6	道岔作业班组	道岔拼装	15	
7	吊装及运输作业班组	龙门吊司机	4	基地，白班夜班各 2 人
		轨道车司机	2	基地，白班夜班各 1 人
		信号工	2	基地，白班夜班各 1 人
		调车长	2	基地，白班夜班各 1 人
		叉车司机	2	基地，白班夜班各 1 人

续表

序号	班组配置		人数	备　注
8	其他	杂工	10	
		电工	1	基地
		门卫	1	基地
		设备检修工	1	基地
9	作业队长		2	白班夜班各 1 人
合　　计			97	

表 2.0.2　单个焊轨作业队劳力配置

序号	工种		人数	备注
1	焊轨队长		2	白班夜班各 1 人
2	焊前准备	扣件拆除	10	白班夜班各 5 人
3		除锈打磨	4	白班夜班各 2 人
4	焊机操作	司机	2	白班夜班各 1 人
5		焊机操作	4	白班夜班各 2 人
6		对轨调整	6	白班夜班各 3 人
7	焊后正火		8	白班夜班各 4 人
8	焊后作业	仿形打磨	6	白班夜班各 3 人
9	探伤		4	持有二级以上无损探伤证书
合　　计			46	

（五）生产区功能划分

（1）钢轨存放区（见图 2.0.5）：钢轨存放区的布置尽量靠近轨排井和龙门吊位置，方便拼装轨排下料，钢轨存放区存放空间需至少 10 m×30 m。

图 2.0.5　钢轨存放区

（2）轨枕、扣配件存放区：轨枕、扣配件需分类存放，严格控制堆放高度，且需靠近龙门吊进行存放，以方便拼装轨排、材料吊运。

（3）轨排拼装区：轨排拼装区需专门设置拼装台座，一般设置 1～2 座施工台座，每个台座的尺寸为 27 m×3 m，轨排拼装区设置于龙门吊覆盖范围内并靠近轨排井。

（4）轨排存放区：轨排存放区靠近轨排拼装区，且靠近轨排井，以方便下料。存放区至少满足同时存放 8～12 套轨排，轨排存放区存放空间需 27 m×10 m。

（5）钢筋加工区（见图 2.0.6）：设有钢筋原材存放区及钢筋加工棚。钢筋原材分型号、批次上盖下垫分别堆放，不得混杂，且标识清楚。半成品分型号、部位上盖下垫分开堆放。

与土建工程施工相比，轨道工程施工需要的钢筋型号较少、结构简单，加工难度和施工难度都较小。

图 2.0.6　钢筋加工区

六、协调交接

提前 15 d 制定铺轨基地规划方案，并与业主及土建单位协调场地使用情况，合理分配场地，做到各单位施工相辅相成、互不干扰。

七、设备机具要求

在机械进场安装前 5 d 做好场地整理及搭建工作区必要辅助设备等工作，如有租用机械，应积极主动与供应商加强工作联系，签订租赁协议、合同，确定安装方案，保证机械安全运行。铺轨基地主要机械设备、工机具数量，周转材料类型见表 2.0.3～表 2.0.4 表格仅供参考，具体应以实际为准）。

表 2.0.3　地面主要机械设备数量（一个作业面）

序号	设备名称	规格型号	数量	使用部位/功能	备注
1	门式起重机（见图 2.0.7）	MH20 t，10～35 m	2	基地内	
2	柴油发电机	50 kW/120 kW	2/2	电力应急	备用
3	钢轨钻孔机	DZG-31	4	钢轨钻孔	

续表

序号	设备名称	规格型号	数量	使用部位/功能	备注
4	钢筋弯曲机	GW40	2	钢筋加工	
5	钢筋调直切断机	GT4-12	2	钢筋加工	作业队自带
6	钢筋切断机	GQ40	4	钢筋加工	作业队自带
7	叉车	3 t	1	基地内	
8	实验仪器	若干	1	基地内	

表 2.0.4　地下主要工机具配置（一个工作面）

序号	设备名称	规格型号	数量	使用部位/功能	备注
1	轨道机车	GC-220	1	隧道运输	利用道岔，充分发挥工效
2	轨道平板车	PD25	2	隧道运输	
3	闪光式移动焊轨机	K922/UN5-150ZB	1	焊轨	
4	混凝土地泵	HBT80C	1	混凝土浇筑	
5	罐车	12 m^3	1	洞内混凝土运输	
6	铺轨门式起重机	MH10 t	3	隧道吊运	
7	锯轨机	NQG-6.5	2	钢轨切断	
8	小型捣固机	ND-4	2	混凝土振捣	
9	小型发电机	6 kW	1	电力应急	备用
10	水泵	QY12.5-50-4	2	隧道排水	作业队自带
11	电焊机	ZX7-315ED	2	钢筋焊接	
12	其他设备		若干		作业队自带

图 2.0.7　铺轨基地门式起重机

八、铺轨基地建设安全质量保障措施

严格按照标准化工地的要求建设铺轨基地，每一个工作区需有明显的安全警示标牌。现场组织技术员进行日常安全质量巡查并及时记录整改。

（一）机械操作

（1）所有操作工人必须持证上岗，并戴好安全帽、穿好防护服。

（2）现场不得出现违规操作、野蛮施工的现象。

（3）机械工作的有效范围内需做到布置合理，保证施工生产安全高效。

（二）材料堆放及加工

（1）材料堆放需整齐有序，不得出现随意堆放现象，如图 2.0.8 所示。

（2）材料放置区需设置明显的警示标牌。

（3）材料须严格按照设计规范及施工图纸进行加工。

图 2.0.8　现场材料堆放区

PART THREE

第三章

地铁轨道工程正线及站场线道床施工

第一节　一般及中等减振整体道床施工

一、适用范围

适用于地铁轨道施工需要采用一般及中等减振措施的地段。本节部分内容及数据参考福州地铁 2 号线、南昌地铁 3 号线、长沙地铁 6 号线轨道工程。

注：由于一般减振道床与中等减振道床除使用的扣件类型不同外，其他施工工艺基本相同，因此在本节中一并介绍。

二、作业条件

（1）隧道主体结构、联络通道部位变化趋于稳定，土建单位完成分部验收并办理移交手续。

（2）接收测量控制桩点等资料后，进行测量复核，确保测量点位精度。

（3）铺轨基地建设完成即具备投产条件。

（4）熟悉图纸设计意图，掌握一般及中等减振道床施工方案、技术交底、施工要点及注意事项。

（5）准备铺轨轨节表、曲线地段超高及正矢表。

（6）现场控制基标及加密基标测量。

（7）做好材料加工运输、存放等准备工作。

三、主要引用技术标准

（1）《城市轨道交通工程项目规范》GB 55033—2022。

（2）《地铁杂散电流腐蚀防护技术标准》CJJ/T 49—2020。

（3）《铁路轨道工程施工质量验收标准》TB 10413—2018。

（4）《铁路混凝土工程施工技术规程》Q/CR 9207—2017。

（5）《铁路混凝土工程施工质量验收标准》TB 10424—2018。

（6）《地下铁道工程施工质量验收标准》GB/T 50299—2018。

（7）《城市轨道交通工程测量规范》GB/T 50308—2017。

（8）《国家一、二等水准测量规范》GB/T 12897—2006。

四、施工顺序及工序流程

一般及中等减振整体道床施工工艺流程如图 3.1.1 所示。

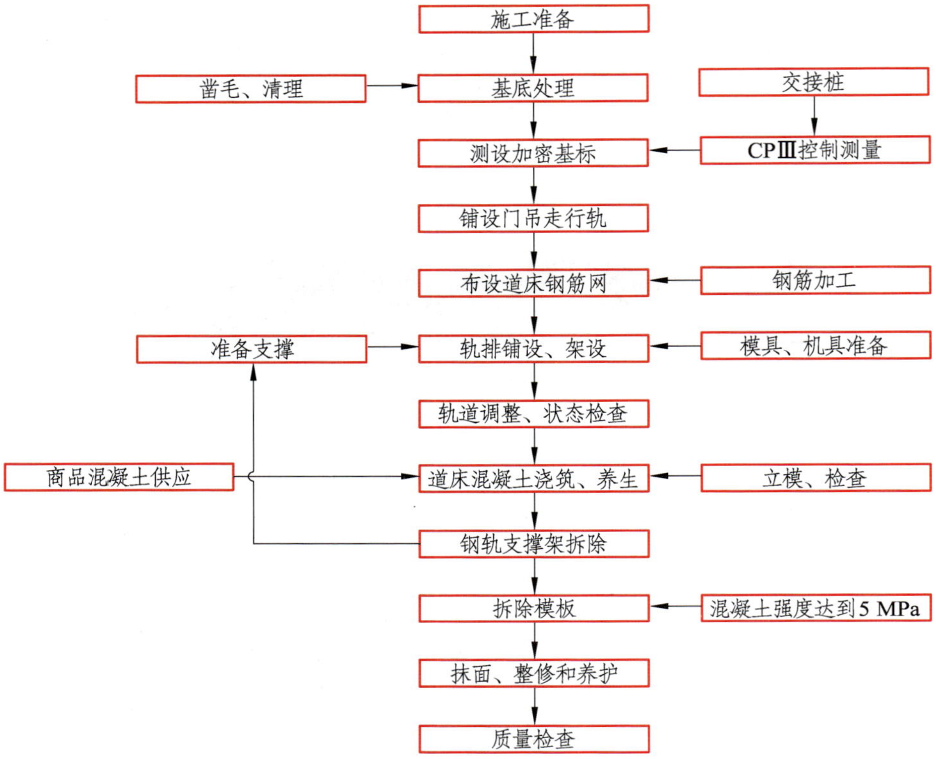

图 3.1.1　一般及中等减振整体道床施工工艺流程

五、施工方法及要求

（一）施工准备

施工准备分为临电设置及基底处理。

1. 临电设置（见图 3.1.2）

由车站供电口接入，车站一端地面设总配电箱一个，左右线设分配电箱各一个，区间配电箱每隔 120 m 一个。按照标准化管理要求，隧道内全部采用灯带设置（灯带远比灯管和 LED 灯安全、环保、节能，且照明效果好），每隔 5 m 设置自粘型灯带，安装方便简单，布置于隧道壁上距离底板 2.5 ~ 3.0 m 处。

图 3.1.2　临电设置

2. 基底处理

在整体道床施工前，必须对车站区段及矩形隧道、马蹄形隧道整体道床范围内的基底进行凿毛处理（见图 3.1.3），凿毛深度为 5 mm，间距不大于 150 mm，呈梅花状，凿毛率不小于 50%，隧道内人工清理后用高压风或水清除淤泥等杂物。

图 3.1.3　基底凿毛

（二）基标测设

依据业主提供的精密控制点，控制基标采用极坐标法进行测量，以两站一区间为起算边和闭合边形成附合导线的形式，对区间控制基标进行串线测量。导线测量方法及精度与精密导线测量相同（具体内容参见第一章），控制点基标布设见表 3.1.1，现场控制基标及加密基标如图 3.1.4 所示。

表 3.1.1　控制基标点位布设

控制基标	直线段	120 m/个
	曲线段	60 m/个
加密基标	直线段	6 m/个
	曲线段	5 m/个

图 3.1.4　现场控制基标及加密基标

检测控制基标间夹角时，左、右各测两测回，左右角平均值之和与 360°较差 < 6″，距离往返观测各两测回，测回较差及往返较差 < 5 mm。

直线段控制基标间的夹角与 180°较差应 < 8″，实测距离与设计距离较差 < 10 mm。

曲线段控制基标间的夹角与设计值较差计算出的线路横向偏差 < 2 mm，弦长测量值与设计值较差 < 5 mm。

控制基标高程实测值与设计值较差 < 2 mm，相邻控制基标间高差与设计值的高差较差 < 2 mm。

（三）走行轨安装

（1）铺轨门吊是洞内轨排、钢筋、混凝土等材料吊运必不可少的机具之一。为此，对铺轨门吊和走行轨要求是铺设及拆除方便、快捷，能保证在地铁线路 30‰大坡道和 300 m 小曲线半径上门吊走行平衡安全。铺轨门吊通过检算需满足施工要求。

（2）在走行轨的选用上，为便于人工搬运，钢轨不宜太重，为保证走行轨钢轨的支承断面，根据龙门吊吊重时的最大提升轴重，推荐选用 24 kg/m 钢轨，走行轨支承点间距为 1.2 m。

（3）在走行轨铺设方式上采用特制高度可调式钢支墩，龙门吊走行轨一般应超前钢筋网铺设地段布设。根据圆形、马蹄形、矩形隧道断面及底面，钢支墩抽盒底板应根据底板面的形状制作成几种不同的结构，可满足各种工况施工的需要。在布设铺轨门吊走行轨时，先利用 4 个 M14 膨胀螺丝将钢支墩底板固定在隧道底板上，再调整钢支墩的高度至合适位置；钢支墩上板采用螺栓与钢轨底板紧固连接。铺轨门吊及走行轨布置需满足设备限界与施工的要求。走行轨安装施工工艺流程如图 3.1.5 所示，走行轨如图 3.1.6 所示。

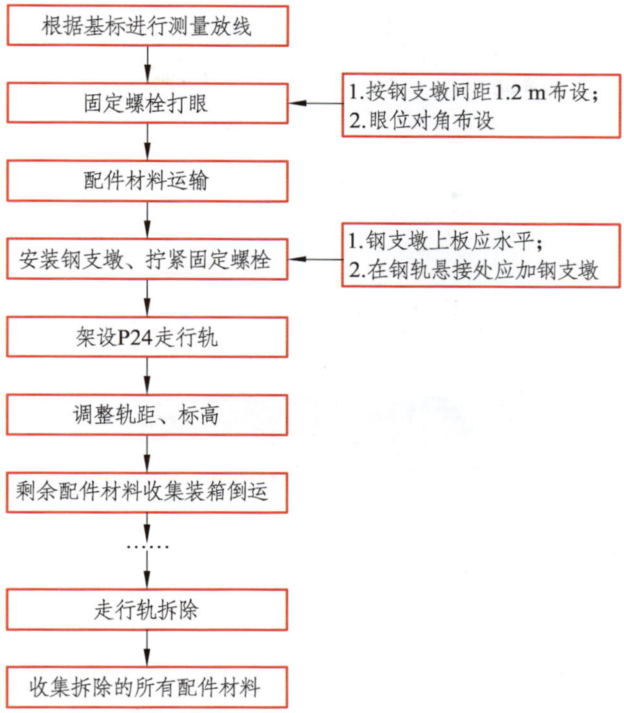

图 3.1.5　走行轨安装施工工艺流程

图 3.1.6　走行轨

（四）轨排组装及架设

轨排组装（见图 3.1.7）在铺轨基地组装平台上完成。先将扣件与轨枕组装在一起，再用弹条将扣件扣在钢轨上，组装成 25 m 轨排。轨排组装施工工艺流程如图 3.1.8 所示。

图 3.1.7　轨排组装

1. 依据轨排表，取相应数量扣件
2. 吊运轨枕、均匀散布于组装台上 → 1.吊运轨枕严禁碰撞、过量；2.严重缺角、开裂的轨枕禁止使用；3.严禁组装过程中用重锤敲击扣件和轨枕
3. 散布扣件于轨枕上
4. 安放橡胶垫板及铁垫板、拧入螺旋道钉 → 1.螺旋道钉套上弹簧垫圈后，须涂上黄油，再拧到尼龙套管内；2.铁垫板翘曲超标者禁止使用
5. 专用工具紧固螺旋道钉 → 按照设计要求拧紧螺栓，不同地段扭矩不同
6. 安放轨下橡胶垫板、吊装钢轨（丈量、配轨、校直） → 配对的钢轨满足焊接要求，左、右股钢轨相差量不得大于±3 mm
7. 划分轨枕位置 → 1.轨枕间距误差小于5 mm；2.用长钢尺划分，避免误差积累
8. 组装扣件、摆正轨枕、安装弹条、轨距拉杆 → 扣件扭矩力满足设计要求
9. 报请监理检查
10. 轨枕装车、加固和运输

图 3.1.8　轨排组装施工工艺流程

轨排组装前需做好配轨计算，并充分满足焊轨的需要，根据设计文件、技术资料及报经业主批准的无缝线路施工设计方案编制轨排表。直线段长度根据各坡度分段计算，配轨时应按钢轨长度和预留轨缝连续计算，并确定曲线始点前（或后）的钢轨接头。曲线段长度以外股为依据，配轨按外股钢轨长度和预留轨缝连续计算，并确定曲线始点前（或后）的钢轨接头到曲线终点的距离。

枕位先用红油漆或石笔标于钢轨内侧轨底，曲线段标于外股钢轨内侧轨底。轨枕应与钢轨中轴线垂直、内外对齐，并根据不同地段组装不同型号扣件（GB 扣件或双层非线性扣件）。轨排应根据铺设顺序来编号，编号位置编写在小里程端接头往大里程方向第三根轨枕处轨腰内侧。铺轨基地轨排存放如图 3.1.9 所示。轨排吊钩如图 3.1.10 所示。轨排按先铺者在下，后铺者在上进行存放，装车顺序与存放顺序颠倒。

图 3.1.9 铺轨基地轨排存放

图 3.1.10 轨排吊钩

当铺轨门吊将轨排吊运到待铺地段就位后，开始轨排架设。轨排架设采用上承式钢轨支撑架，钢轨支撑架设置间距为 2.5 m，直线段支撑架应垂直线路方向，曲线段支撑架应垂直线路的切线方向。并将各部螺栓拧紧，不得虚接。轨枕、支撑架若与预留管沟等重合时，应前后适当调整，力求均匀。

铺轨门式起重机如图 3.1.11 所示。轨排吊装运输示意如图 3.1.12 所示。

图 3.1.11 铺轨门式起重机

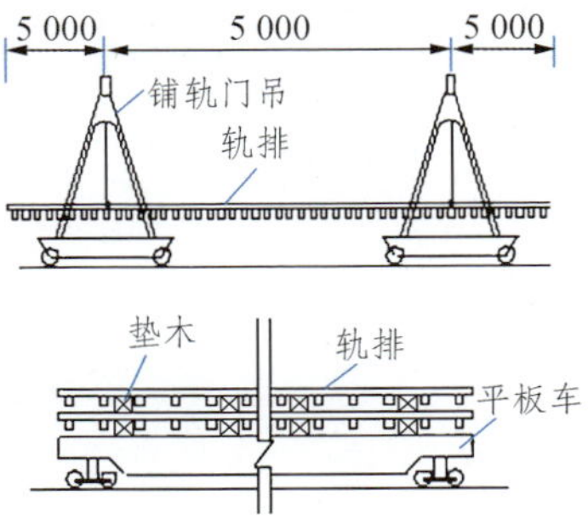

图 3.1.12 轨排吊装运输示意

（五）绑扎道床钢筋

针对地下线整体道床，钢筋网采取在洞外下料加工、洞内绑扎的作业方式布设。钢筋在轨排井或预留下料口旁捆绑成束，吊入洞内平板车；布设时由洞内龙门吊吊运至铺设地段，一捆一捆分散布置后，人工抬运钢筋散布在道床底板上或隧底填充混凝土面上，由人工绑扎固定。在长轨枕地段，长轨枕穿入的 5 根纵筋在基地组装轨排时完成，在施工现场绑扎底层钢筋并和穿入纵筋联结形成钢筋笼。

钢筋加工尺寸要严格按设计要求并结合实测标高加工。钢筋绑扎要求：

（1）绑扎双排钢筋，排与排之间局部允许偏差±5 mm。

（2）同一排中受力钢筋局部允许偏差±20 mm。

（3）分布钢筋间距绑扎允许偏差±20 mm。

（4）箍筋间距允许偏差±20 mm。

（5）道床下层混凝土保护层厚度与设计允许偏差±5 mm，道床上层与四周混凝土保护厚度与设计允许偏差±10 mm。

按照设计要求进行钢筋骨架绑扎施工，基地钢筋绑扎如图 3.1.13 所示，现场钢筋焊接如图 3.1.14 所示，经监理隐蔽工程检验合格和预埋管线达到相关专业要求后，方可转入下道工序。

图 3.1.13　基地钢筋绑扎

图 3.1.14　现场钢筋焊接

（六）轨道几何状态调整

通过钢轨支承架支腿螺旋依据铺轨加密基标精调轨道几何状态，其精度应符合：轨道中心线距基标中心线允许偏差±2 mm，轨道方向直线段用 10 m 弦量，允许偏差 1 mm。曲线段用 10 m 弦量调整轨道（见图 3.1.15），其允许偏差应符合表 3.1.2 的规定。现场轨道精调如图 3.1.16 所示。

表 3.1.2 曲线正矢偏差

曲线半径/m	缓和曲线正矢与计算正矢差/mm	圆曲线正矢连续差/mm	圆曲线正矢最大最小值差/mm
≤650	2	3	4
>650	1	2	3

图 3.1.15 10 m 弦量调整轨道

图 3.1.16 现场轨道精调

（七）道床模板施工

道床模板安装必须平顺、位置正确、牢固不松动。模板安装完成后要报请监理组织隐蔽工程检验，认定符合要求后方可灌注混凝土。模板安装质量应符合：位置偏差不大于±5 mm，不垂直度不大于±2 mm，表面不平整度不大于±3 mm，高程误差不大于±2 mm。

（八）道床混凝土施工

道床混凝土由搅拌站采用混凝土搅拌车运输至施工现场并直接泵送到混凝土漏斗内，再用龙门吊吊运至作业面浇筑。浇筑前要对每车混凝土进行坍落度试验，必须保证其符合设计要求，并应控制混凝土入模温度不大于 30 °C，混凝土浇筑时用编织袋覆盖钢轨及扣配件（见图 3.1.17），以免对钢轨及扣配件造成污染。

混凝土浇筑（见图 3.1.18）时采用插入式振捣棒振捣密实，并不得碰撞钢轨、轨枕、模板。振捣完成后，道床混凝土表面要进行抹面处理，不得出现反坡，以免影响排水。道床面高程以轨枕承轨面高出道床面 30 mm 控制。

混凝土浇筑完毕的 12 h 内，采用土工布覆盖的方法进行养护，要保持混凝土处于湿润状态。混凝土强度达到 5 MPa 以上后方可拆除支撑架，达到设计强度的 70%后轨道上方可载重、行车。

图 3.1.17　编织袋覆盖

图 3.1.18　道床混凝土浇筑

混凝土浇筑必须满足设计要求，并经监理工程师认可。

道床及水沟一次支模、整体浇筑成型，不仅可以减少施工缝、保证道床稳定性，而且还能提高工效。道床混凝土初凝前应及时进行面层以及水沟的抹面，并将钢轨、轨枕、扣件、支撑架等表面灰浆清理干净。浇筑成型的道床板如图 3.1.19 所示。

图 3.1.19　浇筑成型的道床板

混凝土抗压试件留置组数，同一配合比每浇筑 100 m（不足 100 m 者按 100 m 计）应取两组试件，一组在标准条件下养护，另一组与道床同条件下养护，试件取样时监理必须在场。复测轨道几何形态应按表 3.1.3 的要求执行。

表 3.1.3　轨道几何形态的允许偏差

序号	检查项目	偏差要求
1	轨枕间距	±10 mm
2	轨距	+2 mm、−1 mm，变化率≤1‰
3	水平	以一股钢轨为准，按设计高程偏差在±2 mm 以内，两股钢轨相对水平差≤2 mm，在 18 m 范围内，不得有大于 1 mm 的三角坑
4	轨向	以一股钢轨为准（曲线以外股为准），距线路中线偏差±2 mm 以内
5	高低	轨面目视平顺，最大矢度≤1 mm/10 m 弦
6	轨底坡	不得小于 1/45 或大于 1/35
7	中线偏差	≤2 mm

六、劳力组织

单个作业面施工劳力组织参考表 3.1.4（表格仅供参考，具体应以实际为准）。

表 3.1.4　单个作业面劳力投入计划

序号	名称	劳务人员	管理人员	合计	工作内容
1	机铺作业队	55	2	57	整体道床机铺作业
2	工程运输队	4	1	5	全线工程运输作业及管理，轨道车、车辆的检修维护以及与铁路部分办理相关货运业务
3	调度室	—	2	2	全线工程运输作业及管理，轨行区管理，轨道车、车辆的检修维护以及与铁路部门办理相关货运业务
4	测量队	—	2	2	负责本标段工程的工程测量工作，负责控制网布设与维护，混凝土浇筑前轨道精调数据测量
5	工地试验室	—	2	2	混凝土试块制作、养生及送检，钢筋取样及送检，钢轨焊接型式试验及送检，其他材料进场检验工作
6	物资	—	1	1	负责物资材料进场的清点、验收，与试验室共同对进场物资检验，物资材料的发放管理
7	安全	—	1	1	负责现场安全、质量管控，对作业班组进行岗前培训
总计		59	11	70	

七、材料要求

提前 15 d 做好材料计划，并积极主动与材料供应商加强工作联系，签订供货协议、合同，力争提前储备足够物料，保证施工所需。物资部门根据用料计划及工期要求，提前安排购料，对需要做复试的材料，更要提前购料做取样复试，保证所购材料的质量，确保施工需要。正线主要材料数量见表 3.1.5（表格仅供参考，具体应以实际为准）。

表 3.1.5　主要材料数量

序号	材料名称	规格型号	单位	数量/km		备注
				直线	曲线	
1	钢轨	60 kg/m，U75V	根	80	80	—
2	轨枕	预应力长轨枕	根	1 667	1 667	—
3	扣件	GB 扣件（一般减振）	套	3 334	3 334	—
		双层非线性扣件（中等减振）	套	3 334	3 334	—
4	钢筋	HPB300	t	1.512	1.512	—
		HRB400	t	46	46	—
5	混凝土	C35	m^3	1 304	1 338/1 336/1 332	中等减振道床（超高为 40 mm、80 mm、120 mm）
				1 399	1 428/1 442/1 409	一般减振道床（超高为 40 mm、80 mm、120 mm）
6	端子	—	个	668	668	排流铜端子
7	挤塑聚苯乙烯硬质发泡板	20 mm 厚	m^2	223	223	伸缩缝下部材料
8	聚氨酯密封胶	—	m^3	0.175	0.175	圆形隧道
				0.25	0.25	矩形隧道
				0.3	0.3	马蹄形隧道

八、设备机具配置

全线正线铺轨应根据施工进度及施工条件合理安排施工作业队伍，应配置机械铺轨队伍、道岔施工作业队伍及长轨焊接作业面，配备的主要机械设备见表 3.1.6，主要测量、试验仪器见表 3.1.7（表格仅供参考，具体应以实际为准）。

表 3.1.6　主要机械设备

序号	设备名称	规格型号	数量	使用部位/功能	备注
1	轨道机车	GC-220	1	隧道运输	利用道岔，充分发挥工效
2	轨道平板车	PD25 型	2	隧道运输	
3	混凝土地泵	HBT80C	1	混凝土浇筑	
4	罐车	12 m^3	1	洞内混凝土运输	
5	铺轨门式起重机	MH10 t	3	隧道吊运	
6	小型捣固机	ND-4	2	混凝土振捣	
7	小型发电机	6 kW	1	电力应急	备用
8	水泵	QY12.5-50-4	2	隧道排水	作业队自带
9	电焊机	ZX7-315ED	2	钢筋焊接	
10	其他设备		若干		作业队自带

表 3.1.7　主要测量、试验仪器

序号	仪器名称		规格/型号	数量	使用部位/功能
1	测量及定位	全站仪	TCA1800	1	基本测设、放样
2		电子水准仪	DSZ2	1	二等水准测量
3		万能道尺		2	轨距、水平
4		三角道尺		2	轨面高程
5		支距尺		1	道岔轨距
6		方尺		2	道岔轨面
7		塞尺		2	轨底坡
8		悬线及直尺		1	轨道正矢
9	实验检测	游标卡尺	0～200 mm	2	
10		铸铁平尺	1 000 mm	2	
11		扭力扳手	5 000 N · m	1	扣件扭矩
12		回弹仪	ZC3-A	1	混凝土强度
13		探伤仪	CTS-22A	1	钢轨焊缝
14		抗拔仪	SFDD-1	1	螺旋道钉硫黄锚固
15		布氏硬度仪	HBX-0.5 型	1	钢材硬度
16		坍落度筒	100 mm×200 mm×300 mm	3	混凝土流动性
17		试模	150 mm×150 mm×150 mm	66	
18		机械式温湿度计	WSB-A1	2	混凝土养护
19		其他试验设备		若干	

九、一般及中等减振整体道床施工质量保障措施

严格执行隐蔽工程检查制度，每一道施工工序执行班组自检→专职质检员检验→项目总工检验的自检制度，自检合格后才能报监理工程师验收。

（一）混凝土的供应及运输

（1）施工前考察商品混凝土站的生产能力，选定重合同、守信用的商品混凝土站。

（2）每月 25 日以前将下个月混凝土使用计划提交商品混凝土站，以保证商品混凝土站有足够的时间安排。

（3）由于多数车站位于市区繁华地段，应尽量不在交通高峰时段安排浇筑混凝土，以减少对市区交通的影响。

（4）商品混凝土进场后现场试验员按照规范进行坍落度试验，经检测不合格的应全车清退出场。

（二）混凝土的浇筑

（1）在调线调坡图出图后进行现场测量复核，若发现存在主体结构偏移等问题导致的水沟宽度被侵占需进行位置微调挪移时，要与设计单位和建设单位沟通，在双方意见达成一致后，方可进行施工作业。

（2）混凝土作业按卸料、入模、振捣及收面进行分工，定人定岗，建立岗位责任制。混凝土作业班组建时，要选择有丰富混凝土施工经验的技术工人。对组建后的班组人员不定期进行混凝土浇筑技术质量培训，考核合格者上岗。混凝土浇筑实行质检工程师现场监督制。

（3）浇筑时，水沟模板支架应稳定，无松动、跑模、下沉、上浮等现象，若出现应立即进行加固处理。

（4）从高处直接倾卸时，混凝土自由倾落高度不宜超过 2 m。当倾落高度超过 2 m 时，应采用串筒、溜管或振动溜管等辅助设施进行混凝土浇筑，防止混凝土离析。

（5）混凝土采用振捣器振捣，振捣时间要不小于 30 s 并达到三个条件（① 混凝土表层开始泛浆；② 不再冒泡；③ 混凝土表面不再下沉。）后结束振捣。

（6）混凝土灌注应连续进行，间歇不超过规范规定的时间（对于不掺外加剂的混凝土，其允许间歇时间不应超过 2 h；当温度高达 30 °C 时，不应超过 1.5 h；当温度低至 10 °C 左右时，可延长至 2.5 h）。

（7）混凝土泵送管道输送前应以同标号砂浆润管，浇筑完毕后应清洗管道地泵，可另用空压机进行清洗，拆除下的管道应及时清理备用。

（三）混凝土的养生及保护

（1）混凝土初凝前进行混凝土面的提浆、压实、抹光工作，初凝后终凝前应进行 3 ~ 5 次压光，以提高混凝土抗拉强度，减少收缩量，收光后 12 h 内对混凝土加以覆盖（见图

3.1.20）和浇水。出入段线露天地段混凝土终凝后拆除接头夹板，扣件隔四留一（防止钢轨伸缩引起道床出现裂痕）。

图 3.1.20　道床混凝土覆盖养护

（2）混凝土的浇水养护时间，对采用硅酸盐水泥、普通硅酸盐水泥或矿渣硅酸盐水泥拌制的混凝土，不得少于 7 d。

（3）每天的浇水次数应能保持混凝土处于湿润状态。

（4）混凝土的养护用水应与拌制用水相同。

（5）混凝土强度未达设计要求强度前，严禁在结构表面堆积重物。对结构不同部位，采取不同拆模时间，禁止拆模过早。

（6）混凝土强度未达到设计强度 70%前，严禁钢轨行车。

（四）钢筋、模板工程的质量保证措施

（1）工程所使用的钢筋均须严格按设计规格和要求连同合格证书一并进场，且经验收、复试合格后方可使用，使用前必须将钢筋表面的锈蚀及油污用钢刷除净。

（2）对于钢筋的弯制加工，纵筋在现场加工、焊接，横筋及立筋在基地加工棚内加工，加工时严格按设计尺寸以人工配合机械成型。加工成型的钢筋运往作业面，然后采用钢丝绑扎成设计要求的钢筋骨架，矩形隧道在钢筋骨架下方垫 35 mm 的混凝土支撑块，确保钢筋保护层不小于 35 mm。

（3）钢筋焊接尽可能采用对焊，并应进行焊接试验，合格后方可施焊。施焊人员必须持证上岗。钢筋绑扎和焊接应符合设计要求，经监理工程师检查签证后方可浇筑混凝土。

（五）隐蔽工程质量保证措施

隐蔽工程主要包括防水层、保护层、伸缩缝等分项工程。

（1）隐蔽工程检查采用班组检查与专业相结合的方式，即施工班组在每道工序完工之后，首先进行自检，自检不符合质量要求的予以纠正，然后再由专业检查人员进行检查。

（2）各工序完成后，由施工管理人员、质量检查工程师会同各工班长，按技术规范进行检验，凡不符合质量标准的，坚决予以返工处理，直到再次验收合格。

（3）工序中间交接时，必须有明确的质量合格交接意见，每个工班在进行工序施工时，都应当严格执行“三工序”制度，即检查上工序，做好本工序，服务下工序。

（4）隐蔽工程在完成上述工作后，由现场监理工程师检查验收，并做好验收记录、签认及资料整理工作。检查未获监理工程师验收通过的，必须返工重做，否则不得进行下道工序的施工。

（5）隐蔽工程必须有严格的施工记录，将检查项目、施工技术要求及检查部位等填写清楚，记录表必须有技术负责人、质量检查人签字。

（六）道床伸缩缝加固

伸缩缝间距一般不超过 12 m，U 形槽地段和距离洞口 48 m 范围内、车站端头井向区间 24 m 范围内及联络通道两侧各 48 m 范围内伸缩缝间距不得超过 6 m，隧道结构变形缝处也应设置伸缩缝，轨枕应避开道床伸缩缝。在道床伸缩缝的位置要做好伸缩缝的加固工作，采用在伸缩缝底部打钢筋头、增加伸缩缝板与道床钢筋接触点的方式，以此来加固道床伸缩缝，确保伸缩缝在道床混凝土浇筑时不发生歪斜。安排专人现场盯控，一旦发现伸缩缝发生歪斜，要在混凝土初凝之前及时处理，确保道床外观质量。道床伸缩缝如图 3.1.21 所示，成型伸缩缝如图 1.3.22 所示。

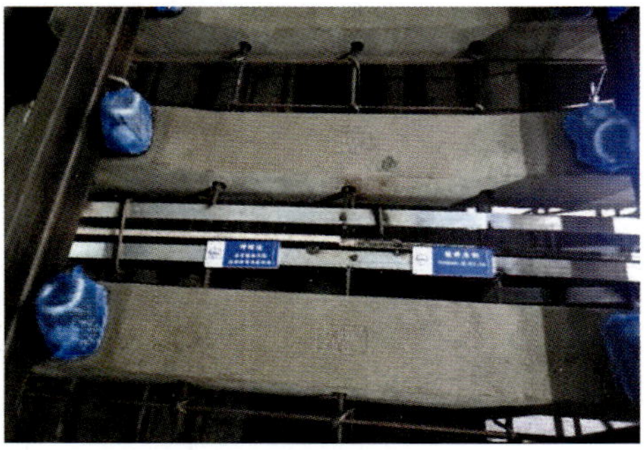

图 3.1.21　道床伸缩缝图

3.1.22　成型伸缩缝

第二节　高等减振整体道床施工

一、适用范围

适用于地铁轨道施工需要采用高等减振措施的地段。本节部分内容及数据参考福州地铁 2 号线、长沙地铁 6 号线轨道工程。

二、作业条件

（1）隧道主体结构、联络通道部位变化趋于稳定，土建单位完成分部验收并办理移交手续。

（2）接收测量控制桩点等资料后，进行测量复核，确保测量点位精度。

（3）铺轨基地建设完成，具备投产条件。

（4）熟悉设计图纸，掌握一般及中等减振道床施工方案、技术交底、施工要点及注意事项。

（5）准备铺轨轨节表、曲线地段超高及正矢表。

（6）现场控制基标及加密基标测量。

（7）做好材料加工运输、存放等准备工作。

三、主要引用技术标准

（1）《城市轨道交通工程项目规范》GB 55033—2022。

（2）《地铁杂散电流腐蚀防护技术标准》CJJ/T 49—2020。

（3）《铁路轨道工程施工质量验收标准》TB 10413—2018。

（4）《铁路混凝土工程施工技术规程》Q/CR 9207—2017。

（5）《铁路混凝土工程施工质量验收标准》TB 10424—2018。

（6）《地下铁道工程施工质量验收标准》GB/T 50299—2018。

（7）《浮置板轨道技术规范》CJJ/T 191—2012。

（8）《城市轨道交通工程测量规范》GB/T 50308—2017。

（9）《国家一、二等水准测量规范》GB/T 12897—2006。

（10）《环境影响评价技术导则　城市轨道交通》HJ 453—2018。

四、施工顺序及工序流程

（一）施工顺序

圆形隧道减振垫道床（见图 3.2.1）分两步施工，分别为道床基底混凝土施工和减振垫道床施工。

矩形隧道减振垫道床（见图 3.2.2）分三步施工，分别为侧墙施工、垫层施工和减振垫道床施工。

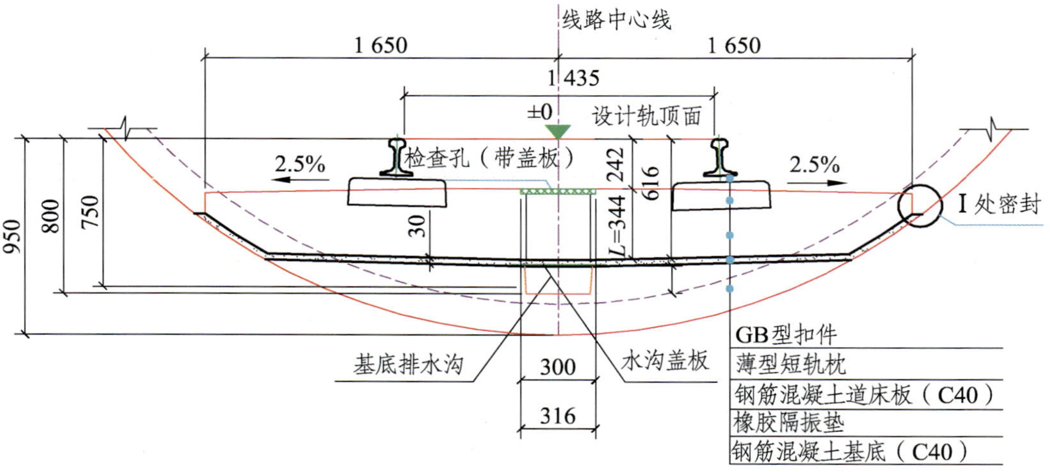

图 3.2.1　圆形隧道橡胶减振垫道床（单位：mm）

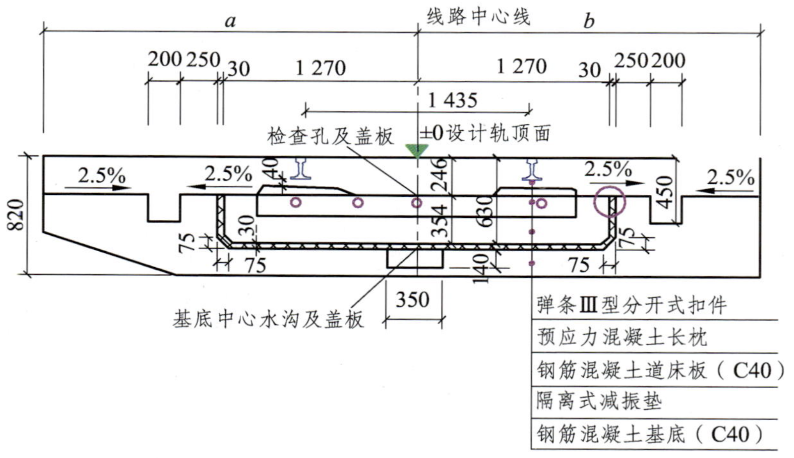

图 3.2.2　矩形隧道橡胶减振垫道床（单位：mm）

矩形隧道减振垫道床施工与圆形隧道减振垫道床施工的不同之处在于矩形地段需进行两侧挡墙施工，挡墙底部与基底应做 75 mm×75 mm 的倒角，以保证减振垫铺设时与基底密实。挡墙的位置和宽度由加密基标确定，挡墙的高度应由测量组测设高度桩。矩形地段的其他工序与圆形地段相同。

（二）工序流程

圆形隧道、矩形隧道施工工艺流程如图 3.2.3、图 3.2.4 所示。

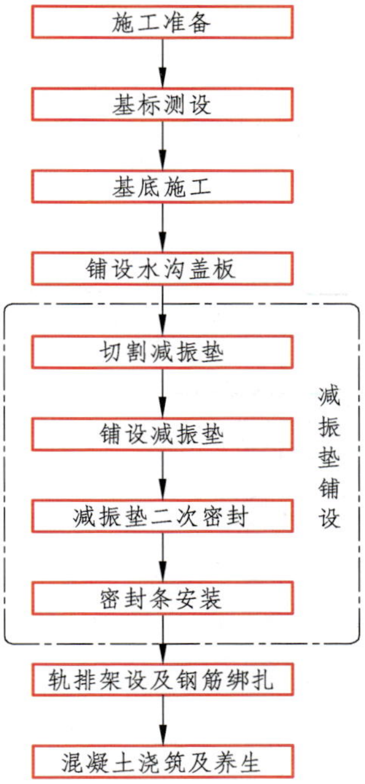

图 3.2.3　圆形隧道施工工艺流程

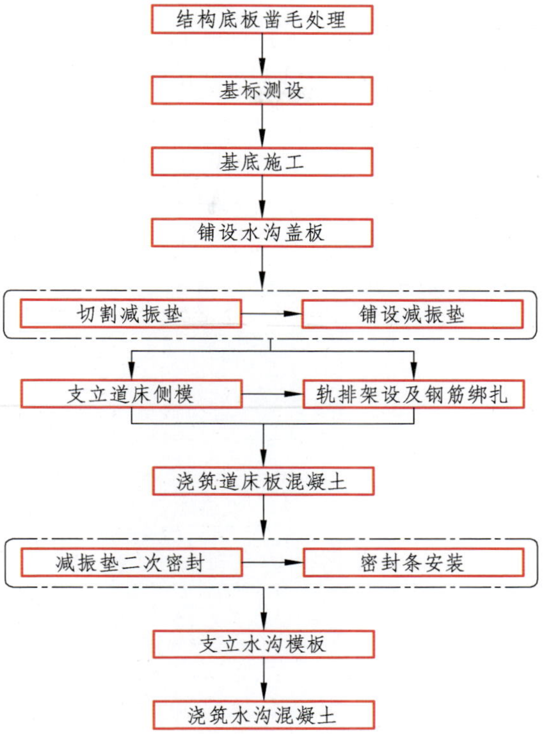

图 3.2.4　矩形隧道施工工艺流程

五、施工方法及要求

（一）圆形隧道减振垫道床施工

图 3.2.5 所示为圆形隧道橡胶隔板垫整体道床。圆形隧道高等减振道床与一般减振道床相比仅增加了基底施工和减振垫铺设工序，其余工艺均类似（详见第三章第一节），此处不再赘述。以下仅介绍基底施工与减振垫铺设相关内容。

图 3.2.5　圆形隧道橡胶隔振垫整体道床

1．基底施工

减振垫道床基底采用平基底。在施工前，测量组测设基底标高控制桩，确定基底浇筑高度，浇筑后的基底应满足以下要求：

（1）基底表面平整光滑，不能有明显的尖锐凸起及坑洼。

（2）隧道内应保持整洁，基底无明显积水及裸露钢筋。

（3）中心水沟线型良好。

基底钢筋绑扎及基底伸缩缝如图 3.2.6 所示。

图 3.2.6　基底钢筋绑扎及基底伸缩缝

2．减振垫铺设

减振垫铺设分为 4 部分：

（1）减振垫的切割：减振垫切割前应按照减振垫铺设范围，准确计算道床横向底面面积，要求切割后的减振垫边角平直，以保证铺设后的整体美观。

（2）减振垫铺设（见图 3.2.7）：减振垫采用横铺方式（垂直于线路方向铺设），减振垫间衔接宽度小于等于 10 mm。在截面改变时，减振垫切割成相应的形状，采用密封条（见图 3.2.8）覆盖减振垫缝隙，然后用三排铆钉固定减振垫。

图 3.2.7　减振垫铺设

图 3.2.8　Z 字形密封条

（3）减振垫的二次密封：减振垫铺设就位后，将道床两侧减振垫外围采用土工布加以包裹，这样在长时间运营条件下，即使密封条局部破坏，土工布也可以阻止泥沙进入减振垫下部。

（4）安装 Z 字形密封条（见图 3.2.9）及观察筒（见图 3.2.10）：在厂家指导下完成密封后，在每块道床中部安装观察筒（观察筒的安装在钢筋绑扎时同步实施）。

图 3.2.9　安装 Z 字形密封条

图 3.2.10　观察筒

3. 轨排组装及架设

轨排组装施工工艺在第一节已介绍（见图 3.1.7），此处不再赘述。轨排组装及架设如图 3.2.11 ~ 图 3.2.13 所示。

图 3.2.11　铺轨基地存放轨排

图 3.2.12　轨排吊装运输

图 3.2.13　轨排布设

（二）矩形隧道减振垫道床施工

1. 基底施工

基底垫层采用一次性浇筑，根据铺轨基标，绑扎垫层钢筋（见图 3.2.14），制作木盒作为中心水沟模板，车站中心底标高为 750 mm，车站两端泵房中心水沟底标高为 930 mm，在支模过程中，每隔 5 m 调整水沟模板标高。垫层浇筑后，N2 钢筋伸出道床部分不浇筑。

图 3.2.14　基底钢筋绑扎

2. 减振垫铺设

基底垫层浇筑后，分别铺设水沟盖板和减振垫（见图 3.2.15），减振垫铺设宽度为 2.86 m，道床宽度为 2.8 m，两边各伸出 3 cm。减振垫两端在土工布上涂刷氯丁胶并包裹密实。

图 3.2.15　矩形道床橡胶减振垫铺设

3. 道床板侧模支立

道床板侧模施工垫层浇筑完成后，再次铺设铺轨基标，根据铺轨基标在减振垫上弹出道床边线和钢筋笼轮廓，然后架设轨排，绑扎钢筋笼，调轨支架丝杆处的减振垫开孔处理。轨道精调后，支立道床侧模，侧模采用清水模板，模板高 40 cm。

在模板边缘外侧的垫层上打设直径为 14 mm 的钢筋桩，打设位置在减振垫端头侧，钢筋桩底部与模板间设置 5 cm 的方木和木楔固定模板底部，模板中部加设 5 cm 的方木加肋，增加模板刚度。模板上部外侧用山形卡卡住方木，连接杆穿过模板勾住钢轨底部固定，确保模板稳定性。

4. 侧墙及水沟施工

道床板混凝土浇筑完成后，拆除侧模，将道床两侧、减振垫端头清理干净，并将减振垫多出的道床部分裁剪。减振垫裁剪时，在减振垫下方垫 3 cm 厚的钢板，避免减振垫切割时，将土工布切坏。

在侧墙和侧向减振垫上涂上胶水，待胶水微干时，将减振垫粘贴到侧墙面，用橡胶锤敲打，粘贴牢固。侧向减振垫与横向减振垫垂直设置，接触面通过土工布用氯丁胶密封粘贴，防止浇筑混凝土时水泥砂浆进入道床垫内。当减振垫顶部距离道床面 3 cm 时，用聚乙烯泡沫板接高至道床面，待混凝土浇筑后取出灌缝。

首先，根据铺轨基标确定道床水沟位置及大小。然后弹线，分别打设两排钢筋桩，间距为 200 mm（水沟宽度），每隔 2.5 m 设置一道。再根据水沟底标高，分别在钢筋桩上焊接横向钢筋，形成 H 型钢筋支架，横向钢筋上表面为水沟地面标高。最后安装水沟木盒，用铁丝绑扎固定，经监理验收通过后，即可浇筑混凝土。

为避免轨道车通过时发生轻微晃动，道床浇筑完成后，调轨用横向顶撑，保证每块板撑 3 对横向顶撑（即每道伸缩缝处 2 对横向顶撑），防止道床板发生位移。

需要注意的是矩形隧道内道床表面中部与轨枕面齐平，两侧设置 2.5%的排水坡。减振垫切割时，要低于道床面 2 ~ 3 cm。道床浇筑混凝土时，用 3 cm 厚的泡沫板对减振垫上部进行填充，防止减振垫流入混凝土里。

混凝土浇筑完成后 12 h 内要及时覆盖土工布，并及时进行洒水养护，养护时间为 7 d。

六、劳力组织

由于增加了基底和减振垫施工，在原有机铺作业队的基础上，需相应增加作业人员，单个作业面施工劳力投入计划参考表 3.2.1（表格仅供参考，具体应以实际为准）。

表 3.2.1　单个作业面劳力投入计划

序号	名称	劳务人员	管理人员	合计	工作内容
1	机铺作业队	55	2	57	整体道床机铺作业
2	减振垫作业队	20	1	21	基底施工，减振垫剪裁、铺设，密封条安装
3	工程运输队	4	1	5	全线工程运输作业及管理，轨道车、车辆的检修维护以及与铁路部分办理相关货运业务
4	调度室	—	2	2	全线工程运输作业及管理，轨行区管理，轨道车、车辆的检修维护以及与铁路部门办理相关货运业务
5	测量队	—	2	2	负责本标段工程的工程测量工作，负责控制网布设与维护，混凝土浇筑前轨道精调数据测量
6	工地试验室	—	2	2	混凝土试块制作、养生及送检；钢筋取样及送检；钢轨焊接型式试验及送检，其他材料进场检验工作
7	物资	—	1	1	负责物资材料进场的清点、验收，与试验室共同对进场物资检验，物资材料的发放管理
8	安全	—	1	1	负责现场安全、质量管控，对作业班组进行岗前培训
总计		79	12	91	

七、材料要求

提前 15 d 做好材料计划，并积极主动与材料供应商加强工作联系，签订供货协议、合同，力争提前储备足够路料，保证施工所需。物资部门根据用料计划及工期要求，提前安排购料，对需要做复试的材料，更要提前购料做取样复试，保证所购材料的质量，确保施工需要。单线每公里主要材料数量见表 3.2.2（表格仅供参考，具体应以实际为准）。

表 3.2.2　单线每公里主要材料数量

序号	材料名称	规格型号	单位	数量/km		备注
				直线	曲线	
1	混凝土	C40	m^3	1 840	1 915	道床、基底
2	钢筋	HRB400，ϕ16	t	59	59	道床
		HRB400，ϕ12	t	57.5	59	道床、基底及基地水沟盖板
3	镀锌圆钢	ϕ20	t	4.97	5.01	道床
4	端子	—	个	668	668	同普通整体道床
5	橡胶隔振垫	USM-2030	m^2	3 387	3 442	—

续表

序号	材料名称	规格型号	单位	数量/km		备注
				直线	曲线	
6	密封条	—	m	2 000	2 000	橡胶隔振垫上卷边密封
7	土工布	—	m^2	500	500	橡胶隔振垫上卷边密封
8	聚氨酯密封胶	—	m^3	2.4	2.4	橡胶隔振垫上卷边密封及伸缩缝上部材料
9	挤塑聚苯乙烯硬质发泡板	20 mm 厚	m^2	223	223	伸缩缝下部材料
10	钢丝筛网	415 mm	m	1 000	1 000	基底水沟盖板上部材料
11	检查孔（带盖板）	300 mm×300 mm	套	167	167	每块道床块设置一处
12	轨枕	短轨枕	块	3 334	3 334	1 667 对/km

八、设备机具配置

参见第三章第一节，此处不再赘述。

九、高等减振整体道床施工质量保障措施

本节仅介绍减振垫材料及其施工质量控制，其他内容参见第三章第一节，此处不再赘述。

（一）减振垫材料

1. 橡胶减振垫性能

选用的减振垫材料应符合以下特性：

（1）材料弹性好，固有频率低，减振效果显著。

（2）硬度范围大，抗冲击性能优良。

（3）额定承载范围大，可根据需求进行定制生产。

（4）拉伸强度、抗撕裂强度高，经久耐用。

（5）力学性能好，承载式应力分布更均匀，性能稳定。

（6）有良好的耐腐蚀、耐油、耐有机溶剂、耐辐射性能，使用寿命长。

2. 材料进场

（1）凡减振垫材料进场应按国家标准《浮置板轨道技术规范》（CJJ/T 191—2012）分批次抽取试件进行力学性能试验和疲劳试验。

（2）减振垫应有产品合格证、检验报告及出厂日期。

（3）图纸、产品标志及检验报告等文件资料应保存齐全。

3. 试验检测要求

（1）疲劳试验后隔振垫的厚度变化应小于试件厚度的 3%。

（2）疲劳试验后隔振垫的刚度变化不应大于 15%。

（3）隔振垫的动静刚度比应小于 1.3。

（二）施工过程

1. 基底

（1）施工之前，对应地段的隧道结构、高架桥或地面线路路基等应经验收合格后再施工。隧道底板应干燥、无渗漏。

（2）主体结构底板应无积水、无浮渣。凿毛地段的凿毛深度和间距应符合设计要求。凿毛后应清理干净，并应确保轨道基础与主体结构底板结合密贴。

（3）在轨道基础设置的排水设施应通畅，不得积水。

（4）基底钢筋加工前，必须先进行标高采样，确保钢筋网骨架不高于设计标高，确保混凝土保护层厚度达到设计要求。

（5）施工前应将基底混凝土浇筑标高进行定位，严格控制基底混凝土标高。

2. 道床

（1）隔振垫应与浮置板密贴，不应有空隙，隔振垫安置的基础应整洁。

（2）为防止泥沙堵塞基底与隔振垫之间的缝隙而降低减振效果，应在基底上铺设一层土工布。

（3）当满铺隔振垫时，浮置板与基础槽或隧道壁之间应密封，密封条安装时需防止浮置板与基础刚性接触，并应符合设计要求。

（4）钢轨的支撑架应具有足够的刚度和稳定性，其横梁不应侵入浮置板道床表面。

（5）道床混凝土应采用粗骨料粒径不大于 25 mm 的混凝土，同一块浮置板的混凝土应连续浇筑，在浇筑和振捣混凝土时不得损伤隔振垫。

（三）效果检测

浮置板轨道施工验收完成后，在轨道交通项目开通试运营之前应由建设单位组织有资质的检测单位进行浮置板轨道减振效果的测量评价，并开具测评报告，作为竣工验收移交资料。

第三节　特殊减振整体道床施工

一、适用范围

适用于地铁轨道施工需要采用特殊减振措施的地段。本节部分内容及数据参考福州地铁 2 号线、南昌地铁 3 号线、长沙地铁 6 号线轨道工程。

二、作业条件

（1）隧道主体结构、联络通道部位变化趋于稳定，土建单位完成分部验收并办理移交手续。

（2）接收测量控制桩点等资料后，进行测量复核，确保测量点位精度。

（3）铺轨基地建设完成，具备投产条件。

（4）熟悉设计图纸，掌握一般及中等减振道床施工方案、技术交底、施工要点及注意事项。

（5）准备铺轨轨节表、曲线地段超高及正矢表。

（6）现场控制基标及加密基标测量。

（7）做好材料加工运输、存放等准备工作。

三、主要引用技术标准

（1）《城市轨道交通工程项目规范》GB 55033—2022。

（2）《地铁杂散电流腐蚀防护技术标准》CJJ/T 49—2020。

（3）《铁路轨道工程施工质量验收标准》TB 10413—2018。

（4）《铁路混凝土工程施工技术规程》Q/CR 9207—2017。

（5）《铁路混凝土工程施工质量验收标准》TB 10424—2018。

（6）《地下铁道工程施工质量验收标准》GB/T 50299—2018。

（7）《浮置板轨道技术规范》CJJ/T 191—2012。

（8）《城市轨道交通工程测量规范》GB/T 50308—2017。

（9）《国家一、二等水准测量规范》GB/T 12897—2006。

（10）《环境影响评价技术导则　城市轨道交通》HJ 453—2018。

（11）《地下线钢弹簧浮置板整体道床设计图》等技术规范、技术要求。

四、施工顺序及工序流程

（一）施工顺序

一般地段采用“整体钢筋吊装式浮置板（钢筋笼法）”施工工艺，即采用铺轨基地内绑扎 25 m 浮置板钢筋笼，轨道车运输至作业面，洞内采用铺轨门吊将钢筋网片就位，调整轨道几何尺寸，进行混凝土整体浇筑的施工方案。

“钢筋笼法”施工困难地段或不具备吊装条件的地段采用“散铺法”进行施工，即将浮置板施工所需要的钢筋、轨枕、钢轨、扣配件等，倒运至铺设地点，进行隔离膜铺设、轨排组装、隔振器安装、钢筋绑扎、立模、浇筑混凝土。

（二）工序流程

浮置板施工流程如图 3.3.1 所示。

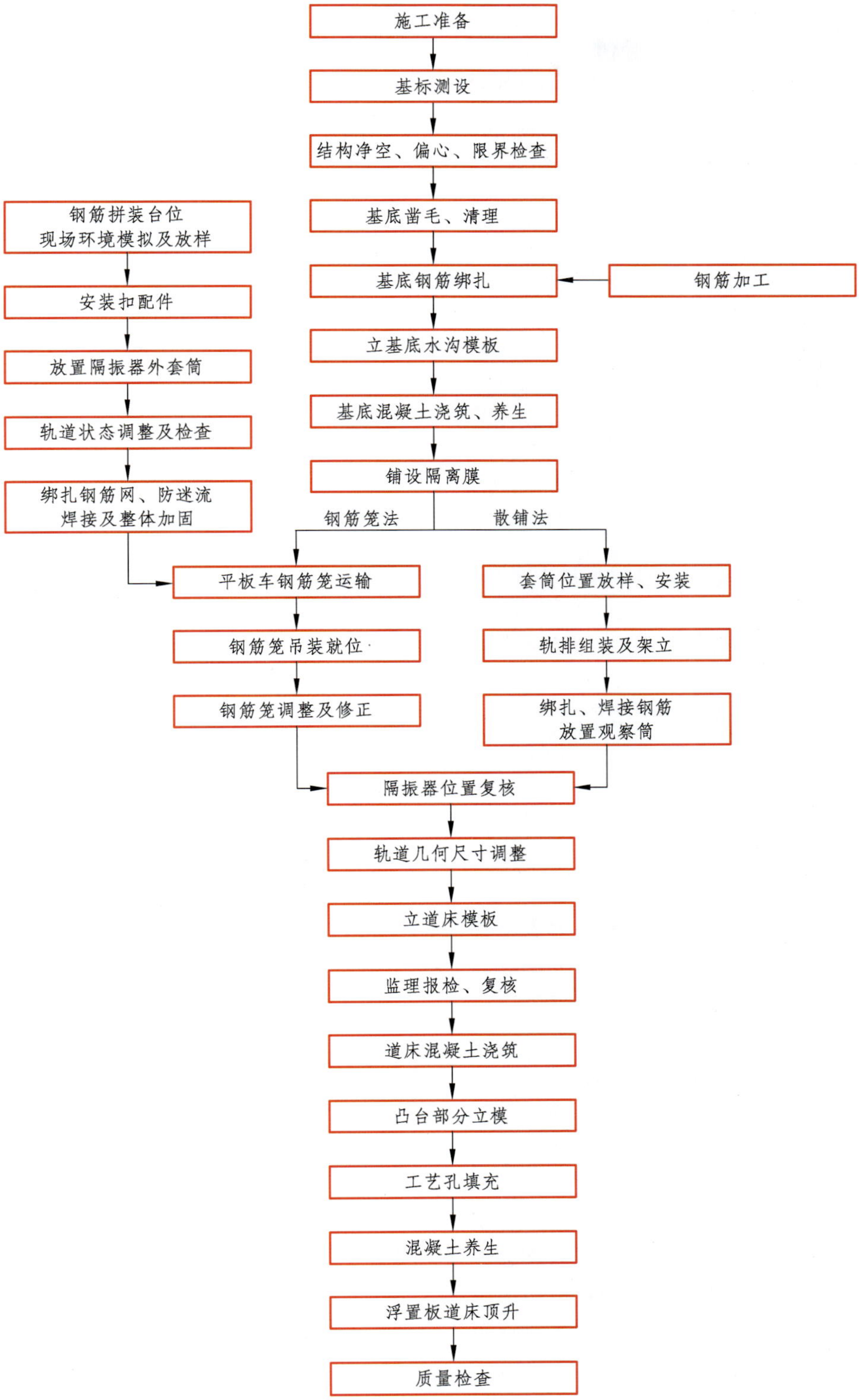

图 3.3.1　浮置板施工流程

五、施工方法及要求

圆形隧道特殊减振道床（见图 3.3.2）与一般减振道床相比增加了基底施工及钢弹簧套筒安装的工序，对基底及钢筋笼绑扎提出了更高的要求，其余类似工艺参见第三章第一节，此处不再赘述。

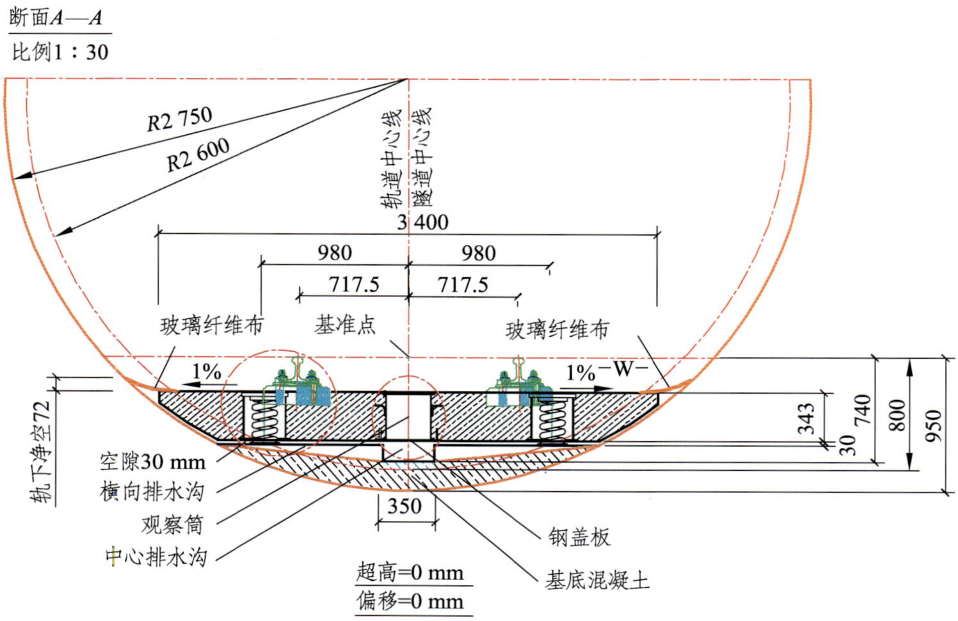

图 3.3.2　特殊减振道床设计图（单位：mm）

（一）基底钢筋绑扎

基底钢筋直接通过人工运输至作业面，现场对钢筋笼进行拼装，现场绑扎钢筋时需要注意预留水沟模板，保证下道工序的顺利进行。特别需注意横向钢筋的中心线布置，因为按结构中心位置布置可能造成基底高度超限，隔振器不能按要求摆放。

（二）支立基底水沟模板

混凝土施工前，需进行水沟模板的立模（见图 3.3.3），基底排水沟位于线路中心位置，下沟宽 300 mm，上沟宽 350 mm，沟深 150 mm。具体立模位置及几何尺寸以浮置板道床施工图为准。

浮置板基础排水沟模板钉设方木盒（或钢模），并要求循环使用。每隔 50 cm 须有方木支撑，特殊地段视具体情况可适当加密支撑，以防灌注混凝土时跑模、胀模。制作模板时为满足拆模要求，模板上方宽度应适当大于下部宽度。

道床模板安装必须平顺，位置正确，并牢固不松动。模板安装完成后要报监理组织隐蔽工程检查，认定符合要求后方可灌注混凝土。模板安装质量要求见表 3.3.1。

图 3.3.3　基底钢筋绑扎及水沟模板支立

表 3.3.1　模板安装允许偏差

序号	项目	允许偏差/mm	备注
1	高度	±5	均为模板内侧面间的允许偏差
2	宽度	±5	
3	位置	±3	
4	凹槽的长、宽、高	±5	
5	中线	±2	
6	模板平整度	±2	

（三）基底混凝土施工

线路超高采用外轨抬高一半，内轨降低一半的设置，超高在基底中实现。曲线地段道床基础设置超高，施工时要求严格控制道床基础表面平整度，道床基底混凝土收面高度只能出现负误差，不允许出现正误差。安装隔振器位置的高程公差为 0 ~ −5 mm。对于不满足要求的部位要进行打磨或垫高处理。混凝土施工时采用架设混凝土输送管、泵送混凝土的方式（当泵送距离无法满足施工要求时，可采用轨道车运输混凝土）浇筑混凝土。曲线地段严格控制混凝土坍落度，不得大于 180 mm，否则容易造成混凝土向曲线内股流动，外股高度不足。混凝土施工完毕后，对于散落于隧道管壁的混凝土及时进行清理。

混凝土浇筑时采用插入式振捣棒振捣密实，并不得碰撞钢轨、轨枕、模板。振捣完成后，道床混凝土表面要进行抹面处理，不得出现反坡，以免影响排水。混凝土施工完毕后，对于散落在隧道管壁的混凝土要及时清理。

混凝土浇筑完成后 12 h 内，采用涂刷薄膜养护剂或用塑料布覆盖的方法进行养护，要保持混凝土处于湿润状态（见图 3.3.4）。混凝土强度达到 5 MPa 以上后方可拆除支撑模板。

图 3.3.4　已浇筑完成的道床基底

（四）隔振器基础平整度检查

基础浇筑完毕后，对线路中心桩位置进行恢复，对每个安装隔振器的位置的高程进行检查，测量水平度。对于高程差大于 0 ~ −5 mm 的要求进行整体打磨或凿除处理，严禁采用在混凝土表面局部挖深的办法来放置隔振器，以确保施工符合技术要求。

（五）“钢筋笼法”施工工艺

1. 钢筋笼台位的搭设

根据铺轨基地现场情况，合理布置钢筋笼拼装台位，要求台位平整，尺寸、位置适宜。

2. 钢筋笼拼装台位现场环境的模拟及放样

在拼装台上，线路中心线每间隔 5 m 设置线路中桩。将中心线弹设板边墨线作为控制浮置板钢筋笼拼装及轨道几何尺寸的控制线。

对测量组提供的隧道中线与道床中心的偏离值进行检查，若差异较大，可能造成钢筋笼无法就位或钢筋笼混凝土保护层不满足最小保护层厚度的要求，此时需对钢筋笼的中心线进行局部调整，调整值应满足设计要求。

3. 架轨

对搭设台位的放样线路中心线进行架轨作业。钢轨架设采用下承式支撑架，支撑架每隔 3 m 设置一处。钢轨的架设高度在曲线、直线地段均为 623 mm（因曲线地段在基底设置超高），施工要求对铁垫板的轨底坡进行调整，保证轨底坡为 1/40，轨底坡误差允许范围为 1/35 ~ 1/45。支撑架在直线段应垂直于线路方向，曲线地段应垂直于线路切线方向，并将各部螺栓拧紧，不得虚接。

钢轨架起后按设计和规范要求对其几何状态进行粗调，并按设计要求组装扣件。要求两股钢轨上的支承点中心线与线路中线垂直安装，其距离允许偏差不大于 10 mm。扣件安装好后，通过钢轨支承架支腿螺旋依据铺轨基标精调轨道几何状态，其精度应符合表 3.3.2 的规定。

表 3.3.2　拼装钢筋笼轨道几何形态的允许偏差

序号	检查项目	偏差要求
1	轨枕间距	±10 mm
2	轨距	+2 mm、−1 mm，变化率≤1‰
3	水平	以一股钢轨为准，设计高程偏差在±2 mm 以内，两股钢轨相对水平差≤2 mm，在 18 m 范围内，不得有大于 1 mm 的三角坑
4	轨向	以一股钢轨为准（曲线以外股为准），距线路中线偏差±2 mm 以内
5	高低	轨面目视平顺，最大矢度≤1 mm/10 m 弦
6	轨底坡	不得小于 1/45 或大于 1/35
7	中线偏差	≤2 mm

4. 隔振器外套筒安装

根据搭设台位的放样线路中心线及图纸中隔振器的相对位置放置外套筒（要求对隔振器中心位置弹“十”字交叉的墨线），误差应满足设计要求。

放置隔振器外套筒时应注意隔振器外套筒具有方向性，并按图纸要求布置隔振器（三角尖端朝钢轨外侧）。

在隔振器摆放完毕后，检查隔振器的间距是否正确。注意隔振器的间距在曲线地段外股增加，内股减小。

5. 扣件安装

根据隔振器位置布置铁垫板的位置，并安装短轨枕。隔振器套筒位于两铁垫板中间位置，施工中注意正确安装。

6. 钢筋的加工及连接要求

（1）钢筋的进货及检验。

钢筋应尽量按较长定尺或浮置板配筋定尺进货，以节约钢筋并减少连接接头数量，降低工程成本。

钢筋进厂时，应由物资部组织相关人员进行检验，试验员负责取样，并邀请监理旁站。每批不大于 60 t 的同一牌号、同一炉罐号、同一规格、同一交货状态的直条钢筋，应做两组拉伸试验、两组弯曲试验。取样时每批钢筋中任选两根钢筋切取，钢筋试样不需做任何加工。

当发现钢筋出现脆断、焊接性能不良或力学性能显著不正常等现象时，应对该批钢筋进行化学成分检验或其他专项检验。

钢筋进场时应具备相应的出厂合格证和试验资料，并按国家标准《钢筋混凝土用钢 第2部分：热轧带肋钢筋》（GB/T 1499.2—2018）等的规定抽取试件做力学性能试验，其质量必须符合标准的规定。

进场时和使用前，要检查钢筋是否平直、有无损伤，表面不得有裂纹、油污、颗粒状或片状老锈。

当钢筋的品种级别或规格需作变更时，应办理设计变更手续。

（2）钢筋的加工。

因钢弹簧浮置板整体道床的钢筋规格及尺寸较多，要求钢筋加工按照板号及规格分类加工，并做好标识，避免钢筋混乱。

施工前，根据施工图纸及资料对钢筋的品种、级别、规格、数量进行核对，确认无误后，方可进行钢筋加工作业，对弯曲的钢筋应调直后再进行加工。

当设计要求钢筋的末端采用直角弯钩时，直钩的弯曲直径 d 不得小于钢筋直径的 3.5 倍，钩端应留有不小于钢筋直径 5 倍的直线段。钢筋的末端作 180°弯钩时，其弯曲直径 d 不得小于钢筋直径的 2.5 倍，钩端应留有不小于钢筋直径 3 倍的直线段。弯起钢筋应弯成平滑的曲线，对于光圆钢筋其弯曲半径不得小于钢筋直径的 10 倍，对于带肋钢筋其弯曲半径不得小于钢筋直径的 12 倍。

钢筋加工允许偏差见表 3.3.3。

表 3.3.3 钢筋加工允许偏差

项目	允许偏差/mm
受弯钢筋顺长度方向的净尺寸	±10
弯起钢筋的弯折位置	±20
箍筋	±5

（3）钢筋的连接。

钢弹簧浮置板整体道床采用“钢筋笼法”，纵向钢筋接头搭接，钢筋最大搭接率为 50%，搭接长度不小于 50d（图纸有特别注明的以图纸为准）。杂散电流收集网钢筋应在搭接基础上按杂散电流防护专业钢筋焊接要求进行焊接。

（4）钢筋的安装（见图 3.3.5）。

安装钢筋时需注意剪力铰的安装是否同钢筋的绑扎相冲突，并考虑基地绑扎、现场施工的合理性。板端位置钢筋、剪力铰的安装应根据现场实际情况确定施工方案。

在隔振器周围绑扎钢筋时，要注意避免移动外套筒。同时需考虑外套筒具有一定的灵活性，以便运输至区间隧道铺设地段进行位置调整。

绑扎双排钢筋时，排与排之间局部允许偏差为±5 mm，同一排中受力钢筋局部允许偏差为±20 mm，分布钢筋间距允许偏差为±20 mm，箍筋间距允许偏差为±20 mm。浮置板及基底钢筋保护层厚度为上表面不小于 40 mm，其余部位不小于 30 mm。

图 3.3.5　钢筋的安装

钢筋安装工程施工时，应严格按照设计图纸预留排水管和检查孔的埋设位置。钢筋的交叉应用钢丝绑牢，以保证受力钢筋和弯起的位置以及钢筋间距的正确。网架中间部分的交叉点的绑扎需保证钢筋网架的稳定，纵筋、横筋、立筋横平竖直。钢筋安装允许偏差见表 3.3.4。

表 3.3.4　钢筋安装允许偏差

项目		允许偏差/mm
绑扎钢筋网	长/宽	±10
	网眼尺寸	±20
绑扎钢筋骨干	长	±10
	宽/高	±5
受力钢筋	间距	±10
	排距	±5
	保护层厚度	±5
绑扎钢筋/横向钢筋间距		±20
钢筋弯起位置		20
预埋件	中心线位置	±5
	水平高差	+3，0

（5）钢筋笼的加固及吊装。

为了保证钢筋笼的整体稳定性，满足钢筋笼的吊装及运输要求，需要采用专业吊环对钢筋笼的整体性进行加固，并满足施工技术的需要。

（6）铺设隔离层和水沟盖板。

① 在钢筋笼运输前，在基底表面铺上隔离层（见图 3.3.6）。隔离层在基底采用满铺，隔离层搭接宽度不小于 6 cm，并在搭接处采用胶带密封，防止混凝土进入。

图 3.3.6　隔离层铺设

② 在水沟上方铺设 3 mm 厚钢板作为水沟盖板。水沟盖板一般采用焊接，其上每隔 500 mm 焊接两排 L 形 ϕ12 的 HRB400 锚固钢筋，锚固长度不小于 100 mm。焊接时采用 50 mm 的弯钩，双面焊，焊缝不小于 6 mm。焊接完成后再铺设隔离层。

③ 隔离膜宜选用厚度不小于 1 mm 的透明薄膜，不得出现破损，隔离膜的两侧边缘应固定，并应铺贴平整，与隔振器应黏合无缝。

（7）钢筋笼的运输（控制运输变形）。

因钢筋笼需跨装两台平板车，在平板车通过道岔、小曲线半径时，位于平板车上的钢筋笼容易产生变形，为了控制钢筋笼在运输过程中产生的变形，需在平板车上安装转向架装置，使钢筋笼在平板车一定范围内能自由滑动，以减少钢筋笼的变形。

（8）现场钢筋笼的吊装。

现场采用 MH10t 型铺轨门吊将钢筋笼吊装到指定位置。现场钢筋笼吊点的选择，以钢筋笼产生的挠度最小处为最佳吊点。

（9）钢筋笼的整修。

在钢筋笼就位时，采用支撑及其他方式对钢筋笼进行调整，确保钢筋笼的中心线与线路中心线基本重合。曲线地段应注意钢筋笼底部中心与轨道中心的偏离值。在钢筋笼就位后，对钢筋笼的几何尺寸、钢筋的间距布置要进行调整。图 3.3.7 所示为成形的道床钢筋笼。

图 3.3.7　成形的道床钢筋笼

（10）轨道的架设。

轨道采用下承式支撑架，支撑架在直线地段不大于 3 m 时设置一个，在曲线地段不大于 2.5 m 时设置一个。

（11）钢筋笼、隔振器中心位置的调整与钢筋笼的整修。

现场采用轨架将钢筋笼和钢轨组成的联合体架设悬空，通过轨架调整钢轨，实现钢筋笼的中心线同线路的中心线重合（曲线考虑一定的偏心量）。当无法调整时，拆除钢轨和钢筋笼的连接系统，采用斜支撑或其他工机具对钢筋笼进行调整，确保钢筋笼中心线与线路中心线重合。

对隔振器位置发生偏移的，应进行调整，确保隔振器处于设计位置。待隔振器位置调整完毕，安装道床两侧 2.7 m 以外的钢筋，保证钢筋间距、保护层厚度等符合设计要求。

（六）“散铺法”施工工艺

1. 隔振器位置放样

浮置板基底浇筑完成后，在隔离膜铺设前，根据线路中线位置及隔振器的位置放线，准确定位线路中线、隔振器的位置，对每个隔振器的安装位置进行抄平，测量水平度。对于隔振器处高程差大于 0 ~ −5 mm 或水平度误差大于±2 mm/m 的，要求进行凿除或打磨处理。处理完成后，测量组对每个隔振器位置进行放样，在基底面清晰标示出隔振器的中心位置。

2. 铺设隔离膜与水沟盖板

“散铺法”隔离膜铺设施工工艺与“钢筋笼法”相同，此处不再赘述。

3. 隔振器套筒安装

根据基底上标示的隔振器位置摆放隔振器外套筒，并注意按图纸所示方向（角度）摆放。外套筒采用限位销进行固定，隔振器外套筒的高度统一为 345 mm。

4. 钢轨架设及扣配件、轨枕安装

长轨架设采用下承式支撑架，保证轨底坡为 1/40，保证浮置板顶升量为 30 mm。

支撑架在直线地段每隔 3 m 设置一个，在曲线地段每隔 2.5 m 设置 1 个。支撑架在直线段应垂直于线路方向，曲线地段应垂直于线路切线方向，并将各部螺栓拧紧，不得虚接。

扣配件与轨枕的安装应结合设计图纸与套筒的实际位置进行安装。

5. 绑扎钢筋及安装道床排水管

当所有隔振器外套筒放好并固定后，根据设计图纸绑扎钢筋和安装剪力铰，剪力铰定位要准确。在隔振器周围绑扎钢筋时，要注意避免移动外套筒。为防止浇筑混凝土时，外套筒移动和浮起，可以把外套筒的焊接钢筋和上部的结构钢筋连接在一起。在绑扎钢筋前要检查塑料隔离膜，对破损处要做修补处理。

浮置板钢筋在基地下料加工，现场绑扎、焊接、铺设。钢筋加工尺寸要严格按设计要求尺寸加工。钢筋安装工程施工时，应考虑到预埋排水管的埋设及检查孔的埋设。由于浮置板钢筋比较复杂，施工场地较小，可以采用先进行横向钢筋网片的绑扎，临时措施固定，再穿纵向钢筋的方式。

“散铺法”钢筋笼绑扎质量要求与“钢筋笼法”相同，此处不再赘述。钢筋绑扎完成后，在浮置板板面每 5 m 设置一组直径为 50 mm 的钢丝软管，将板面水引入基底水沟。

（七）安装剪力铰及立模板

安装剪力铰及立模板同时进行，并根据设计图纸绑扎钢筋和安装剪力铰，剪力铰定位要准确。在每处板缝处布置剪力铰，具体布置尺寸、位置及数量以施工图为准。剪力铰安装位置公差±5 mm。

模板应稳固牢靠，满足混凝土施工的需要，几何尺寸应满足规范要求。

（八）轨道几何尺寸调整

通过钢轨支承架支腿螺旋依据铺轨基标精调轨道几何状态，用万能道尺、方尺、L 形尺、锤球等工具，按设计和规范要求调整轨道的轨距、水平、高程方向等几何尺寸。曲线地段还须增加对曲线外股正矢的调整及检查（利用 10 m 或 20 m 弦线）。具体轨道几何尺寸调整做法：先调水平，后调轨距；先调基标部位，后调基标之间；先粗后精，反复调整。经过精调后，其精度必须符合轨道铺设技术标准要求。

施工中严格按照“三步控制”的措施确保轨道几何形态。

第一步：粗调。钢轨架设时按照中桩及标高资料初步调整轨道，初步调整完毕后，安装钢筋，支立模板。

第二步：精调。对轨道几何状态进行精确调整，采用目视及弦量的方法进行。

第三步：灰后检查。混凝土施工中可能对轨道几何尺寸产生影响，要求在混凝土浇筑完毕后，混凝土尚未凝固前，立即安排人员进行检查及调整。其精度应符合：轨道中心线距基标中心线允许偏差±2 mm，轨道方向直线段用 10 m 弦量，允许偏差 1 mm，曲线段用 20 m 弦量。

（九）浇筑道床混凝土

（1）混凝土浇筑前，要求用盖板将外套筒顶面盖住，防止水泥浆及其他杂物落入外套筒内，运用插入式混凝土振捣器保证混凝土的浇筑质量，特别是在箱体邻近处。道床的浇筑不要中断，以避免冷接缝而削弱浮置板的动力学强度（因为要长期承受动态荷载）。

（2）混凝土收灰面高度在每块板中部 1 m 范围内，收灰面的高度只允许出现负误差，即 0 ~ −5 mm 的误差。

（3）施工浮置板底层混凝土时，要求底层混凝土施工表面进行拉毛处理，拉毛处理在混凝土浇筑完毕 1 h 内施工完毕。

应凿除施工缝处的松动石子或软弱混凝土层，并用水冲洗、湿润，彻底清理干净，不得存在积水。

（4）浮置板的混凝土应浇筑到外套筒的上边缘，混凝土等级为C40。每块浮置板板块在底层浇筑范围内要求一次浇筑完成，浇筑混凝土时不要中断，以避免冷接缝而削弱浮置板的强度。当因不可预见的原因而间歇时，其允许间歇时间应缩短。对于不掺加外加剂的混凝土，其允许间歇时间不应大于2 h；当气温达到30 °C左右时，允许间歇时间不应大于1.5 h；当气温在10 °C左右时，允许间歇时间可延至25 h。

（5）道床模板安装必须平顺，位置正确，并牢固不松动。模板安装完成后要报请监理组织隐蔽工程检验，认定符合要求后方可灌注混凝土。模板安装质量要求：高度偏差不大于±5 mm，宽度偏差不大于±5 mm，位置偏差不大于±3 mm，中线偏差不大于2 mm，表面不平整度不大于2 mm。

支立模板时，每隔80 cm须有方木支撑，特殊地段视具体情况可适当加密支撑，以防灌注混凝土时跑模、胀模。严禁模板支撑和钢轨或支撑架挂连，防止灌注混凝土或支模时对已调好的钢轨有扰动。

模板支好后，应保持其在线路中线方向上平顺，接头处必须平整牢靠不漏浆（可考虑用塑胶带粘贴）且不得有明显的错位、鼓包等。

（6）浮置板道床混凝土由混凝土搅拌站采用混凝土搅拌车运至下料口直接泵送，或者用轨道车装载混凝土料斗推送到作业面，再使用小吊进行浇筑。要与商品混凝土搅拌站建立畅通的联系，保证能随时增加或减少少量的混凝土用量，以便根据现场情况及时调整。灌注前要对每车混凝土进行坍落度试验，泵送混凝土必须保证混凝土符合泵送要求，并应控制混凝土入模温度不得大于30 °C。混凝土灌注时用编织袋覆盖钢轨、扣件及外套筒，以免对轨枕及扣件造成污染。

（7）混凝土灌注时采用插入式振捣棒振捣密实，并不得碰撞钢轨、支承块、模板，特别是在套筒邻近处，在扣件铁垫板和尼龙套筒附近要保证混凝土填充饱满，振捣完成后应清理钢轨、扣件以及隔振器盖板，确保扣件外套筒盖上无混凝土。最后道床混凝土表面要进行抹面处理，抹面允许偏差平整度2 mm，高程差0 ~ −5 mm，不得出现反坡，以免影响排水。

（8）混凝土施工过程中应加强对模板的检查。混凝土施工完毕后，应加强对模板的校正，按照设计的尺寸及允许偏差认真检查各部位的几何尺寸。

（9）混凝土浇筑完毕初凝后，要保持混凝土处于湿润状态。混凝土强度达到5 MPa以上后方可拆除模板。

（10）混凝土浇筑必须满足国家标准《混凝土结构工程施工质量验收规范》（GB 50204—2015）及《地下铁道工程施工质量验收标准》（GB/T 50299—2018）的要求，并经监理工程师认可。

（11）混凝土抗压试件留置组数，同一配合比每灌注100 m（不足100 m者按100 m

计）应取两组试件，一组在标准条件下养护，另一组与道床同条件下养护。试件取样时监理须在场见证。

（十）浮置板顶升

（1）当混凝土浇筑 28 d 后且达到设计强度时，用提供的专用液压千斤顶从浮置板支承基础上抬起浮置板。浮置板顶升达到设计顶升高度允许误差±1 mm。顶升时隔振器组装如图 3.3.8 所示。

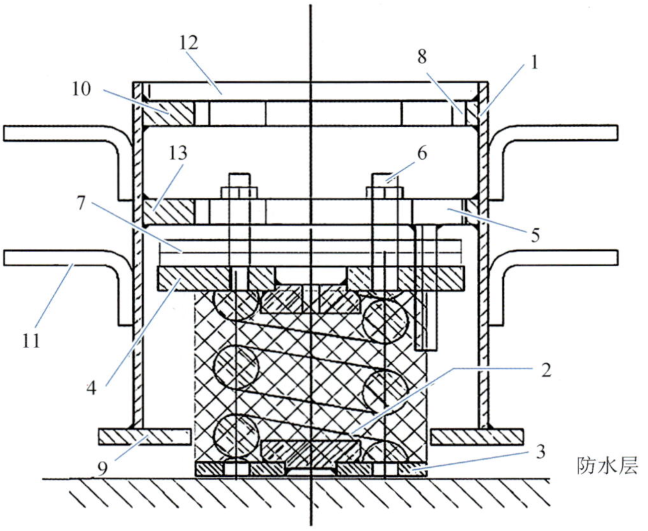

1—外套筒；2—钢弹簧；3—下支承板；4—上支承板；5—水平限位孔；6—固定螺栓；7—调平钢板；8—盖板螺栓；9—外套筒垫板；10—上挡环；11—道床钢筋；12—盖板；13—下支架。

图 3.3.8　隔振器组装

（2）为了测量浮置板水平和静变形，在每块浮置板上要布置 8 个测量点测量浮置板的水平。

（3）去掉外套筒上的盖板，检查外套筒内是否干净，是否潮湿，图 3.3.9 所示为干净的钢弹簧套筒。在隔离层上割一个圆孔，把支座放入，利用安装杆把支座放到外套筒里直到落座在浮置板支承基础上的固定底板上。这时轨道固定销已经安装好，下支承板与外套筒之间有足够的空隙，旋转弹簧组使三角形的上支撑板的三个角和焊在外套筒内壁上的下支架相平。取出安装杆，利用放在隔振器上的液压千斤顶的液压柱塞顶住上支承板，直到三个角低于上挡环。由压差控制的压力作用在上支承板上并作用到浮置板支承基础上，作用在支撑架上的反作用力抬起浮置板。

（4）考虑到浮置板和剪力铰的受力，浮置板至少要分 3 ~ 4 步顶升才能达到设计的顶升高度，如图 3.3.10 所示。每一步的顶升高度，要通过放置在下支架和上支承板之间的调平钢板来控制。调平钢板的形状和上支承板的形状一致，最终调平钢板的总厚度要达到 40 mm，由 3×10 mm+5 mm+3 mm+2 mm 不同厚度组成。为减小调平钢板和下支架之间的缝隙，把力传递到外套筒上，调平钢垫板和下支架与上支承板之间的接触面必须水平。最后测量浮置板顶升高度，检查是否达到设计要求。

图 3.3.9　干净的钢弹簧套筒

图 3.3.10　钢弹簧浮置板道床顶升

（5）根据轨道几何尺寸，如需要进行高度调整，可以通过调平钢板对浮置板高度进行调整。

（6）安装调平完毕后，要把调平钢板用固定螺栓固定到内筒上的支承板上面，防止调平钢板移动。

（7）对于有水平传力板的隔振器，要将水平传力板撑开，使之与外筒的径向间隙消除，然后同调平钢板一起用固定螺栓固定到内筒上的支承板上面，以保证水平传力可靠。最后盖上外套筒盖板，以保护隔振器，避免隔振器被破坏和进入杂物。

（十一）浮置板施工状态检验

（1）混凝土强度应符合设计规定，并应无蜂窝、麻面和漏振，表面清洁，平整度允许偏差为 3 mm，间隔缝直顺，在全长范围内允许偏差为 3 mm。

（2）预埋件位置正确。

（3）轨道扣件、接头夹板螺栓应拧紧并涂油。

（4）浮置板道床检验。

隔振器外套筒位置公差：±5 mm。

剪力铰安装位置公差：±5 mm。

每块浮置板的长度：±12 mm。

每块浮置板的宽度：±5 mm。

轨下净空：0 ~ +5 mm。

顶升高程：±1 mm。

（5）浮置板轨道几何形态按普通轨道要求执行。

（十二）浮置板同线路两端的顺接

先施工浮置板，后施工两端线路，当施工线路至浮置板两端时，浮置板未进行顶升作业，要求在浮置板两端 10 m 范围内，抬高 30 mm 并注意轨道的方向及水平度，确保两端线路的顺接。

若先进行线路施工，后进行浮置板施工时，需将线路两端扣件铁垫板及轨下垫板拆除 10 m，使轨道降低 30 mm，以满足浮置板钢轨顺接要求。

六、劳力组织

由于增加了基底、钢弹簧套筒及顶升施工，在原有机铺作业队的基础上，需相应增加作业人员，单个作业面施工劳力投入计划见表 3.3.5（表格仅供参考，具体应以实际为准）。

表 3.3.5　单个作业面劳力投入计划

序号	名称	劳务人员	管理人员	合计	工作内容
1	机铺作业队	55	2	57	整体道床机铺作业
2	弹簧套筒施工	6	—	6	水沟模板、观察筒安装，隔离层铺设，弹簧套筒安装
3	顶升作业队	7	1	8	套筒清理、钢弹簧顶升
2	工程运输队	4	1	5	全线工程运输作业及管理，轨道车、车辆的检修维护以及与铁路部分办理相关货运业务
3	调度室	—	2	2	全线工程运输作业及管理，轨行区管理，轨道车、车辆的检修维护以及与铁路部门办理相关货运业务
4	测量队	—	2	2	负责本标段工程的工程测量工作，负责控制网布设与维护，混凝土浇筑前轨道精调数据测量
5	工地实验室	—	2	2	混凝土试块制作、养生及送检；钢筋取样及送检；钢轨焊接型式试验及送检，其他材料进场检验工作
6	物资	—	1	1	负责物资材料进场的清点、验收，与试验室共同对进场物资检验，物资材料的发放管理
7	安全	—	1	1	负责现场安全、质量管控，对作业班组进行岗前培训
总计		72	12	84	

七、材料要求

提前 15 d 做好材料计划，并积极主动与材料供应商加强工作联系，签订供货协议、合同，力争提前储备足够路料，保证施工所需。物资部门根据用料计划及工期要求，提前安排购料，对需要做复试的材料，更要提前购料做取样复试，保证所购材料的质量，确保施工需要。单线每公里主要材料见表 3.3.6（表格仅供参考，具体应以实际为准）。

表 3.3.6　单线每公里主要材料数量

序号	产品名称	规格型号	单位	数量
1	隔振器	GZQR70V/345	套	307
2		GZQR71V/346	套	1 275
3	内置式剪力铰	ϕ35×600	套	154
4	水平限位器系统		套	1 366
5	密封条（玻璃纤维布）	1.5×350 mm	m	2 262
6	观察筒	GCT-300/345	套	162
7	隔离膜	透明、单面粗糙	m²	4 725
8	中心水沟盖板	3×450 mm	m	1 005
9	横沟钢盖板	3×200 mm	m	62
10	浮置板钢筋	HRB400，ϕ20	t	151
11		HRB400，ϕ16	t	153
12		HRB400，ϕ12	t	69
13	浮置板混凝土	C40	m³	1 075
14	基底钢筋	HRB400，ϕ12	t	83
15	基底混凝土	C40	m³	524
16	镀锌圆钢	ϕ20	m	558
17	短轨枕		块	3 334
18	端子	—	个	167
19	挤塑聚苯乙烯硬质发泡板		m²	223

八、设备机具配置

主要机械设备见表 3.3.7（表格仅供参考，具体应以实际为准）。

表 3.3.7 主要机械设备

序号	设备名称	规格型号	数量	使用部位/功能	备注
1	轨道机车	GC-220	1	隧道运输	利用道岔，充分发挥工效
2	轨道平板车	PD25 型	3	隧道运输	
3	混凝土地泵	HBT80C	1	混凝土浇筑	
4	罐车	12 m^3	1	洞内混凝土运输	
5	铺轨门式起重机	MH10 t	3	隧道吊运	
6	小型捣固机	ND-4	2	混凝土振捣	
7	小型发电机	6 kW	1	电力应急	备用
8	水泵	QY12.5-50-4	2	隧道排水	作业队自带
9	电焊机	ZX7-315ED	2	钢筋焊接	
10	顶升专用工具	—	2	钢弹簧顶升	钢弹簧厂家提供
11	电动扳手	WU279.9	2	盖板螺丝	
12	液压起道器	QF1168	1	钢轨起道	
13	其他设备		若干		作业队自带

九、特殊减振整体道床施工质量保障措施

严格执行隐蔽工程检查制度，每一道施工工序执行班组自检→专职质检员检验→项目总工检验的自检制度，自检合格后才能报监理工程师验收。

隔振器的安装质量保证措施：

（1）严格按照要求进行隔振器的安装。根据设计图纸，准确标识出所有隔振器的安装位置，外套筒要放置在相邻扣件的间隙内。外套筒放好后，用硅胶等物把基础环密封好，以保证外套筒的位置不移动并防止水泥浆渗漏。同时，可视具体情况将外套筒的吊耳和上层钢筋临时点焊，防止套筒的移动。

（2）在曲线及两端超高过渡段，隔振器的外套筒的高度根据曲线超高作出相应的增加或减少。安装隔振器时需对照施工图纸安装，对号入座，防止安装错误。尤其在曲线超高逐渐增加的地段，曲线的内轨、外轨的隔振器规格较多，施工时应注意隔振器的规格、型

号及位置。

（3）在调线调坡图出图后，进行现场测量复核，若发现存在主体结构偏移等问题而导致水沟宽度被侵占或钢弹簧套筒需进行位置微调挪移时，要向设计单位和建设单位沟通处理，在双方意见达成一致后，方可进行施工作业。

（4）钢弹簧浮置板基底钢筋加工前，必须先进行标高采样，确保钢筋网骨架不高于设计标高，确保混凝土保护层厚度达到设计要求。

其他质量保证措施参见第三章第一节，此处不再赘述。

第四节　柱壁式检查坑整体道床施工

一、适用范围

适用于车辆段及停车场库内柱壁式检查坑道床。本节部分内容及数据参考长沙地铁 6 号线黄梨路车辆段和梧桐路停车场轨道工程。

二、作业条件及施工准备

（1）主体结构变化趋于稳定，土建单位完成分部验收并办理移交手续。

（2）接收测量控制桩点等资料后，进行测量复核，确保测量点位精度。

（3）铺轨基地建设完成，具备投产条件。

（4）熟悉设计图纸，掌握整体道床施工方案、技术交底、施工要点及注意事项。

（5）准备铺轨轨节表、曲线地段超高及正矢表。

（6）现场控制基标及加密基标测量。

（7）做好材料加工运输、存放等准备工作。

三、主要引用技术标准

（1）《城市轨道交通工程项目规范》GB 55033—2022。

（2）《地铁杂散电流腐蚀防护技术标准》CJJ/T 49—2020。

（3）《铁路轨道工程施工质量验收标准》TB 10413—2018。

（4）《铁路混凝土工程施工技术规程》Q/CR 9207—2017。

（5）《铁路混凝土工程施工质量验收标准》TB 10424—2018。

（6）《地下铁道工程施工质量验收标准》GB/T 50299—2018。

（7）《城市轨道交通工程测量规范》GB/T 50308—2017。

（8）《国家一、二等水准测量规范》GB/T 12897—2006。

四、施工顺序及工序流程

柱壁式检查坑整体道床分为两种类型，即柱式检查坑（混凝土立柱、钢立柱）和壁式检查坑整体道床。整体道床全部采用“散铺法”施工。

（一）柱式整体道床施工顺序

（1）库内柱式整体道床（混凝土立柱）分两步施工，先对架设的钢轨进行调整，再移交土建单位进行混凝土浇筑。柱式整体道床施工工艺流程如 3.4.1 所示，柱式检查坑设计图如图 3.4.2 所示。

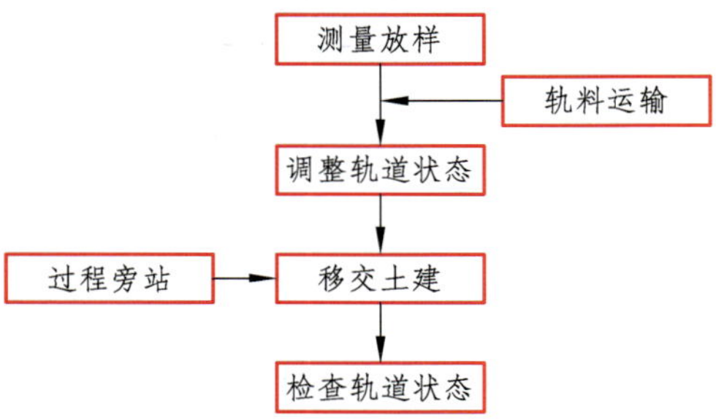

图 3.4.1　柱式整体道床施工工艺流程

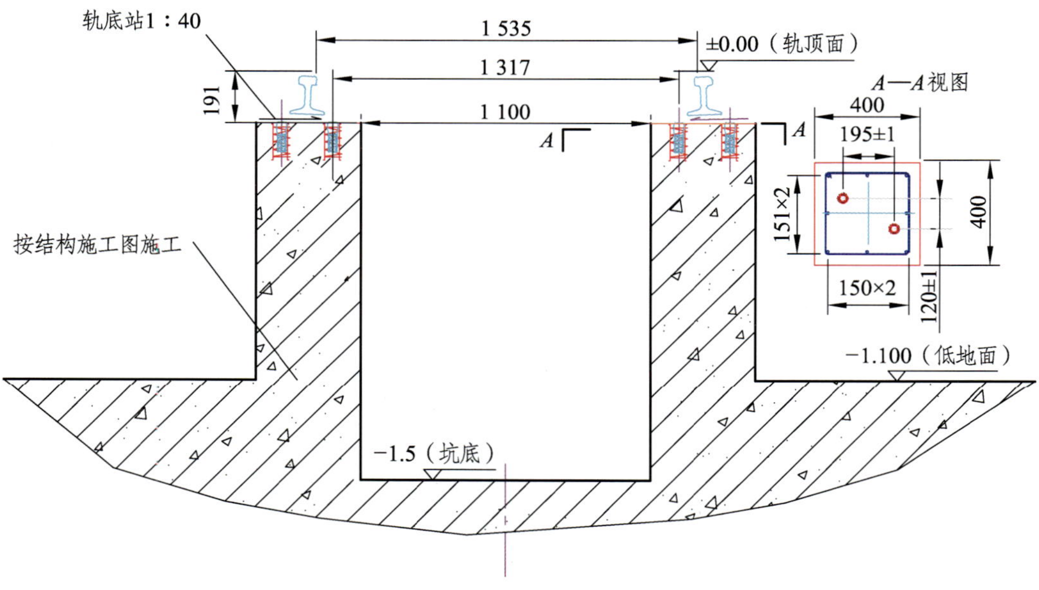

图 3.4.2　柱式检查坑设计

（2）库内柱式检查坑（钢立柱）施工，先对安装支座预埋件进行施工，再进行钢立柱安装，然后进行架轨调轨作业。钢立柱轨道桥施工工艺流程如图 3.4.3 所示，钢立柱轨道桥示意图如图 3.4.4 所示。

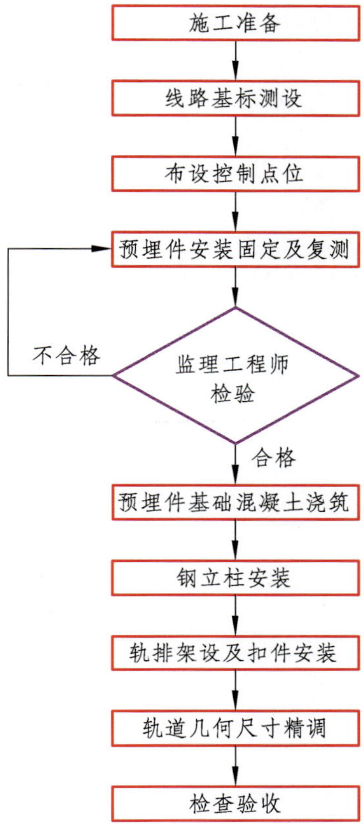

图 3.4.3　钢立柱轨道桥施工工艺流程图

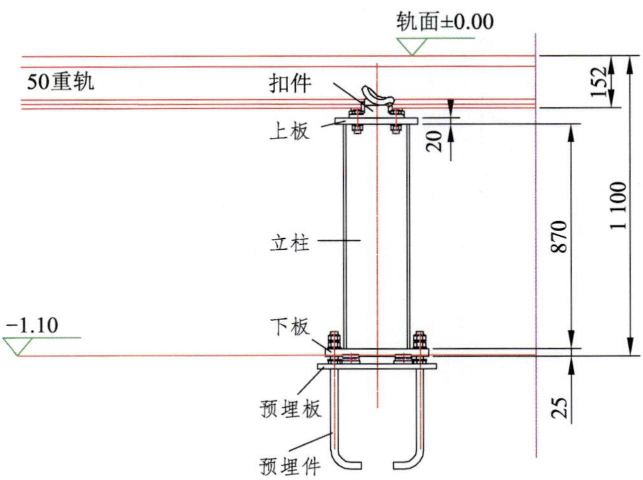

图 3.4.4　钢立柱轨道桥

（二）壁式整体道床施工顺序

先用汽车将钢轨、扣件、轨枕等材料运送至基地，采用叉车、炮车等周转设备运输至作业面，然后现场组装钢轨并进行轨枕状态调整，按施工图要求进行钢筋绑扎及支立模板，待监理单位现场验收后，最后进行商品混凝土浇筑。壁式整体道床施工工艺流程如图 3.4.5 所示，壁式检查坑设计图如图 3.4.6 所示。

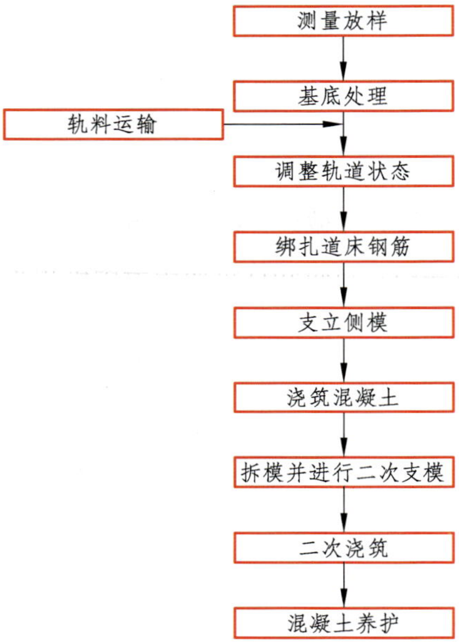

图 3.4.5　壁式整体道床施工工艺流程

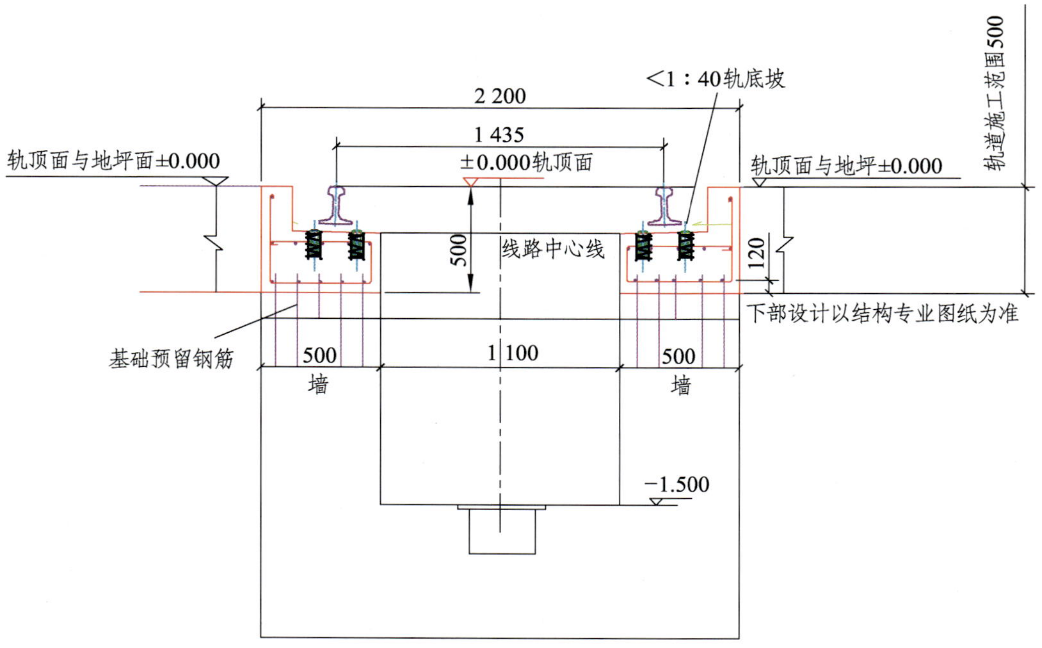

图 3.4.6　壁式检查坑设计图

五、施工方法及要求

（一）柱式整体道床施工方法

1. 测量放样

根据铺轨综合图设计要求，测设轨道线路中心控制桩与高程控制基桩。

精确测设道床位置和高程控制基标，并布设标桩，在路基上画开挖基坑边线。

2. 轨料运输

通过叉车、装载机和汽车吊等机械设备将轨料倒运到位，将钢轨直接按序拖入库内或通过穿轨法将钢轨按序穿入库内，再将扣件按照组装图纸规定组装钢轨。

3. 调整轨道状态

依据铺轨基标，借助三角道尺和万能道尺，调整线路状态。利用顶托螺栓调整轨顶面的高程，当轨道线路状态达到规范要求后，用支撑固定钢轨位置。

4. 移交土建单位并进行过程旁站监督

轨道单位、轨道监理、土建单位和土建监理四方共同办理现场移交确认手续，浇筑前轨道单位将进行最后确认，土建单位浇筑过程中，轨道单位将派驻技术人员进行现场旁站。如发生问题须及时沟通并尽快解决。

5. 检查轨道状态

依据铺轨基标，借助三角道尺和万能道尺，对线路状态进行复查，如发现有超出调整范围的轨道线路，将通过业主与土建单位沟通确定解决方案。柱式整体道床的坑模板及其成品如图 3.4.7、图 3.4.8 所示。

图 3.4.7　坑模板

图 3.4.8　整体道床成品

（二）钢立柱轨道桥施工方法

1. 测量放样

根据铺轨综合图设计要求，测设轨道线路中心控制桩与高程控制基桩。精确测设道床位置和高程控刮基标，并布设标桩。

2. 布设控制点（见图 3.4.9）

预埋件安装及钢立柱安装最终是根据测量控制点位来确定中心与高程定位，为确保预埋件与钢立柱安装的准确性，控制点位应间隔 10 m 设置一处，并利用 CPⅢ控制网对测量控制点进行复测、标识。预埋件混凝土基础浇筑前后，要求及时复测预埋件中心与高程，防止人为安装误差与安装后模板支设、混凝土浇筑碰撞出现的误差。

图 3.4.9 布设控制点

3. 预埋件安装（见图 3.4.10）

现场施工人员根据控制桩引出中线及标记高度控制预埋件安装，首先利用吊锤、L 型道尺引出轨道左右股中心及标高位置，再利用水平尺调整水平。确定好水平及中心位置，再用焊机将预埋件点焊固定至钢筋笼上，保证其位置牢固可靠，标高允许偏差应为 0 ~ 2 mm，预埋件纵向间距为（1 563±4）mm（设计联络确定，由投标人提供计算书），预埋件纵向直线度允差为±2 mm。

预埋件混凝土浇筑一次成型，采用平板振捣器振捣密实，混凝土根据设计图施工，钢筋保护层厚度满足设计要求。预埋件基础采用 C40 钢筋混凝土浇筑，基础纵向每隔 25 m 设伸缩缝，伸缩缝宽 20 ~ 30 mm，用弹性材料填充。

混凝土施工完毕后，应及时洒水养护，并按照设计要求对基底混凝土表面标高进行复测检查（此项工作由土建单位完成）。

图 3.4.10　预埋件安装

4. 数据复测

预埋件安装完毕后，由土建单位进行支模及预埋件基础混凝土浇筑，混凝土浇筑前需进行预埋件复测，确保预埋件水平、中心位置保持不变。

5. 钢立柱安装（见图 3.4.11）

钢立柱安装前需对预埋件螺栓进行清理，涂油润滑，保证预埋件及螺栓清洁无污染，通过人工与三轮车将钢立柱运至现场，用同等型号螺母将钢立柱安装固定，钢立柱安装应具有一定的水平位置调节能力，以保证在钢轨精调时可微调钢立柱位置。钢立柱纵向间距为（1 563±4）mm（设计联络确定，由投标人提供计算书），钢立柱轨顶面标高为（0±2）mm，钢立柱纵向直线度允差为±2 mm。将钢立柱按设计要求安装好后，用斜铁将预埋件与钢立柱底部缝隙填充，用焊机点焊固定牢固，将预埋件与钢立柱通过焊接或整铸方式连为一体，以增强预制钢立柱的整体刚度，且实现预埋件与预制钢立柱上的一体化安装。

图 3.4.11　钢立柱安装

6. 钢轨架设、轨道线路几何尺寸精调

钢轨架设、通过扣件安装将钢立柱与钢轨紧密连接成一整体，轨道线路精调依据 CPⅢ精密控制网采用精调小车对整组道岔进行精确调整。调整过程中随时检查轨道线路的几何状态，发现超标立即调整。轨道线路几何尺寸铺设应符合下列规定：

（1）轨距变化率不应大于 1‰，保证在-1 ~ +2 mm。

（2）轨顶水平高低差不应大于 2 mm，保证高程偏差为±1 mm。

（3）轨道线路中心偏差不应大于 2 mm，保证中心偏差为-2 ~ +2 mm。

（4）线路范围内各接头以及与轨道连接处轨面无错台，轨头内侧应直顺无错牙，其允许误差为 0.5 mm。

（5）轨缝不应大于 8 mm，允许偏差为 0 ~ +1 mm。

如发现有超出调整范围的轨道线路，将通过业主与土建单位沟通确定解决方案。钢立柱道床成品如图 3.4.12 所示。

图 3.4.12　钢立柱道床成品

（三）壁式整体道床施工方法

1. 测量放样

根据铺轨综合图的设计要求，测设轨道混凝土线路中心线控制桩与高程控制基桩。精确测设道床位置和高程控制基标，并布设标桩。

2. 基底清理

整体道床施工前，必须对道床范围内的基底进行清理确保无垃圾及浮土存在。

3. 轨料运输

通过叉车、装载机和汽车吊等机械设备将轨料倒运到位。预先放置在线路两侧的钢轨和扣件，按照铺轨综合图的要求，依据组装图纸组装钢轨。

4. 调整轨道状态

依据铺轨基标，借助三角道尺和万能道尺，调整线路状态。利用吊挂螺栓调整轨顶面的高程，当轨道线路状态达到规范要求后，用支撑固定钢轨位置。

5. 绑扎道床钢筋

按整体道床设计要求绑扎道床钢筋，用同级混凝土砂浆块支垫钢筋网，满足钢筋保护层厚度。

6. 支立侧模

按照整体道床外形结构支立模板，道床外侧模板采用钢模板，部分位置采用木模支立。

7. 浇筑混凝土

整体道床的混凝土为商品混凝土，强度等级为 C35，混凝土从搅拌站运送至施工作业面处，采用泵送进行混凝土浇筑，本次为道床混凝土第一次浇筑，浇筑至轨下 7 cm。

8. 拆模并进行二次支模

调轨支架在道床浇筑后混凝土强度达到 5 MPa 以上时方可拆除，混凝土终凝后喷洒养护液或散水养护。对模板进行拆除，拆除后进行二次支模。

9. 二次浇筑

混凝土从搅拌站运送到施工作业面处，采用泵送进行混凝土浇筑，本次为混凝土第二次浇筑。

10. 混凝土养护

混凝土凝固后，应及时进行覆盖养生。控制要点为混凝土养护不得少于 7 d。

壁式整体道床侧模如图 3.4.13 所示，壁式整体道床成品如图 3.4.14 所示。

图 3.4.13　壁式整体道床侧模

图 3.4.14　壁式整体道床成品

六、劳力组织

细部构造施工劳力投入计划见表 3.4.1（表格仅供参考，具体应以实际为准）。

表 3.4.1 细部构造施工劳力投入计划

序号	名称	人员数量
1	管理人员	4
2	运输作业队	8
3	扣配件安装作业队	6
4	粗调、精调作业队	4
5	焊轨作业队	2
6	模板作业队	5
7	钢筋作业队	4
8	混凝土浇筑作业队	6
9	测量作业队	4
10	机械维修技工	1
11	专业电工	1
总计		45

七、材料要求

提前 15 d 做好材料计划，并积极主动与材料供应商加强工作联系，签订供货协议、合同，力争提前储备足够材料，保证施工所需。物资部门根据用料计划及工期要求，提前安排购料，对需要做复试的材料，更要提前购料做取样复试，保证所购材料的质量，确保施工需要，主要材料见表 3.4.2，主要周转材料配备见表 3.4.3（表格仅供参考，具体应以实际为准）。

表 3.4.2 主要材料

序号	材料名称	规格型号	单位	数量
1	钢轨	60 kg/m，U75V，25 m	根	6
2	钢轨	50 kg/m，U71Mn，25 m	根	379
3	扣件	弹条Ⅰ型分开式扣件	套	8 358
4	轨枕	钢筋混凝土短轨枕	块	2 768
5	钢筋		t	27.878
6	混凝土	C35	m^3	782
7	螺纹套管		套	5 382
8	支撑块		块	70

表 3.4.3 主要周转材料配备

序号	名称	单位	数量	规格型号
1	调轨支架	套	72	
2	轨距拉杆	根	80	
3	钢轨急救器	个	16	
4	接头夹板	套	8	
5	钢管+顶托	套	72	1.2 m × 48 mm
6	门式架	台	2	
7	炮车	台	2	

八、设备机具配置

主要机械设备见表 3.4.4（表格仅供参考，具体应以实际为准）。

表 3.4.4 主要机械设备

序号	名称	单位	数量	型号
1	混凝土输送泵	台	1	DA-A10 100 m³/h
2	泵管	m	300	ϕ200
3	冼刨机	台	1	3W-1/7 0.9 m³/min
4	小平板车	台	3	
5	万能道尺	把	2	
6	L 型道尺	把	2	
7	发电机	台	1	3 000 W
8	电锤	台	1	
9	电动扳手	台	2	36/42
10	钢筋切断机	台	1	
11	钢筋弯曲机	台	1	
12	钢筋调直机	台	1	
13	木工圆锯	台	1	
14	全站仪	台	2	TCRA1201/DTM-831E
15	水准仪	台	3	天宝 DINI/DSZ2

九、柱壁式检查坑整体道床施工质量保障措施

（一）质量验收标准

1. 整体道床质量验收标准

（1）混凝土强度符合设计标准，无蜂窝、麻面和漏振等缺陷，表面平整度允许偏差 3 mm。变形缝直顺，在全长范围内允许偏差 10 mm。

（2）外露的轨枕、预埋件位置准确。

（3）水沟直顺，坡度与线路坡度保持一致，排水畅通，允许偏差±10 mm，垂直度±3 mm。

（4）道床顶面宽度±10 mm。

2. 整体道床轨道几何状态验收标准

钢轨组装架设验收标准的轨道几何形态的允许偏差见表 3.4.5。

表 3.4.5　轨道几何形态的允许偏差

序号	检查项目	偏差要求
1	轨枕间距	±10 mm
2	轨距	+2 mm、−1 mm，变化率≤1‰
3	水平	以一股钢轨为准，按设计高程偏差在±2 mm 以内，两股钢轨相对水平差≤2 mm，在 18 m 范围内，不得有大于 1 mm 的三角坑
4	轨向	以一股钢轨为准（曲线以外股为准），距线路中线偏差±2 mm 以内
5	高低	轨面目视平顺，最大矢度≤1 mm/10 m 弦
6	轨底坡	不得小于 1/45 或大于 1/35
7	中线偏差	≤2 mm

轨道曲线正矢（20 m 弦）调整允许偏差值见表 3.4.6。

表 3.4.6　轨道曲线正矢（20 m 弦）调整允许偏差值

曲线半径/mm	缓和曲线正矢与计算正矢差/mm	圆曲线正矢连续差/mm	圆曲线正矢最大最小值差/mm
250 及以下	8	16	24
251 ~ 350	7	14	21
351 ~ 450	6	12	18

整体道床轨道状态验收标准见表 3.4.7。

表 3.4.7　整体道床轨道状态验收标准

序号	项目		允许偏差/mm	检验方法
1	轨距		±2	万能道尺量
2	方向	直线（10 m 弦量）	≤4	尺量
		曲线	见表 3.4.6	尺量
3	水平		4	万能道尺量
4	高低（10 m 弦量）		4	尺量
5	扭曲（基长 6.25 m）		4	万能道尺量

3. 钢筋验收

钢筋验收要严格按照施工图纸要求不得出现缺筋、漏筋等现象。钢筋加工尺寸要严格按设计要求并结合实测标高加工。钢筋绑扎要求：

（1）绑扎双排钢筋，其排与排之间局部偏差±5 mm。

（2）同一排中受力钢筋局部偏差±20 mm。

（3）分布钢筋间距绑扎偏差±20 mm。

（4）箍筋间距偏差±20 mm。

（5）道床下层混凝土保护层厚度与设计偏差±5 mm，道床上层与四周混凝土保护厚度与设计偏差±10 mm。

（二）质量控制措施

1. 原材料质量控制措施

混凝土短枕、弹条、铁垫板、橡胶垫板、钢立柱等原材料必须做到报验单附轨料出厂合格证和检查试验单的原件，如是复印件，需加盖材料供应单位公章，使资料经得起验证。所有原材料必须经监理确认后方可使用。

需检验的材料，按如下要求执行：钢轨及联结零件、轨枕、扣件、钢立柱等，需有出场合格证的质保书，还需有钢轨探伤检查合格证明（进场后亦可做探伤试验）；到现场后仅做外观和尺寸检查验收，无异常的不做特殊检验。如果需要检验，应送至有资质的检验单位进行。

2. 钢轨组装质量控制措施

钢轨组装前要对作业班组进行技术交底，交底以会议形式进行，必须保证每个作业人员都掌握施工方法，并由项目部技术员对每副组装好的钢轨进行检查，检查合格后方可运输到施工现场。检查内容如下：

（1）左右股钢轨尺寸。直线地段保证左右股钢轨尺寸误差一致，不因钢轨尺寸累计误差影响现场铺轨质量，曲线地段按交底要求执行。

（2）铁垫板放置方向是否符合设计要求。

（3）橡胶垫板是否放置到位，不出现偏斜、露出铁垫板外的情况。

（4）轨距垫是否按交底要求放置到位。

（5）轨枕间距是否符合设计及交底要求，是否与钢轨方正。

（6）检查螺旋道钉扭矩是否满足要求，以压紧垫板为宜。

3. 轨道状态质量控制措施

（1）所用的测量仪器、检测仪器保证在校验有效期内，保证不因仪器误差影响施工质量。

（2）严格控制加密基标精度，加密基标布设完成后采取混凝土封的形式予以保护，避免损坏。

（3）严格检查轨道状态，包括轨距、水平、方向、高低、曲线正矢是否满足规范要求。经监理工程师检查合格后方可进行下道工序施工。

（4）在立模及混凝土浇筑过程中，严禁碰撞轨道。如有碰撞，应立即通知项目部人员进行复查及整改。

4. 混凝土浇筑质量控制措施

（1）混凝土浇筑前要做好隐蔽工程（主要为钢筋绑扎、焊接工程、预埋管线）和轨道状态的检查确认。

（2）混凝土下料口选择在合适的车站端头井进行，设置专人与混凝土搅拌站进行联系，保证混凝土运送及时，确保不因运送问题影响混凝土的质量。

（3）混凝土浇筑前，要用塑料布对钢轨、扣件进行覆盖，避免浇筑过程中污染钢轨及扣件。对于浇筑完成后存在的少量污染，要在混凝土凝固前及时清理。

（4）混凝土浇筑过程中，要保证混凝土振捣密实，以混凝土表面不泛浆冒泡为宜。

（5）混凝土初凝后，要及时进行抹平压光，使道床表面平整、横坡平顺、线条清晰整齐。混凝土终凝后及时洒水进行养护。

5. 隐蔽工程质量控制措施

每道工序在覆盖前，需要进行隐蔽工程检查验收，验收合格后方可进行覆盖。对于整体道床，隐蔽工程主要包括两项：一是钢筋的现场绑扎以及防迷流钢筋的焊接；二是预埋管。

对于钢筋工程，采取以下措施进行质量控制：

（1）在钢筋工程开始前，由项目部工程技术部按照规范及设计要求对作业班组进行技术交底，交底内容包括施工内容、质量标准、钢筋大样图等，使每位操作人员掌握施工方法。

（2）施工过程中严格控制钢筋型号、钢筋加工尺寸、钢筋布置间距等。

6. 成品保护质量控制措施

对于已浇筑地段的整体道床，在混凝土浇筑后一天内严禁在拆除模板和支撑架时碰撞钢轨。

第五节　碎石道床施工

一、适用范围

适用于地铁车辆段及停车场库外线碎石道床施工部分。本节部分内容及数据参考长沙地铁 6 号线黄梨路车辆段和梧桐路停车场轨道工程。

二、作业条件及施工准备

（1）主体结构变化趋于稳定，土建单位完成分部验收并办理移交手续。
（2）接收测量控制桩点等资料后，进行测量复核，确保测量点位精度。
（3）铺轨基地建设完成，具备投产条件。
（4）熟悉图纸设计意图，掌握碎石道床施工方案、技术交底、施工要点及注意事项。
（5）准备铺轨轨节表、曲线地段超高及正矢表。
（6）现场控制基标及加密基标测量。
（7）做好材料加工运输、存放等准备工作。

三、主要引用技术标准

（1）《城市轨道交通工程项目规范》GB 55033—2022。
（2）《地铁杂散电流腐蚀防护技术标准》CJJ/T 49—2020。
（3）《铁路轨道工程施工质量验收标准》TB 10413—2018。
（4）《铁路混凝土工程施工技术规程》Q/CR 9207—2017。
（5）《铁路混凝土工程施工质量验收标准》TB 10424—2018。
（6）《地下铁道工程施工质量验收标准》GB/T 50299—2018。
（7）《城市轨道交通工程测量规范》GB/T 50308—2017。
（8）《国家一、二等水准测量规范》GB/T 12897—2006。

四、施工顺序及工序流程

（一）施工顺序

碎石道床先预铺道岔，后施工线路。以黄梨路车辆段为例，其碎石道床如图 3.5.1 所示。碎石道床设计图如图 3.5.2 所示。

图 3.5.1　黄梨路车辆段碎石道床

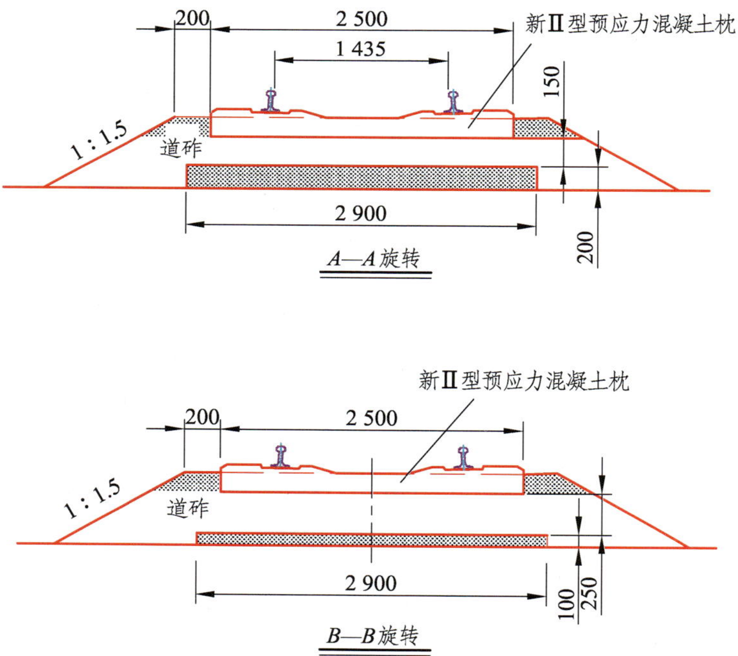

图 3.5.2　碎石道床设计图

（二）工序流程

碎石道床施工工艺流程如图 3.5.3 所示。

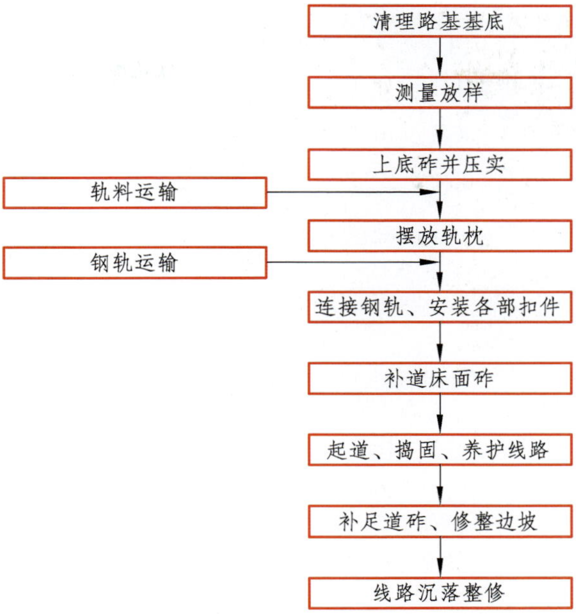

图 3.5.3　碎石道床施工工艺流程图

五、施工方法及要求

（一）路基基底清理

在道床施工前要按设计要求对基地顶面进行清理，清除各种杂草，建筑垃圾和杂物，保证路基面的干净、整洁。

（二）铺轨基标设置

平面控制点的复测按照《工程测量标准》（GB 50026—2020）中精密导线附和导线进行校核。

根据测设的控制基标进行中心桩的测设，中心桩设置在线路的中心线上，在直线上每120 m 设置一个，圆曲线上每 60 m 设置一个，测设完成的中心桩由专业监理工程师复核后方可供铺轨使用。基标埋设时要用混凝土固定，基标顶面要低于路基顶面 20 mm，并在基标附近的明显地方作标记。基标固定后，要进行复测，确保中心桩精度。中心桩测设完成后，设置加密基标，加密基标直线 20 m 一个，曲线 10 m 一个。

（三）轨枕锚固

混凝土轨枕全部厂购，生产厂家经业主及监理认可。采用正锚作业法锚固螺栓道钉。

在轨枕堆放区边设置轨枕锚固区。由汽车运来的轨枕通过吊车吊卸到未锚轨枕堆放区，然后人工锚固、清理道钉孔、对孔、插道钉、脱模，对已锚固好的轨枕堆码时用方木隔开以保护道钉。堆码高度不得超过 6 层。轨枕道钉锚固如图 3.5.4 所示。

图 3.5.4　轨枕道钉锚固

1. 锚固材料要求

螺旋道钉锚固采用锚固剂锚固。

2. 锚固作业要求

（1）锚固前，轨枕预留孔内杂物应清除干净，锚固孔应干燥、干净，无污染。

（2）正锚时，预留孔底部用中粗砂将孔底封死并捣固，严防漏浆，净留孔深不小于 140 mm。锚固浆从枕面注入孔内后，安放锚具，螺旋道钉缓慢垂直插入定位，待锚固浆凝固后再拆除模具。正锚工艺流程如图 3.5.5 所示。

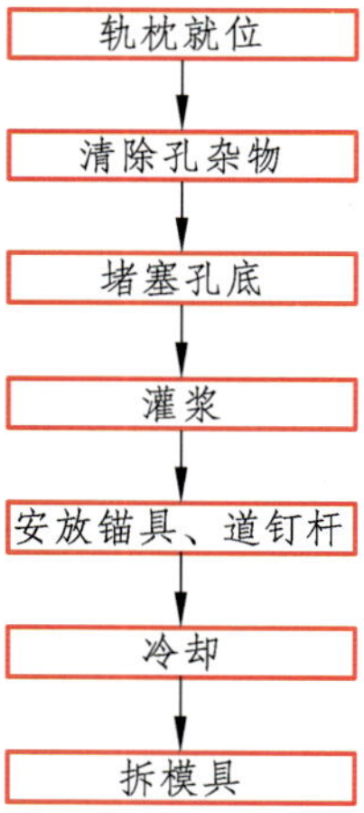

图 3.5.5　正锚工艺流程

（3）螺旋道钉应擦拭干净，不得黏附泥土等杂物。

（4）将螺旋道钉顺锚固架左右垂直插入，与承轨槽面垂直，偏斜不得大于 2°，且偏离预留孔中心不得大于 2 mm。

（5）螺旋道钉圆台的底面应高出承轨槽面，使用弹条扣件时高出 2 mm。南昌地铁 3

号线及长沙地铁 6 号线轨道工程所使用的模具可以直接控制为 2 mm，模具厚度为 5 mm，螺旋道钉圆台厚 3 mm，保持圆台顶面与模具顶面相平，圆台底面高出承轨槽面部分则为 2 mm。

（6）灌浆液应一次完成，但不宜太满。灌浆深度应比螺旋道钉插入孔内的长度大 30 mm。锚固浆顶面应与承轨槽面平齐，溢出的残渣凝固后应铲除整平、清除干净，以保证垫板和铁座平整安装。

3. 检验和试验

每千米抽检 3 个螺旋道钉进行锚固抗拔试验，每一个螺旋道钉的锚固抗拔力不得小于 60 kN。

（四）底砟铺设

1. 碎石道床碾压工艺原理

列车荷载的传递方式：车轮→钢轨→垫板→轨枕→道床→路基。道床承受由轨枕传来的荷载，起到缓冲列车振动、冲击并将荷载均匀分布于路基上的作用，因此要求道床结构稳定、密实。

道床碾压施工工法的原理是考虑了一定荷载作用下碎石体积变化系数（松散系数），将道砟一次性铺足，利用压路机械的静荷振动和冲击将碎石压实，使底砟铺设达到设计要求或规范标准，并做到道床一次成形。

2. 碎石道床碾压施工

对单层厚度为 20 cm 的道床，铺道砟采用一次摊铺、碾压至轨枕底面标高；当道床厚度大于 20 cm 时，铺道砟采用两次摊铺，两次碾压的方法。

在道床铺砟前，先检查路基面成型标准，包括中线基面宽、路拱，然后测量放样。直线和圆曲线每 20 m 设一组中线桩、边桩，缓和曲线每 10 m 设一组，并测定道砟铺设高度。道砟需符合设计要求，对运进施工现场经试验不合格的道砟，将作退货处理。

道砟采用汽车运输至施工现场，然后用人工配合推土机将道砟整平。松铺厚度与碎石粒径、形态、级配以及压实标准等因素有关，一般碎石松散系数为 1.1 ~ 1.2。道砟松铺高度的确定是通过试验段精确测定的。

（五）底砟碾压

道砟碾压选用小吨位自行式振动压路机，碾压时从一侧开始至另一侧结束，并且前后碾压方向相反。

道床面达到轨枕底部标高，在道砟面上撒轨枕端头石灰线。人工开挖轨枕中部长 60 cm、深 5 cm 的凹槽，挖出的道砟堆放在轨枕头以外，整道时只需将两侧的备用砟翻上来即可。

（六）散布轨枕（见图 3.5.6）

碎石道床一般地段为钢筋混凝土预应力长轨枕，交叉渡线前后为混凝土枕，用叉车将轨枕运至道床上，然后人工配合散布。在布枕时，根据已测设的线路中桩，用测绳挂好标线，并用白灰洒出轨枕边线，根据轨排交底数量放置不同型号的轨枕。

图 3.5.6　散布轨枕

（七）摆放钢轨、安装扣件

在碎石道床地段，满足条件后，采用钢轨运输列车将 25 m 钢轨运至施工现场，通过在轨枕上设置滚道线将轨条顶送至铺设位置，用简易龙门架将钢轨落槽至设计位置。钢轨之间用临时特制夹板将钢轨接头进行固定，并根据设计轨枕间距的要求在钢轨的轨腰上划线，根据所划标志，调整轨枕间距，同时按部位散布螺栓、垫圈、轨距挡板、弹条等。钢轨调整安装完成后，上扣件临时锁定。

（八）铺上层道砟（见图 3.5.7）

当线路荒道形成后，利用道砟自卸车或轨道平板车加工的料斗将预先存放在堆砟场内的面砟运送到线路上，人工配合卸砟，使得轨下部位道砟饱满、均匀。上砟作业分层进行，配合起拨道工作进行，直至达到设计要求。

图 3.5.7　铺上层道砟

（九）起道、捣固与养护

面砟补足后，由人工将线路各部位依据铺轨基标进行起道和拨道，将线路直线拨直、曲线拨圆顺，并采用顺高低的办法，重点顺平坑洼不平地段，使轨道不存在忽起忽落的情况。在起拨道时，配以小型捣固机进行线路捣固作业，使线路达到设计要求，并用工程重车走行以促进道床稳定。

（十）补砟及整修边坡

当线路养护达到规定要求后，对全线范围内的碎石道床进行补砟。两线之间、曲线超高地段的外侧、枕木盒间、道床边坡等地段补足道砟。库外碎石道床按 1∶1.5、试车线碎石道床按 1∶1.75 的要求修整边坡，如图 3.5.8 所示。边坡底线要做到线条分明、流畅、美观。

图 3.5.8　碎石道床边坡修正

（十一）碎石道床施工要点

（1）在摊铺底砟前，检查路基标高是否合格，以保证道床的厚度符合设计要求。

（2）摊铺底砟时，不得过高，以防止轨顶面超出设计标高。

（3）严格控制锚固浆施工配合比，按规定进行抗压强度检测。

（4）轨枕在翻枕操作中，要轻轻翻动，以免损坏承轨槽面。

（5）道钉在脱模时，要轻提，避免损坏道钉螺纹部位。

（6）锚固完成后的轨枕在堆放时，要用垫木隔离。隔离高度要高于露出枕木道钉的高度。

（7）轨枕在装卸、运输时，要轻起轻落，以免散落损坏。

（8）轨枕铺设严格按照施工图纸布设，间距须符合规范要求。

（9）道砟进场前先进行道砟试验，合格后方可进场。

（10）组装轨排时，严格控制轨距及钢轨相错量。

（11）在轨道整道时，起道一次最大高度不超过 5 cm，控制两股钢轨水平、轨距、高低、方向、三角坑、曲线正矢等。

（12）枕底道床须捣固密实。

（13）道床表面形状须符合设计及规范要求。

六、劳力组织

站场库外线施工劳力组织投入计划见表 3.5.1（表格仅供参考，具体应以实际为准）。

表 3.5.1　站场库外线施工劳力组织投入计划

序号	名称	队伍数量	人数	备注
1	轨枕锚固作业队	2	10（每队 5 人）	主要负责轨枕锚固
2	道岔散铺作业队	2	20（每队 10 人）	
3	线路施工作业队	2	20（每队 10 人）	主要负责轨枕定位及钢轨摆放
4	线路附属作业队	2	20（每队 10 人）	
5	材料运输作业队	2	16（每队 8 人）	
6	测量作业队	1	4	
7	电工	1	2	
共计			49	

七、材料要求

提前 15 d 做好材料计划，并积极主动与材料供应商加强工作联系，签订供货协议、合同，力争提前储备足够材料，保证施工所需。物资部门要根据用料计划及工期要求，提前安排购料，对需要做复试的材料，更要提前购料做取样复试，保证所购材料的质量，确保施工需要。主要材料见表 3.5.2，主要周转材料配备见表 3.5.3（表格仅供参考，具体应以实际为准）。

表 3.5.2　主要材料

序号	材料名称	规格型号	单位	数量
1	钢轨	60 kg/m，U75V，25 m	根	84
2	钢轨	50 kg/m，U71Mn，25 m	根	276
3	异型轨	1.25 m	根	6
4	轨枕	新Ⅱ型混凝土轨枕	根	6 308
5	扣件	弹条Ⅰ型扣件	套	12 618
6	道岔	50 kg/m，7 号单开道岔	组	29
		60 kg/m，9 号单开道岔	组	1
7	交叉渡线	50 kg/m，7、5 m 间距	组	2

表 3.5.3 主要周转材料配备

序号	名称	单位	数量	规格型号
1	调轨支架	套	72	
2	轨距拉杆	根	80	
3	钢轨急救器	个	16	
4	接头夹板	套	8	
5	钢管+顶托	套	72	1.2 mm × 48 mm
6	门式架	台	2	
7	炮车	台	2	

八、设备机具配置

主要机械设备见表 3.5.4（表格仅供参考，具体应以实际为准）。

表 3.5.4 主要机械设备

序号	名称	单位	数量	型号
1	小平板车	台	3	
2	万能道尺	把	2	
3	L 型道尺	把	2	
4	发电机	台	1	3 000 W
5	电锤	台	1	
6	电动扳手	台	2	36/42
7	木工圆锯	台	1	
8	起道机	台	1	
9	锯轨机	台	1	
10	钻眼机	台	1	
11	风动卸渣车	辆	1	
12	装载机	辆	1	
13	叉车	辆	1	
14	轨道车	辆	1	
15	捣固机	台	2	
16	挖掘机	台	2	

九、碎石道床施工质量保障措施

严格执行隐蔽工程检查制度，每一道施工工序执行班组自检→专职质检员检验→项目总工检验的自检制度，自检合格后才能报监理工程师验收。

（一）质量要求

1. 碎石道床质量要求

（1）碎石道床线路质量要求。

碎石道床线路精度见表 3.5.5。

表 3.5.5　碎石道床线路精度

序号	检验项目		允许偏差
1	轨面高程	有砟道床/mm	+50～−30
2	轨面平整	高低（10 m 弦线）/mm	4
		水平/mm	4
		扭曲（6.25 m 基长）/mm	4
3	轨向	10 m 弦线/mm	4
4	轨距	轨距/mm	+3～−2
		加宽递减率/%	2
5	接头	错牙、错台/mm	2
		接头相错量/mm	60（曲线加缩短轨缩短量的一半）
6	轨枕	空吊板率（不得连接）/%	12
		方正、间距/mm	±20

（2）碎石道床曲线正矢要求。

碎石道床曲线正矢见表 3.5.6。

表 3.5.6　碎石道床曲线正矢

曲线半径/mm	缓和曲线正矢与计算正矢差/mm	圆曲线正矢连续差/mm	圆曲线正矢最大最小值差/mm
250 及以下	8	16	24
251～350	7	14	21
351～450	6	12	18

2. 道岔质量要求

（1）铺设道岔按通用图进行正确铺设。各部位应符合转辙器必须扳动灵活，尖轨与基本轨密贴，在转辙杆连接处尖轨与基本轨的间隙不得大于 2 mm 的要求。

（2）轨距允许误差。除尖轨尖端处为±1 mm 外，其余各部位均为−2 ~ +3 mm。辙叉叉心作用边至护轨头部外侧的距离不得小于 1 391 mm，翼轨作用边至护轨头部外侧距离不得大于 1 348 mm。

（3）导曲线应圆顺，支距正确，其误差不得大于±2 mm，连接曲线用 10 m 弦线，站线不得大于 4 mm。

（4）道岔铺设后，先串砟找平，逐步捣固整道。全部滑床板在同一平面上，轨面应平顺。在道岔全长内的高低差，站线不得大于 6 mm。导曲线不得有反超高。

（5）接头处轨面高低差和轨距错牙不得大于 1 mm。

（6）基本轨落槽，滑床板平直，滑床板与尖轨间有 2 mm 以上空隙者，站线不得多于两块。

（二）质量控制措施

1. 原材料质量控制措施

新Ⅱ型混凝土枕、弹条、铁垫板、橡胶垫板等原材料必须做到报验单附轨料出厂合格证和检查试验单的原件，所有原材料必须经监理确认后方可使用。

需检验的材料，按如下要求执行：钢轨及联结零件、轨枕、扣件等，一般需有出厂合格证的质保书，还需有钢轨探伤检查合格证明（进场后亦可做探伤试验）；到现场后仅做外观和尺寸检查验收，无异常的不做特殊检验；如果需要检验，需送至有资质的检验单位进行。

2. 轨排组装质量控制措施

轨排组装前，应对作业班组进行技术交底。交底以会议形式进行，必须保证每个作业人员都掌握施工方法，并由项目部技术员对每副组装好的轨排进行检查，检查内容如下：

（1）左右股钢轨尺寸。直线地段保证左右股钢轨尺寸误差一致，不因钢轨尺寸累计误差影响现场铺轨质量，曲线地段按交底要求执行。

（2）铁垫板放置方向是否符合设计要求。

（3）橡胶垫板是否放置到位，不出现偏斜、露出铁垫板情况。

（4）轨距垫是否按交底要求放置到位。

（5）轨枕间距是否符合设计及交底要求，是否与钢轨方正。

（6）检查螺旋道钉扭矩是否满足设计要求，以压紧垫板为宜。

3. 轨道状态质量控制措施

（1）所用的测量仪器、检测仪器保证在校验有效期内，保证不因仪器误差影响施工质量。

（2）严格控制加密基标精度，加密基标布设完成后采取混凝土封的形式予以保护，避免损坏。

（3）严格检查轨道状态，包括检查轨距、水平、方向、高低、曲线正矢是否满足规范要求。经监理工程师检查合格后方可进行下道工序施工。

（4）在立模及混凝土浇筑过程中，严禁碰撞轨道，如有碰撞，应立即通知项目部人员进行复查及整改。

第六节　装配式预制板道床施工

一、适用范围

适用于普通预制板式无砟轨道结构的地下圆形、马蹄形隧道及站内平面无砟轨道施工。本节部分内容及数据参考苏州地铁 5 号线轨道工程。

二、作业条件及施工准备

（1）隧道主体结构、联络通道部位变化趋于稳定，土建单位完成分部验收并办理移交手续。

（2）接收测量控制桩点等资料后，应进行测量复核，确保测量点位精度。

（3）铺轨基地建设完成，具备投产条件。

（4）熟悉图纸设计意图，掌握一般及中等减振道床施工方案、技术交底、施工要点及注意事项。

（5）准备铺轨轨节表、曲线地段超高及正矢表。

（6）现场控制基标及加密基标测量。

（7）做好材料加工运输、存放等准备工作。

三、主要引用技术标准

（1）《城市轨道交通工程项目规范》GB 55033—2022。

（2）《城市轨道交通工程测量规范》GB/T 50308—2017。

（3）《补偿收缩混凝土应用技术规程》JGJ/T 178—2009。

（4）《钢纤维混凝土》JG/T 472—2015。

（5）《铁路混凝土工程施工质量验收标准》TB 10424—2018。

（6）《地下铁道工程施工质量验收标准》GB/T 50299—2018。

（7）《混凝土结构工程施工质量验收规范》GB 50204—2015。

（9）《高速铁路 CRTS Ⅲ型板式无砟轨道三元乙丙橡胶弹性缓冲垫层暂行技术条件》TJ/GW 114—2013。

四、施工顺序及工序流程

（一）施工顺序

预制板试验段采用先板后轨法施工，即先铺道板，再铺轨道。预制板在预制厂内加工，符合要求后再运送至施工现场，利用龙门吊吊运至轨道车上，运送到试验段处，然后采用自变形轮胎式小吊在洞内无轨运输预制板。精调过程中采用“测—控—调”一体化自动精调技术，通过测控系统指挥全站仪和精调设备自动完成轨道板位置测量、调整量计算、形位调整等作业程序实现轨道板一次性、快速、自动调整到位，然后架设工装。利用自变形轮胎式罐车浇筑混凝土，满足强度要求后利用自变形轮胎式小吊将钢轨运至洞内，按设计规定要求安装各种扣件及钢轨，精调线路达到设计标准。

（二）工序流程

预制板道床施工流程如图 3.6.1 所示。

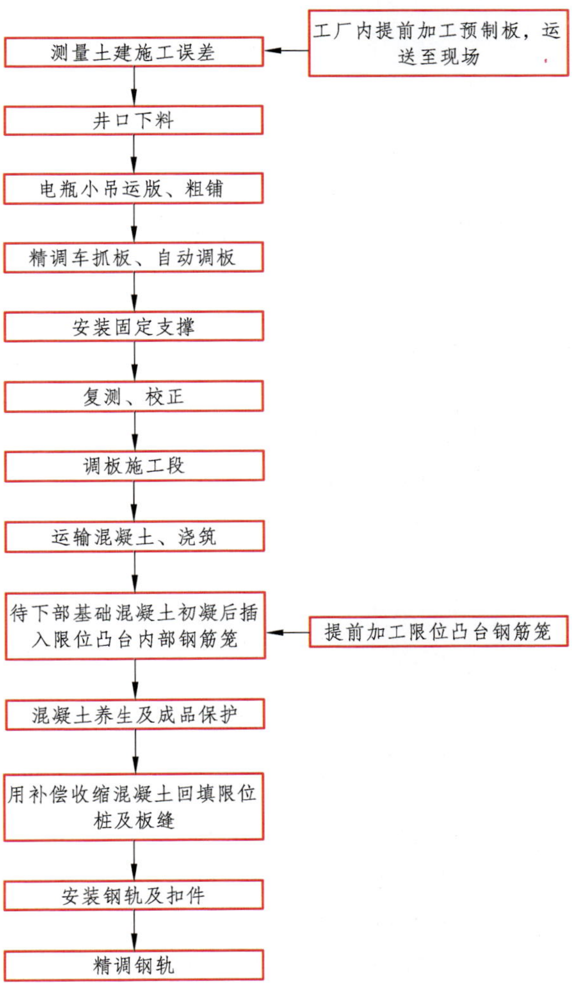

图 3.6.1　预制板道床施工流程

五、施工方法及要求

（一）施工准备

（1）道床需施工至普通道床和预制板分界位置，以便施工机械进场以及轨道车运输预制板、工装。

（2）隧道内需安装满足无轨门吊施工要求的供电电缆。

（3）轨排井口混凝土下料管道需畅通。

（4）提前测放预制板分界里程。

（二）工程测量

（1）线路交接桩以及复测。

首先，在对线路进行检测并对轨道线路中线及水平进行验收测量之后，轨道公司组织监理单位、第三方检测以及各施工单位对线路各级控制点进行普查，了解控制点现状，并进行相关资料统计分析；其次，对业主指定的第三方检测机构书面分批提供的原始基准点进行复测，复测时以接收到的精度不低于地铁精密导线点的控制点为起算依据，与施工控制点组成复合导线。控制点复测按规范相关要求进行，即采用Ⅱ级全站仪，左、右角各观测两测回，左右角平均值之和与 360° 较差应小于 6″，距离往返观测各两个测回，测回较差及往返较差应小于 5 mm。满足规范要求后，采用 2″级全站仪对线路中线点测设及调整；最后，以调整好的线路中线控制点为起算依据进行铺轨基标测设。

（2）控制网布置。

测量队依据要求对线路基标进行测设，铺轨基标设置于行车方向右侧，直线段控制基标每 120 m 设置 1 处，曲线 60 m 设置 1 处，各要素点处设置 1 处，加密基标直线上每 6 m 设置一处，曲线上每 5 m 设置 1 处。基标测设见专项测量方案。

（三）预制板运输及安装

（1）下料。从井口将质量合格的预制板下放到轨道平板车上，每次运板 6 块。

（2）运板。轨道平板车将预制板从上供路站轨排井口运送到预制板段与普通道床分界处，再由自变形轮胎式轨道施工车将预制板从轨道平板车上吊运至施工面处，放置在隧道底部，如图 3.6.2 所示。

（3）抓板。自变形轮胎式轨道施工车运载精调小车到达放置的预制板处，精调小车下放到预制板面与之固定并锁紧，将预制板提升到调整位置，精调小车打开支腿，固定整车。

（4）架设全站仪及安装棱镜。在道床板精调前，需架设全站仪，预制板四角需安装棱镜。智能预制板道床精调小车包含多个控制系统，在道床板调整施工中，测量仪器安装完成后，开启智能精调小车调板程序，通过工控机的连接串口，将测量系统与精调系统串联起来运行，开始进行全自动智能精调。精调小车精调预制板模型如图 3.6.3 所示。

图 3.6.2　自变形轮胎式轨道施工车洞内运输预制板

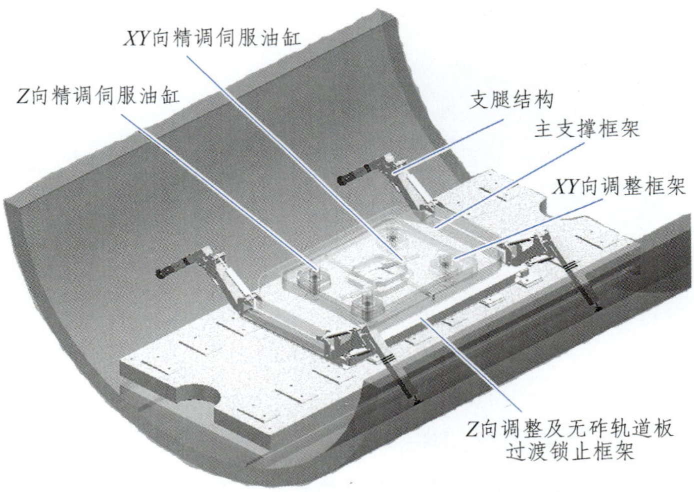

图 3.6.3　精调小车精调预制板模型

（5）精调预制板。① 将线路设计参数（板的理论位置参数）输入精调小车控制系统，作为精调位置的参考点。② 现场通过全站仪、车载测量点及预制板测量点，测量出预制板的实际位置参数，并将该参数传输到精调小车控制系统。③ 精调小车在获取到预制板的实际位置后，内部控制程序将此参数与原输入的设计参数进行模拟分析，得到预制板实际位置与设计位置之间的几何关系差值。④ 精调小车控制程序将此差值传输给精调小车调整机构进行调整，从而使调整的预制板的实际位置与线路设计的参数一致，达到精确调整定位要求。⑤ 调整过程可进行多次趋势调整，最终实现水平和高程 2 mm 的精度要求。精调小车精调预制板如图 3.6.4 所示。

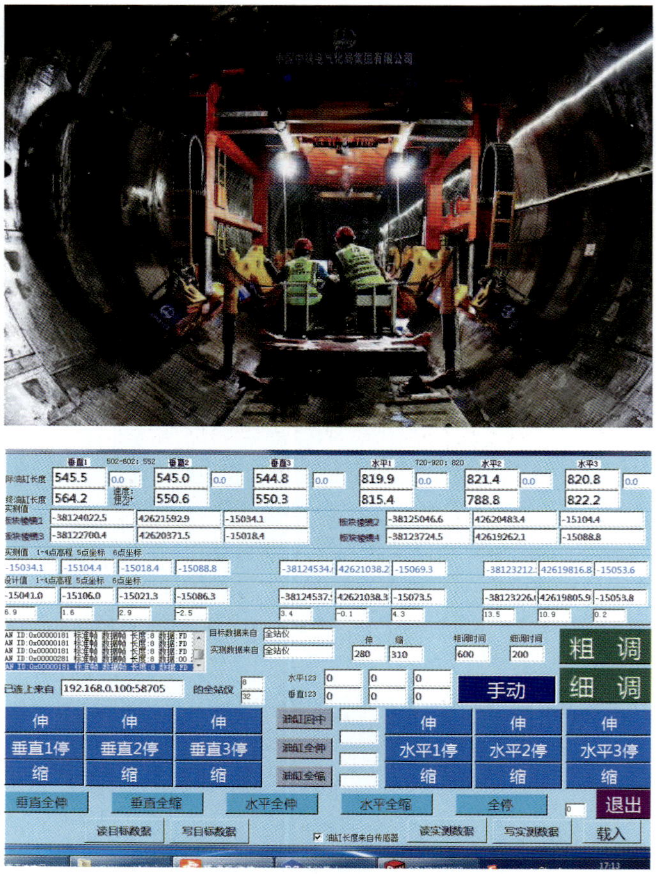

图 3.6.4　精调小车精调预制板

（6）固定预制板。智能精调小车将预制板调整到设计位置后，将每块板四角的四套固定调整工装（含斜支撑）安装到固定安装座，并通过测量检测调整固定，如图 3.6.5 所示。其工装细部结构如图 3.6.6 所示。工装固定完成后安装抗浮压杆（见图 3.6.7），每块板安装两套抗浮压杆，与盾构管片管壁的螺栓孔位间采用 M10×150 花篮螺栓连接。

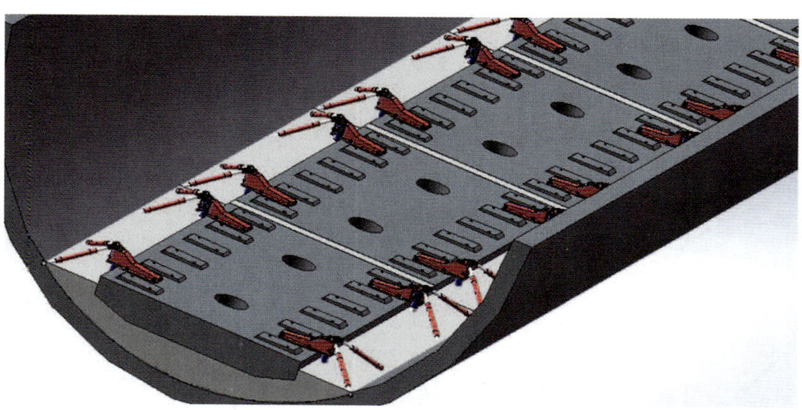

图 3.6.5　精调后固定预制板

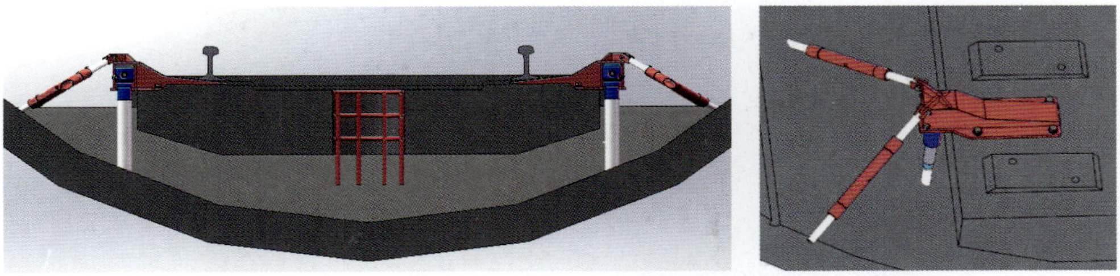

图 3.6.6　工装细部结构

图 3.6.7　抗浮压杆安装

（四）道床混凝土浇筑及防水材料涂刷

（1）混凝土浇筑。混凝土浇筑前应清理保护道床板，如图 3.6.8 所示。自变形轮轨式混凝土施工车（见图 3.6.9）从井口装满混凝土后，内轨上运行至圆弧隧道后，转变为外轮行驶模式。运行到调整固定好的预制板处，进行混凝土浇筑，如图 3.6.10 所示。基础结构一般每 3 块道床板长度设置一处伸缩缝，伸缩缝设置在板缝处（结构缝处也须设置伸缩缝），一般贴靠一侧板端设置。伸缩缝为 20 mm 厚沥青木板并以沥青麻筋封顶，沥青麻筋封顶深度为 30 mm。

图 3.6.8　清理保护道床板

图 3.6.9　自变形轮轨式混凝土施工车洞内运输混凝土

图 3.6.10　预制板基底混凝土浇筑

钢纤维细石混凝土浇筑及运输注意事项：

① 浇筑混凝土之前应检测坍落度。

② 正式铺设预制板道床之前在隧道内做揭板实验，总结钢纤维混凝土揭板试验关键工序的技术控制要点，总结确定钢纤维混凝土的性能指标和施工工艺参数，为后续正式施工积累经验。

③ 浇筑的过程中应尽量采用数量较多的软管振动棒，深入板下密集振捣，使混凝土内的气泡能有效排出。

（2）限位凸台及板缝回填（见图 3.6.11）。待下部基础混凝土初凝后插入限位凸台内部钢筋笼，用 C40 补偿收缩混凝土回填限位桩及板缝。

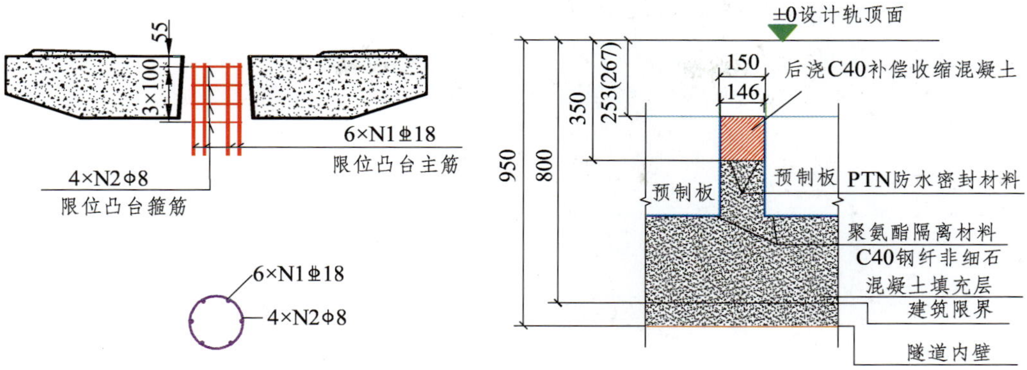

（a）限位凸台钢筋　　（b）板缝处道床布置

图 3.6.11　限位凸台及板缝回填（单位：mm）

（3）防水材料涂刷（见图 3.6.12）。待混凝土浇筑完成后，涂刷水沟的防水材料，将 PTN（以活性粉煤灰为基础的新一代石油沥青聚氨酯类密封材料）防水密封材料设置于隧道壁与基底层衔接处及基底与预制板混凝土衔接处。涂抹厚度不小于 3 mm，单面涂抹宽度不小于 50 mm。防水涂料基层表面干燥，不应有气孔、凹凸不平、蜂窝麻面等缺陷。

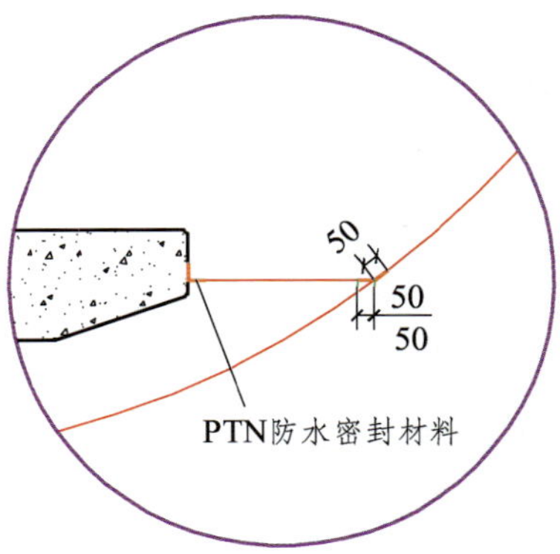

图 3.6.12　PTN 防水材料涂刷（单位：mm）

（五）预制板结构安装

试验段轨道板全部安装完成，并浇筑完钢纤维混凝土后，进行扣配件和钢轨安装。利用小吊将钢轨运至施工部位，采用人工散铺工艺，轨检小车精调。

在预制板结构安装前，需进行道床的清理及安装扣件、钢轨。其中，道床的清理，即对施工完毕的道床垃圾及散落的混凝土进行清理。需注意在混凝土浇筑过程中对轨道板面预埋尼龙套管、防迷流连接端子的保护，并应采取措施严禁混凝土及垃圾进入，否则可能造成后续扣件及螺栓无法安装。

然后，按照设计图纸进行扣件安装，铺设钢轨。扣件安装完毕后，对轨道几何尺寸进行检查，确保工程列车的安全运行。

圆曲线地段按照“平分中矢法”进行预制板布设，扣件安装在圆曲线地段需“以直代曲”，采用“半矢法”，即第二组扣件中心线处线路中心线与板中心线偏离值为“0”，其余扣件中心线处矢距通过扣件调整。缓和曲线同圆曲线一致。在保证工务维修量的情况下，满足施工技术的要求，扣件调整参见图 3.6.13。

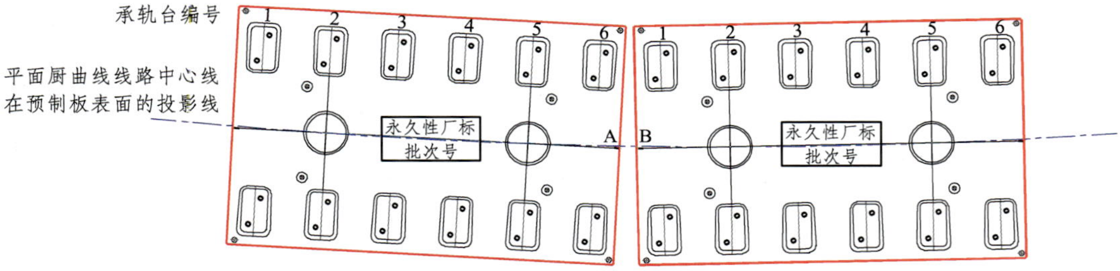

图 3.6.13　平面曲线布板

曲线段预制板水平位置和竖直高程控制要点：

（1）控制 2 号、5 号两对承轨台连线的中点分别与曲线线路中心线在预制板上表面的投影线重合。本条要求也适用于横跨直线和缓和曲线的预制板。

（2）两块相邻预制板端面线与曲线线路中心线在预制板上表面的投影线相交形成 A、B 两个交点，A、B 沿线路中心线方向上的弧长 $\overset{\frown}{AB}$ =150 mm。

（3）如图 3.6.14 所示，对于凹竖曲线，控制 3、4 号两对承轨台连线的中点标高为 −253 mm（相对于轨面标高，一般减振地段）或−267 mm（相对于轨面标高，中等减振地段）。

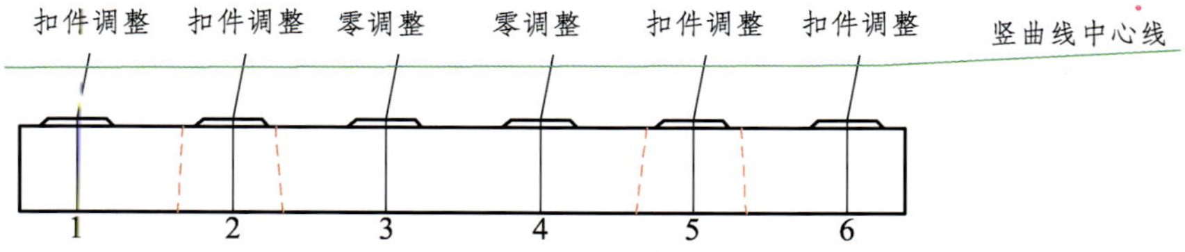

图 3.6.14　凹竖曲线段扣件调整

（4）如图 3.6.15 所示，对于凸竖曲线，控制 1 号、6 号两对承轨台连线的中点标高为 −253 mm（相对于轨面标高，一般减振地段）或−267 mm（相对于轨面标高，中等减振地段）。

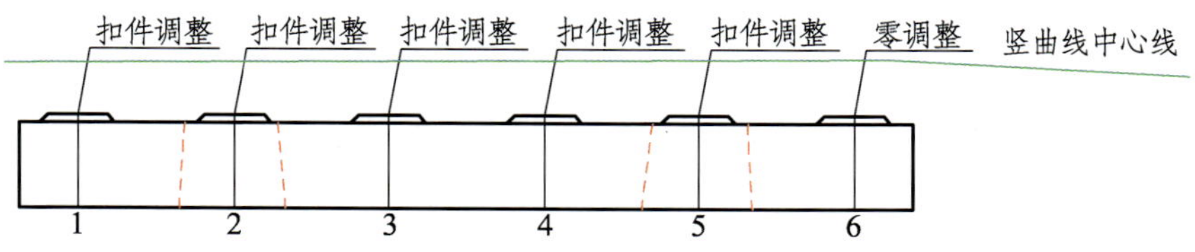

图 3.6.15　凸竖曲线段扣件调整

（5）对于仅平面圆曲线或者仅竖曲线地段不需要采用扣件调整钢轨的水平位置或者高程。

（6）对于缓和曲线地段，可参考本条进行扣件调整：以1号承轨台靠近直缓点、6号承轨台靠近缓圆点为例，控制1号承轨台外侧和内侧及6号承轨台内侧的3处超高值为设计超高值，所有承轨台的扣件调高量参考值见表3.6.1（施工单位也可采取其他更加灵活、方便施工的调整方法）。

表 3.6.1　承轨台扣件调高量

承轨台编号	1	2	3	4	5	6
内侧/mm	0	0	0	0	0	0
外侧/mm	0	1	1	2	2	3

六、劳力组织

预制板试验段施工人员配备见表3.6.2～3.6.4（表格仅供参考，具体应以实际为准）。

表 3.6.2　预制板试验段施工管理人员配备

序号	队伍	工种	数量	备注
1	管理人员	技术主管	1	负责现场技术及协调工作
2		测量员	3	负责现场测量、轨道精调等工作
3		施工员	3	负责现场施工技术、安全管理等工作
4		专职安全员	1	负责现场人员、机械、施工等安全
5		质检员	1	对施工过程做好质量检验并做好记录
6		试验员	1	负责现场材料进场检验、试验质量
合　计			10	

表 3.6.3　预制板试验段施工特种作业人员配备

序号	队伍	工种	数量	备注
1	特种作业人员	电工	1	
2		信号工	1	
3		龙门吊司机	2	
4		轨道车司机	2	
5		小吊司机	2	
6		罐车司机	2	
7		精调车司机	2	
合　计			12	

表 3.6.4　预制板试验段施工人员配备

序号	工作内容	工种	数量	备注
1	全面负责	作业队长	1	
2	调轨	线路工	4	
3	安装垫板及钢轨	普工	10	
4	浇筑混凝土	混凝土工	8	
5	养生	普工	1	
合　计			24	

七、材料要求

主要材料配置见表 3.6.5（表格仅供参考，具体应以实际为准）。

表 3.6.5　主要材料配置

序号	材料名称	规格型号	单位	数量	备注
1	钢轨	60 kg/m，U75V 普通热轧无孔钢轨，25 m	根	34	
2	预制板	3 450 mm×2 200 mm×330 mm（长×宽×厚），下部做 390 mm×130 mm 的倒角处理，C50	块	115	
3	混凝土	C40 钢纤维	m^3	392	
4	混凝土	C40 补偿收缩	m^3	16	
5	PTN	防水涂料	kg	747.5	
6	缓冲垫	三元乙丙橡胶弹性缓冲垫层	块	230	
7	钢筋	ϕ8 盘圆	kg	460	
8	钢筋	ϕ18 螺纹钢	kg	1 380	
9	沥青木板	20 mm	m^2	100	
10	沥青麻筋	30 mm×20 mm	m	120	

八、设备机具配置

主要设备机具配置见表 3.6.6，主要测量、试验仪器见表 3.6.7（表格仅供参考，具体应以实际为准）。

表 3.6.6　主要设备机具配置

序号	机具名称	规格型号	数量	备注
1	龙门吊	20 t	2	
2	轨道车		1	含 2 个平板车
3	自变形轮胎式轨道施工车	电瓶式	1	
4	自变形轮胎式轨道施工车	电缆式	1	
5	自变形轮轨式混凝土施工车	8 m³	1	
6	智能精调小车		1	
7	固定调整工装		68	
8	布料斗		2	

表 3.6.7　主要测量、试验仪器

序号	仪器名称		规格型号	数量	备注
1	测量及定位	全站仪	TS50/TS60	1	
2		轨检小车	安伯格 GRP1000	1	
3		电子水准仪	DINI 03	1	二等水准
4		CPⅢ数据处理软件		1	
5		GPR1GPH1 徕卡大棱镜		6	
6		测量笔记本（电脑）		1	与小车配套使用
7		电子水准仪铟瓦尺	2 m	2	
8		光学水准仪	DSZ2	1	
9		万能道尺		3	
10		三角道尺		3	
11		支距尺		2	
12	试验检测	游标卡尺	0～200 mm	2	
13		铸铁平尺	1 000 mm	1	
14		扭力扳手	0～500 N·m	1	
15		回弹仪	ZC3-A	1	
16		探伤仪	CTS-22A	1	
17		布氏硬度仪	HBX-0.5 型	1	
18		坍落度筒	100 mm×200 mm×300 mm	1	
19		试模	150 mm×150 mm×150 mm	6	

九、装配式预制板道床施工质量保障措施

由于道床为完全浇筑，钢轨自由度较大，应特别注意过渡段轨道车行车安全，可采取如下保障措施：

（1）混凝土作业按卸料、入模、振捣及收面进行分工，定人定岗，建立岗位责任制。

（2）钢轨吊装时，挂钩人员应与操作人员相互呼应，确认牢固后方可起钩。钢轨倒运时，滚筒安放要平稳，防止钢轨倾斜，滑落伤人。

（3）预制板支撑架安装，须防止竖向支撑滑脱，做好底下的卡固措施。

（4）进行井上下板等吊装作业时，需开具经报审批准的吊装令，并有信号司索工，起重设备状况需运行良好，使用需符合安全技术规程。井口吊装时，应做好井口防护，防止坠落事故发生。井下无轨设备属重大风险源，须有项目负责人盯控。

（5）设备自带行车制动系统。内轨行车时制动，电控行车手柄回归中位，控制变量泵排量回归零位，停止供油给液压马达，马达的内置阀回归中位，马达减速。踩脚刹，控制外加气推油钳盘制动，致车轮停止转动。设备自带停车制动（驻车）系统，当车轮停止转动时，通过控制操作面板上停车或驻车解除开关断电，切断控制刹车片打开的油路，液压马达内置刹车片起到制动作用，实现停车制动（同时解除驻车指示灯熄灭）。设备自带安全辅件（4 件铁鞋），停车时，将 4 件铁鞋分别置于内轨车轮下，起到硬限位作用，防止意外溜车。

（6）机械在施工或修理过程中应加强油料管理，避免被污染。浇筑填充混凝土施工前，用塑料布对预制板面及螺栓孔尼龙套管进行覆盖保护，如图 3.6.16 所示。施工过程产生的垃圾、废料，派人及时收集清运出井。

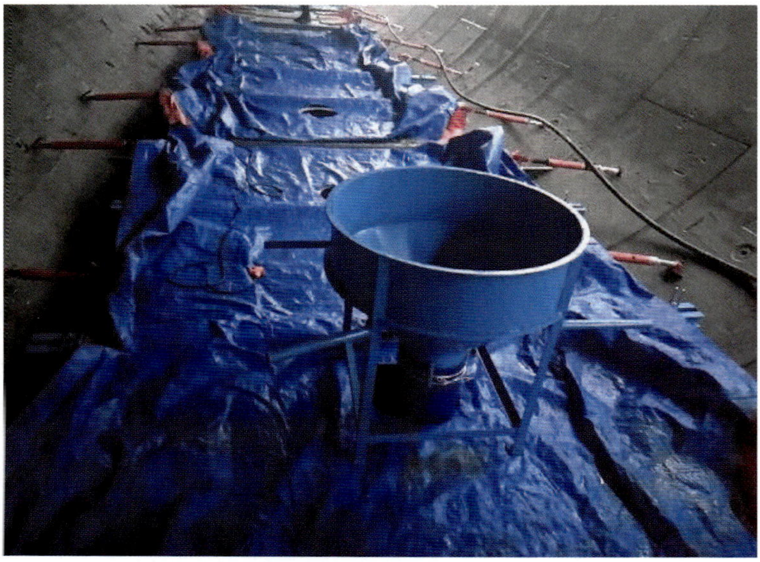

图 3.6.16　预制板浇筑前保护措施

第七节　联络通道地段轨道临时过渡

一、适用范围

适用于地铁轨道工程联络通道地段轨道临时过渡施工。临时过渡是指区间联络通道施工完成后，结构还未沉降稳定，铺轨需跨越联络通道前后各 48 m 范围，继续向前施工。本节部分内容及数据参考福州地铁 2 号线轨道工程。

二、作业条件及施工准备

（1）熟悉图纸设计意图，掌握联络通道过渡施工方案、技术交底、施工要点及注意事项。

（2）业主提供土建区间盾构完工时间、联络通道施工计划。

（3）现场控制基标及加密基标测量。

（4）做好材料加工、运输、存放等准备工作。

三、主要引用技术标准

（1）《城市轨道交通工程项目规范》GB 55033—2022。

（2）《铁路轨道工程施工质量验收标准》TB 10413—2018。

（3）《铁路混凝土工程施工技术规程》Q/CR 9207—2017。

（4）《钢筋焊接及验收规程》JGJ 18—2012。

（5）《地下铁道工程施工质量验收标准》GB/T 50299—2018。

四、施工顺序及工序流程

（一）施工顺序

普通道床联络通道前后 10 m 范围有冷冻管地段，普通道床联络通道前后 48 m 范围轨道采用浮置板道床结构，结构沉降未稳定。为考虑浮置板整体性要求，防止浇筑基底后出现沉降造成基底与盾构管壁剥离，同时防止结构沉降过大，而超出浮置板自身的调整能力，因此，联络通道处暂时不浇筑基底及浮置板道床，而采用“工字钢法”或“支墩法”实现轨道过渡，待沉降稳定后，进行后续工序，铺设轨排，浇筑整体道床混凝土。

（二）工序流程

（1）“工字钢法”工序流程。

“工字钢法”施工流程如图 3.7.1 所示。

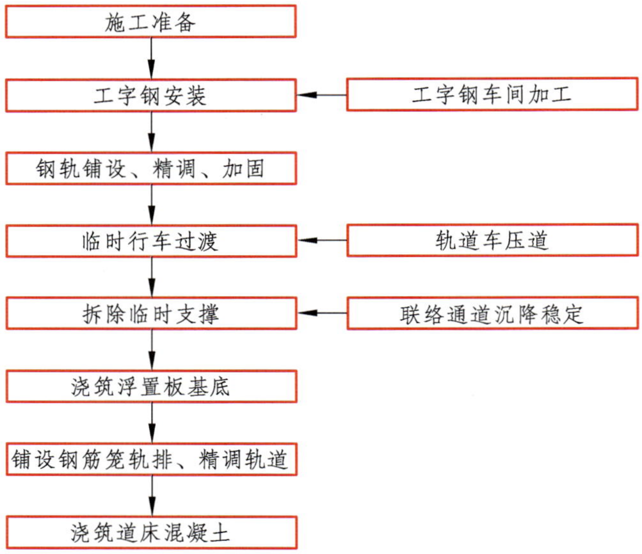

图 3.7.1　“工字钢法”施工流程

（2）“支墩法”工序流程。

“支墩法”施工流程如图 3.7.2 所示。

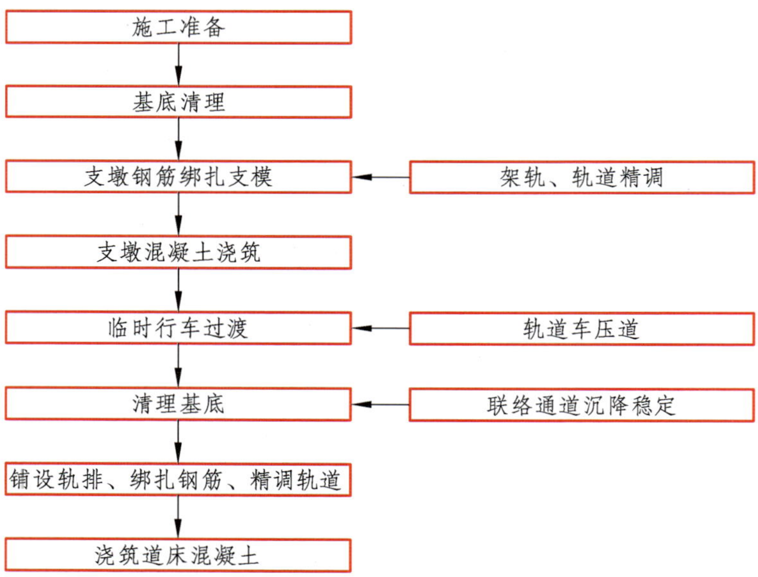

图 3.7.2　“支墩法”施工流程

五、“工字钢法”施工方法及要求

（一）施工准备

（1）施工前，先将旁通道地段前后 20 环基底清理干净，确保基底无积水、无淤泥。

（2）测量基底高程，计算基底距工字钢底部的距离。

（3）现场提前测量每环盾构基底标高，得出实测轨道高度，将测量数据整理后交工程技术部。工程技术部根据不同轨道高度，计算每环工字钢及下部立柱的加工尺寸，然后将数据送至加工车间，加工人员立即安排加工。工字钢要求外喷防锈底漆和暗红色油漆，加工后按盾构管片环号标识，便于现场铺设。

（二）工字钢加工及安装

（1）工字钢横梁及支墩采用 20#B 工字钢加工，根据管片圆弧形状，横梁两端采用斜坡型，并在端部焊接 10 mm 厚的钢板，钢板四周预留 4 个 $\phi12$ 的孔。

（2）工字钢横梁及支墩在铺轨基地车间加工完毕后，利用轨道车运输至施工作业面，铺轨小吊配合安装。

（3）采用工字钢横梁搭接在盾构壁两侧，按照管片布置，每环 1 根（间距为 1.2 m），在联络通道前后各 20 环设置。横梁下部中间安装一根工字钢立柱支撑，同样采用 20#B 工字钢。钢轨调整完成后采用扣板固定于工字钢上，钢轨下方垫 10 mm 厚的橡胶垫板。

（4）将工字钢横梁安装在盾构管片的中心位置，并在两端焊接 10 mm 厚的钢板（321 mm×321 mm），钢板四周预留 4 个 $\phi12$ 孔，采用 M10 膨胀螺栓固定。联络通道洞门处钢管片位置用电焊机连接。

（5）底部钢支墩固定在横梁的中部，采用焊接的方式连接，下部采用 10 mm 厚的钢板（300 mm×200 mm），钢板四周预留 4 个 $\phi12$ 孔，采用 M10 膨胀螺栓固定。

（6）工字钢横梁固定完毕后，立即测量顶部高度，确保工字钢顶部高度满足轨道铺设要求，有少量差异时，采用不同厚度的调高垫板调整，以确保钢轨不吊空。

采用“工字钢法”的轨道临时过渡平面图、断面图如图 3.7.3、图 3.7.4 所示。

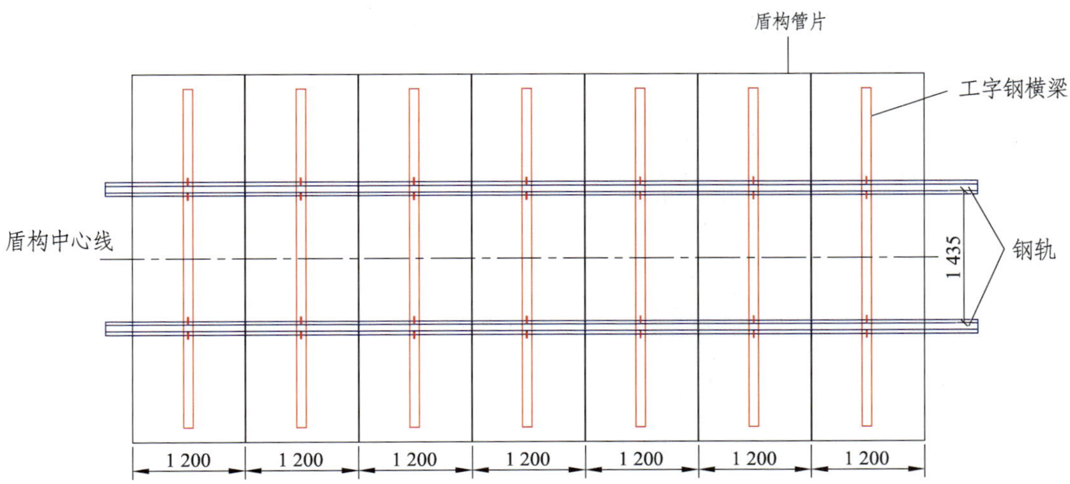

图 3.7.3 “工字钢法”轨道临时过渡平面（单位：mm）

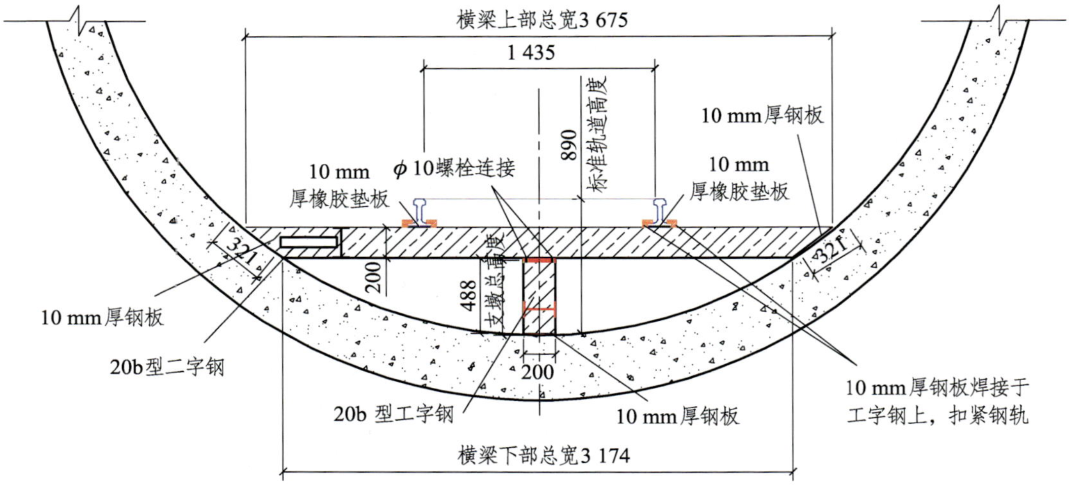

图 3.7.4 “工字钢法”轨道临时过渡断面图（单位：mm）

（三）钢轨铺设、精调、加固

（1）在铺轨基地组装 2 根 25 m 钢轨组成的轨排（无扣件、轨枕），中间用轨距拉杆固定好，铺设于工字钢横梁结构上方。

（2）将轨道方向依据轨道中线、轨距、超高调整好，与两侧正式道床顺接。

（3）钢轨与工字钢横梁之间设置 10 mm 厚的橡胶垫板作为缓冲。

（4）在工字钢横梁上焊接“7”字形 10 mm 厚的铁扣板将钢轨固定。

（5）道心位置铺设 500 mm 宽的钢模板作为人行通道。

（四）临时行车过渡

（1）临时轨道加固完毕后，项目部的工程技术部、安质环保部、机械设备部同监理工程师一同对临时轨道结构进行验收，验收合格后，方可允许轨道车通行。

（2）先用空车往返运行 3 遍，确认轨道结构满足要求后，再用轨道车载重运行。

（3）轨道车通过临时轨道地段时，必须严格控制车速不大于 5 km/h。

（4）当过渡地段盾构沉降过大时，应增加工字钢横梁的长度，在工字钢中心立柱与横梁之间，以及横梁与盾构管片之间增加钢垫板，来调整轨道高度。钢板与横梁之间采用焊接连接，避免列车通过时，对轨道及横梁产生振动，使垫片滑落，危及行车安全。

“工字钢法”轨道临时行车过渡如图 3.7.5 所示。

图 3.7.5 “工字钢法”轨道临时行车过渡

（五）拆除临时支撑

（1）经业主相关部门根据沉降监测数据书面确认联络通道沉降稳定后，方可拆除临时支撑，准备浇筑道床。

（2）重新在临时过渡地段安装 24 kg/m 铺轨小吊走行轨，组装 2 台 DP-10 铺轨小吊。

（3）将工字钢横梁及支墩拆除，钢管片与工字钢焊接地段拆除时，不得损伤钢管片，可横向割除工字钢，外露部分不小于 5 mm，再用砂轮机打磨平。

（六）基底浇筑

（1）将基底内的垃圾、积水、杂物清理干净，再用高压水冲洗，抽去积水，少量积水用海绵吸干，确保基底干净、湿润，无积水。

（2）基底清理完毕后，先报请监理验收，再绑扎浮置板基底钢筋，浇筑基底混凝土。浇筑基底时，需注意预留排水横沟位置。

（七）铺设钢筋笼轨排、精调轨道

（1）轨道车运输钢筋笼轨排至联络通道地段进行铺设时应按设计要求定位轨排位置。

（2）联络通道地段需确保排水横沟位置及预留消防过轨管的正确位置。

（八）道床浇筑

（1）轨道调整完毕后，浇筑道床混凝土及凸台混凝土，工序同浮置板施工。

（2）钢弹簧浮置板减振道床混凝土强度达到 28 d 设计强度后，开始顶升浮置板。

六、“支墩法”施工方法及要求

（一）施工准备

（1）施工前，先将联络通道地段前后 20 环基底清理干净，确保基底无积水、无淤泥。

（2）测量基底高程，计算混凝土支墩高度。

（3）现场提前测量每环盾构基底标高，得出实测轨道高度，将测量数据整理后交工程技术部。工程技术部根据不同轨道高度，计算每环混凝土支墩高度，然后将数据送至加工车间，加工人员立即安排钢筋、模板的加工。

（4）将管片基底垃圾、淤泥、积水等清理干净。

图 3.7.6 所示为“支墩法”过渡。

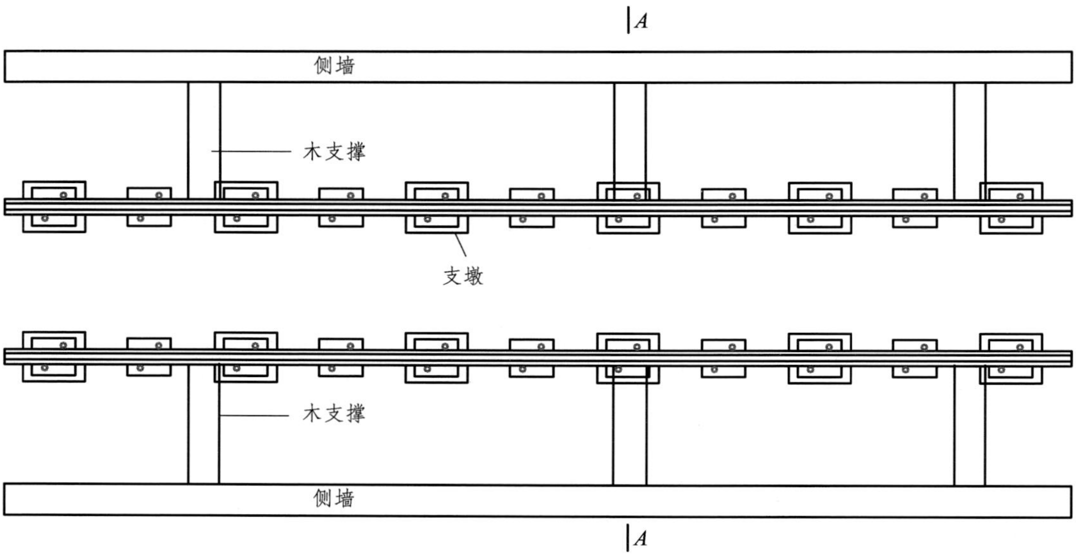

图 3.7.6　“支墩法”过渡

（二）钢轨架设

在铺轨基地组装 2 根 25 m 钢轨组成的轨排，中间用轨距拉杆固定好，由轨道车运输铺设于过渡段处，两侧与已浇筑道床顺接。

（三）支墩钢筋绑扎、支模

（1）根据支墩位置及测量反馈高度，根据道床施工要求绑扎支墩钢筋。

（2）钢筋绑扎完毕后，根据支墩高度支立支墩模板，模板制作时应考虑混凝土浇筑，预留混凝土进料口。

（3）支墩横断面尺寸为 400 mm×1 200 mm，高度根据实际轨道高度进行调整，支墩中心间距为 1 800 mm，左右股对称布置。

（4）混凝土支墩纵向中心线应正对上方钢轨中心线，使得受力均匀。

（5）为防止道床外漏钢筋产生锈蚀，可先绑扎混凝土支墩下层横向钢筋和左右股钢轨下方的两根纵向钢筋。剩余钢筋待该段道床施工时再进行绑扎。

（四）混凝土支墩浇筑

混凝土浇筑前应对轨道进行调整，直至达到行车要求。用轨道车将混凝土运输至道床已浇筑完成处停车，然后人工用轨道平板车将混凝土倒运至浇筑点进行浇筑，因支墩模板情况无法使用振动棒，故使用自密实混凝土。

（五）临时行车过渡

（1）临时轨道加固完毕后，项目部的工程技术部、安质环保部、机械设备部同监理工程师一同对临时轨道结构进行验收，验收合格后，方可允许轨道车通行。

（2）先用空车往返运行 3 遍，确认轨道结构满足要求后，再用轨道车载重运行。

（3）轨道车通过临时轨道地段时，必须严格控制车速不大于 5 km/h。

（4）混凝土浇筑后强度未达到 70%前，该段轨道上方严禁行驶车辆和承重。

“支撴法”临时行车过渡如图 3.7.7 所示。

图 3.7.7 “支墩法”轨道临时行车过渡

（六）轨道沉降调整

联络通道沉降稳定后，测量轨道结构沉降量。如沉降量较大，不满足扣件最大调高要求，则凿除相应的混凝土支墩，重新铺设轨排，调整轨道几何尺寸，再浇筑混凝土；如沉降量较小，则通过扣件调高橡胶垫板来调整轨道高度，再进行道床混凝土浇筑。

（七）基底清理

（1）将基底内的垃圾、积水、杂物清理干净，再用高压水冲洗，抽去积水，少量积水用海绵吸干，确保基底干净、湿润，无积水。

（2）钢弹簧浮置板道床施工时，在基底清理完毕后，先报请监理验收，再绑扎浮置板基底钢筋，浇筑基底混凝土。浇筑基底时，需注意预留排水横沟位置。

（八）铺设轨排、绑扎钢筋、精调轨道

（1）轨道车运输轨排及钢筋等材料至联络通道地段进行道床铺设。

（2）钢弹簧浮置板道床施工时，轨道车运输钢筋笼轨排至联络通道地段进行铺设，按设计要求定位套筒位置。

（3）联络通道地段需确保排水横沟位置及预留的消防过轨管位置正确。

（4）道床铺设完成后进行轨道精调作业，确保道床几何状态符合施工精度要求。

（九）道床浇筑

道床浇筑同正线各类型道床浇筑方式相同，在此不再赘述。

七、劳力组织

主要劳动力配置见表 3.7.1（表格仅供参考，具体应以实际为准）。

表 3.7.1　主要劳动力配置

序号	工种	数量	备注
1	队长	1	
2	工班长	2	白班夜班各 1 人
3	轨道车司机	2	白班夜班各 1 人
4	车长	2	
5	电焊工	4	白班夜班各 2 人
6	电工	2	白班夜班各 1 人
7	钢筋工	6	
8	线路工	10	
9	搬运工	20	白班夜班各 10 人

八、材料要求

主要材料配置见表 3.7.2（表格仅供参考，具体应以实际为准）。

表 3.7.2　主要材料配置

序号	名称	单位	数量
1	自制垫板 150 mm×300 mm	块	84
2	钢轨卡铁	块	168
3	胶皮垫（厚 2 mm）	m^2	2.772
4	红油漆	桶	1

续表

序号	名称	单位	数量
5	垃圾袋		若干
6	植筋胶	L	53.76
7	ϕ25 钢筋	t	0.953
8	ϕ16 钢筋	t	1.385
9	木枕	根	360

九、设备机具配置

主要设备机具配置见表 3.7.3（表格仅供参考，具体应以实际为准）。

表 3.7.3　主要设备机具配置

序号	名称	单位	数量
1	轨道车	台	1
2	平板车	台	2
3	滚筒	个	5
4	撬棍	根	8
5	翻轨器	根	4
6	压机	台	4
7	电焊机	台	2
8	水泵	台	1
9	斜撑	根	36
10	轨距拉杆	根	34
11	托盘	套	20
12	木枕	根	24
13	电锤	台	2

十、联络通道地段轨道临时过渡施工质量保障措施

由于道床未完全浇筑，钢轨自由度较大，应特别注意过渡段轨道车行车安全，可采取如下保障措施：

（1）过渡段应设专人密切观测其稳定性，严禁轨道车在过渡段内停车。

（2）钢轨吊装时，挂钩人员应与操作人员相互呼应，确认牢固后方可起钩。钢轨倒运时，滚筒要平稳安放，防止钢轨倾斜，滑落伤人。

（3）施工完毕后，在距该段起点 100 m 处设置 5 km/h 限速标，防止列车在此超速行驶。

（4）机具、材料轨道车倒运过程中，绑扎应牢固，运输人员在发车前应对其进行确认。

（5）轨道车司机运行中应加强瞭望，注意站台及线路有无人员、有无障碍，防止发生意外发生，确保行车运输安全。

（6）道床浇筑中注意对道床积水、淤泥等杂物的清理，对钢筋、扣件加强保护，确保轨道整体质量。

（7）在联络通道地段时，应严格按照标准设置道床伸缩缝。

（8）二次浇筑道床前需对线路进行精调，对底层道床表面进行凿毛处理，以保证新旧混凝土之间黏结性良好。

（9）对已浇筑完成的道床要进行养护和成品保护，在达到设计强度后，拆除轨架，限速行车。

（10）为保证行车安全，左右股轨道应采用轨距拉杆连接牢固，轨道外两侧每 5 m 增加一对支撑，曲线地段适当增加（支墩法）。

联络通道及钢横梁过渡如图 3.7.8 所示。

图 3.7.8　联络通道及钢横梁过渡

PART FOUR

第四章

地铁轨道工程道岔区施工

第一节　道岔区碎石道床施工

一、适用范围

适用于轨道工程正线、车辆段及停车场库外碎石道床道岔区施工。本节部分内容及数据参考福州地铁 2 号线鼓山车辆段和竹岐停车场轨道工程。

二、作业条件及施工准备

（1）隧道主体结构、联络通道部位变化趋于稳定。

（2）接收测量控制桩点等资料后，进行测量复核，确保测量点位精度。

（3）铺轨基地建设完成，具备投产条件。

（4）熟悉图纸设计意图，掌握一般及中等减振道床施工方案、技术交底、施工要点及注意事项。

（5）准备铺轨轨节表、曲线地段超高及正矢表。

（6）现场控制基标及加密基标测量。

（7）做好材料加工运输、存放等准备工作。

三、主要引用技术标准

（1）《城市轨道交通工程项目规范》GB 55033—2022。

（2）《地铁杂散电流腐蚀防护技术标准》CJJ/T 49—2020。

（3）《铁路轨道工程施工质量验收标准》TB 10413—2018。

（4）《铁路混凝土工程施工技术规程》Q/CR 9207—2017。

（5）《铁路混凝土工程施工质量验收标准》TB 10424—2018。

（6）《地下铁道工程施工质量验收标准》GB/T 50299—2018。

（7）《城市轨道交通工程测量规范》GB/T 50308—2017。

（8）《国家一、二等水准测量规范》GB/T 12897—2006。

四、施工顺序及工序流程

道岔区碎石道床施工工艺流程如图 4.1.1 所示。

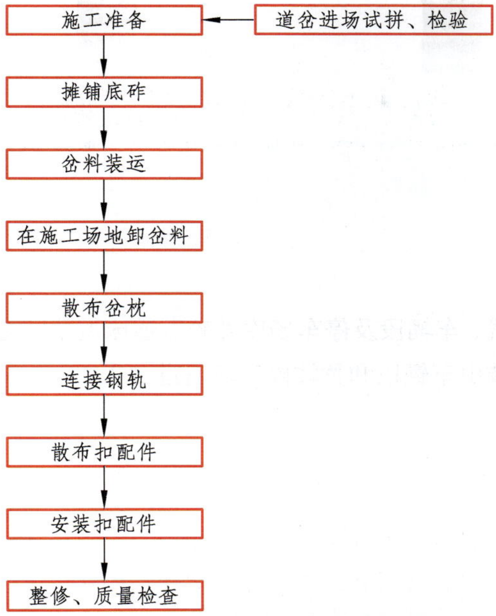

图 4.1.1　道岔区碎石道床施工工艺流程

五、施工方法及要求

（一）岔位桩复测

施工技术人员对土建工程施工单位移交的岔位桩，应依据平面图进行复测、验证，并对所铺道砟按有关规定进行验收。

（二）岔料运输及装卸

装车时，首先应核对轨腰及配件上的标识是否与要铺的道岔一致，以防装错。岔料装车采用汽车装运，岔枕、钢轨、配件按组配齐后装车，先进行岔枕装运，然后装运道岔钢轨，最后装运道岔配件。根据道岔编号、类型、辙叉角号数、开向，在配件箱和轨腰处标识清楚，同时应将尖轨与基本轨捆扎牢固。装车时防止偏载，岔枕不得超限，各种配件箱要放置平稳，并按有关规定进行捆扎加固，保证运输途中不发生任何意外。卸车时，首先应核对轨腰及配件上的标识是否与要铺的道岔一致，以防卸错位置。岔料必须用起吊设备吊卸，严禁人工从车上直接往下抛投。所卸岔料应摆放平稳。

（三）道砟摊铺

停车场内道岔均采用碎石道床，钢轨中心线处轨枕下的道砟厚度不小于 0.25 m，道岔铺设前应利用铲车摊铺道砟，先将道砟摊平，然后用压路机碾压，道砟摊铺距设计标高 50 ~ 80 mm 时再进行道岔预铺设，摊铺道砟时一定要平整，避免个别枕木下的碎石偏高。道岔区道砟摊铺如图 4.1.2 所示，道岔区碎石道床如图 4.1.3 所示。

图 4.1.2　道砟摊铺

图 4.1.3　道岔区碎石道床

（四）配置及散布岔枕

按照道岔岔枕布置图规定的岔枕长度、间距和数量，由岔头向岔尾方向摆放岔枕。岔枕铺设方向：尖轨段内的岔枕垂直于直轨；导曲线范围内的岔枕，由垂直直轨逐步过渡到垂直辙叉角中心线；翼轨起点后的岔枕垂直于辙叉角中心线。岔枕排布结束后，应再一次检查轨枕间距及轨枕面（轨枕竖心面应向下），确保方向顺直，间距偏差为±3 mm。

（五）配置连接钢轨

（1）道岔铺设前应按图纸核对各零部件尺寸及数量，应派专人对照图纸进行检查、清点、整理配件，并与装箱清单核对，检查无误后方可铺设。

（2）吊配钢轨必须选好吊点，挂好钢丝绳，先行试吊，试吊无误后方可吊运。吊运钢轨应离开岔枕面 10 mm，到位后平稳落下，不可带动或碰撞已经整正的岔枕。

（3）采用人工抬运（10 ~ 14 人一组），按标准图钢轨排列顺序从岔头起，先直股后弯股进行散布，定出岔心位置，然后连接钢轨，并拨正位置。用起道机将钢轨撑起，按轨腰上的岔枕间距放枕。连接钢轨时注意预留轨缝，钢轨轨缝除注明者外均为 8 mm。

（4）在鱼尾板向轨侧涂油，连接钢轨。然后用起道机将钢轨抬起，在岔枕和钢轨之间垫放 10 cm×10 cm×40 cm 方木，垫木间距 3～5 m，将连接完毕、基本调整方向的钢轨架空。

（六）安装配件

（1）按道岔图纸部位要求，散布夹板、螺栓、垫圈、道钉、垫板、轨撑、连杆。将配件、垫板安装在相应的设计位置，然后安装扣配件，如图 4.1.4 所示。

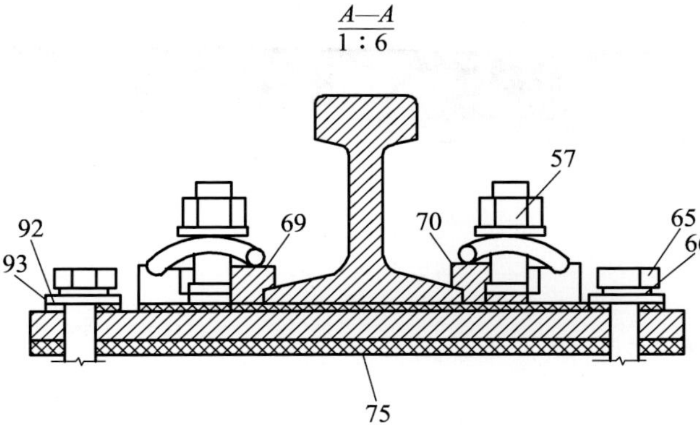

57—T 形螺栓；65—螺旋道钉；66—弹簧圈；69—10 号轨距块；70—8 号轨距块；75—板下垫板；92—平垫圈；93—轨下垫板。

图 4.1.4　安装配件

（2）应注意零散配件的整理和放置，加强对配件的保管，严防丢失。

（3）道岔扣件组装顺序：首先，将轨枕尼龙套管内的杂质清理干净，依次摆放橡胶垫板Ⅱ、铁垫板，将螺旋道钉套上弹簧垫圈后，涂上黄油，拧到尼龙套管内直接压紧弹簧垫圈，扭矩为 150～200 N·m；然后，放置橡胶垫板Ⅰ（圆粒子朝上）使下面的挡条卡住铁垫板两侧，然后放置轨距垫，10 号在钢轨内侧，8 号在钢轨外侧。放置 T 形螺栓、弹条及平垫圈，用螺母拧紧弹条，扭矩为 100～120 N·m；最后，往螺母及 T 形螺栓上部涂上长效油脂并放上螺母罩。

（七）补砟整道

道岔铺设后，应立即组织上砟整道工作。进行捣固作业时，要对位准、下插稳、夹实快，一般捣固 2～3 次。捣固结束后，要检查水平、高低和空吊板情况，确定捣固质量，以免行车压断岔枕。采用平板车在车辆段道砟存放区装砟，人工岔位卸砟，卸砟后应及时清道。人工配合整理道床、边坡以及清扫岔枕面、配件。整道完成后应根据设计要求进行道床边坡刷坡处理。

（八）检查和整修

道岔铺设后，应全面检查和整修，包括道岔各部位零配件数量、轮缘槽宽度、道岔位置、方向、轨距、导曲线支距、附带曲线支距。扳道器转换功能、尖轨密贴程度及钉设情况等项目要满足其技术规范要求。有缝道岔允许偏差见表 4.1.1。

表 4.1.1　有缝道岔铺设允许偏差

序号	检验项目			正线到发线	其他站线
1	道岔方向	直线（10 m 弦量）/mm		4	6
		导曲线支距/mm		±2	
2	轨距	尖轨尖端/mm		±1	
		其他部位/mm		+2，−1	
3	轨距加宽及递减	尖轨尖端至基本轨接头/‰		按设计图	
		尖轨根端（直向）向辙叉方向递减距离/m		按设计图	
		导曲线向前向后递减距离	直尖轨/m	按设计图	
			曲尖轨/m	按设计图	
4	尖轨非工作边最小轮缘槽/mm			−2	
5	顶铁与尖轨或可动心轨轨腰的间隙/mm			≤1	
6	尖轨根端非工作边与基本轨工作边开口距离/mm			±1	
7	轨缘槽宽度/mm			+3，−1	
8	接头	错牙、错台/mm		≤1	≤2
		头尾接头相错量/mm		≤15	≤20
		轨缝实测平均值与设计值差/mm		±2	
9	岔枕间距、偏斜/mm			±20	
10	尖轨尖端相错量/mm			≤10	

六、劳力组织

道岔区碎石道床劳力组织计划见表 4.1.2（表格仅供参考，具体应以实际为准）。

表 4.1.2　道岔区碎石道床劳力组织计划

序号	名称	作业人员	管理人员	备注
1	线路工	15	2	道岔几何尺寸调整
2	普工	30	2	
4	质量	—	1	
5	安全	—	1	
6	测量	—	8	
7	试验	—	1	
8	物资机械	—	1	
总计		45	16	61

七、机械设备

主要施工机具配置见表 4.1.3（表格仅供参考，具体应以实际为准）。

表 4.1.3　主要施工机具配置

序号	名称	规格	单位	数量
1	撬棍	大	根	2
2		小	根	5
3	扳手		把	5
4	压机		台	4
5	钢卷尺	50 m	把	1
6		5 m	把	5
7	道尺		把	2
8	L 型道尺		把	1
9	方尺		把	1
10	支矩尺		把	1
11	铁锹		把	10
12	小型平板车		辆	1
13	液压起道机		台	2
14	小型捣固机		台	2
15	大拉耙		把	5
16	小拉耙		把	10

八、地铁轨道工程道岔区施工质量保障措施

（一）道岔施工技术保证措施

1. 定位测量及标桩测设

定位测量：依据直股线路中心桩，按设计图上的里程准确放出岔心点以及曲股中心桩，然后逐步测设出道岔起点、道岔直股终点、辙叉点、导曲线终点、导曲线起点，放出相应的道岔几何尺寸关键点。同时，在整体拼装好的道岔上也做好相对应的控制点标记，铺设时将道岔上的标记基标精确校对，逐一调整。

标桩测设：根据调坡测量时放设的中心控制桩里程及水准基点进行标桩测设，并根据道床分段坐标定出整体道床边框线。

2. 转辙器部分的控制

对于道岔主要点位几何尺寸的精调，一定要准确，并符合设计规定要求，尤其是对于

转辙器部分的控制，主要包括轨距和导曲线正矢控制。

3. 保证尖轨底板与滑床板面的密贴

要保证尖轨底板与滑床板面的密贴即要保证调整好尖轨范围内所有滑床板面在同一平面上。滑床板的调平是一个十分重要的控制环节，在滑床板表面采用拉弦线的方法，可确保滑床板处在同一水平位置。调整滑床板的同时，要不断检查基本轨及尖轨的水平、扭曲等，防止调整滑床板时造成道岔基本轨扭曲等病害发生。

（二）质量控制措施

（1）隐蔽工程检查采用班组检查与专业相结合的方式，即施工班组在每道工序完工之后，首先进行自检，自检不符合质量要求的予以纠正，然后再由专业检查人员进行检查。

（2）各工序完成后，由施工管理人员、质量检查工程师会同各工班长，按技术规范进行检验，凡不符合质量标准的，坚决予以返工处理，直到再次验收合格。

（3）工序中间交接时，必须有明确的质量合格交接意见，每个工班在进行工序施工时，都应当严格执行“三工序”制度，即检查上工序，做好本工序，服务下工序。

（4）隐蔽工程在完成上述工作后，由现场监理工程师检查验收，做好验收记录、签字确认以及资料整理工作。未获监理工程师验收通过的，必须返工重做，否则不得进行下道工序的施工。

（5）隐蔽工程必须有严格的施工记录，将检查项目、施工技术要求及检查部位等填写清楚，记录表必须有技术负责人、质量检查人签字。

第二节　道岔区高等减振道床施工

一、适用范围

适用于有减振降噪需求的车站道岔区（单开道岔或交叉渡线）施工，可以满足直线过岔限速 100 km/h，侧向过岔限速 25 km/h，减振效果在 15 ~ 25 dB，设计使用年限在 80 ~ 100 年，管线允许过轨，前期投入合理且后期维修作业较少的要求。本节部分内容及数据参考福州地铁 2 号线洋里站轨道工程。

二、作业条件及施工准备

（1）隧道主体结构、联络通道部位变化趋于稳定。

（2）接收测量控制桩点等资料后，进行测量复核，确保测量点位精度。

（3）铺轨基地建设完成，具备投产条件。

（4）熟悉设计图纸，掌握一般及中等减振道床施工方案、技术交底、施工要点及注意事项。

（5）准备铺轨轨节表、曲线地段超高及正矢表。

（6）现场控制基标及加密基标测量。

（7）做好材料加工运输、存放等准备工作。

三、主要引用技术标准

（1）《城市轨道交通工程项目规范》GB 55033—2022。

（2）《铁路轨道工程施工质量验收标准》TB 10413—2018。

（3）《铁路混凝土工程施工技术规程》Q/CR 9207—2017。

（4）《铁路混凝土工程施工质量验收标准》TB 10424—2018。

（5）《地下铁道工程施工质量验收标准》GB/T 50299—2018。

（6）《浮置板轨道技术规范》CJJ/T 191—2012。

（7）《城市轨道交通工程测量规范》GB/T 50308—2017。

（8）《国家一、二等水准测量规范》GB/T 12897—2006。

四、工艺原理

橡胶属于高分子材料，其分子如图 4.2.1 所示。橡胶具有黏弹性，在受到外力作用时，一部分功通过热能的形式耗散到空气中，另一部分通过分子链的相互纠缠储存为弹性势能，在解除外力后该部分弹性势能会逐渐释放，恢复原状。黏弹性体本构模型如图 4.2.2 所示。天然橡胶的主要成分是顺-1, 4-聚异戊二烯，其弹性好、强度高、综合性能好。合成橡胶相对而言种类繁多，有异戊橡胶、丁苯橡胶、顺丁橡胶等，其所含杂质少、化学稳定性好、价格便宜。

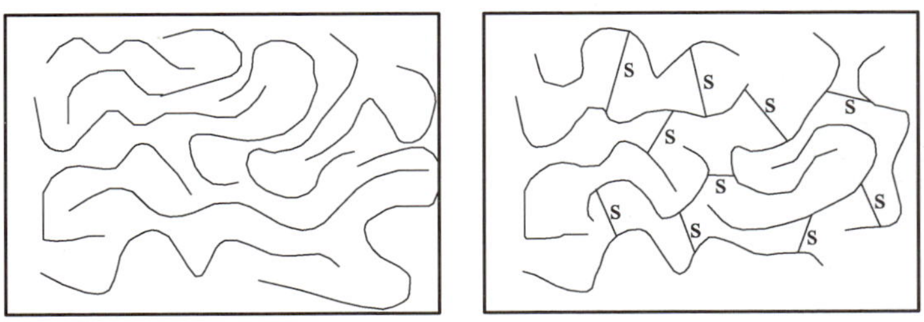

（a）生胶　　（b）硫化胶

图 4.2.1　橡胶分子

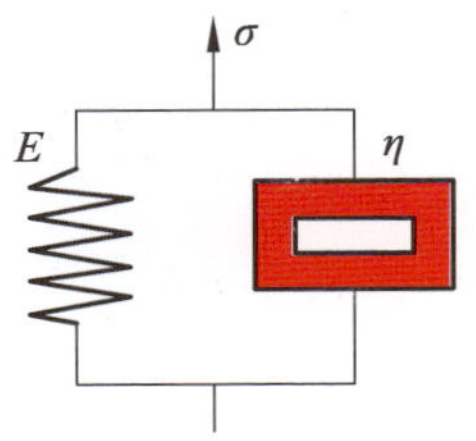

$$\sigma = E\varepsilon + \eta\frac{\mathrm{d}\varepsilon}{\mathrm{d}t}$$

图 4.2.2　黏弹性体本构模型

铺轨项目采用的橡胶隔振垫（见图 4.2.3）属于经特殊工艺加工的橡胶弹性体材料，橡胶应采用天然橡胶或合成橡胶，不得采用再生橡胶。隔振垫由覆盖层、编织层、夹层及阻尼层组成，将道床板与基底或管壁分隔开，上部承受由混凝土道床板传递的恒载和列车活荷载，通过阻尼层传递到下部基础支撑结构上。阻尼层由密布的倒置橡胶圆台组成，形成微弹簧系统，可通过下部的橡胶阻尼层提供弹性，吸收或减弱列车运行时的振动，达到隔振降噪的目的。

根据设计要求，隔振垫产品的使用寿命不小于 60 年，动静刚度比应小于 1.3。一般刚度段隔振垫静力地基模量采用（0.019±0.003）N/mm^3，厚 30 mm，刚度过渡段隔振垫静力地基模量采用（0.030±0.003）N/mm^3，厚 27 mm。

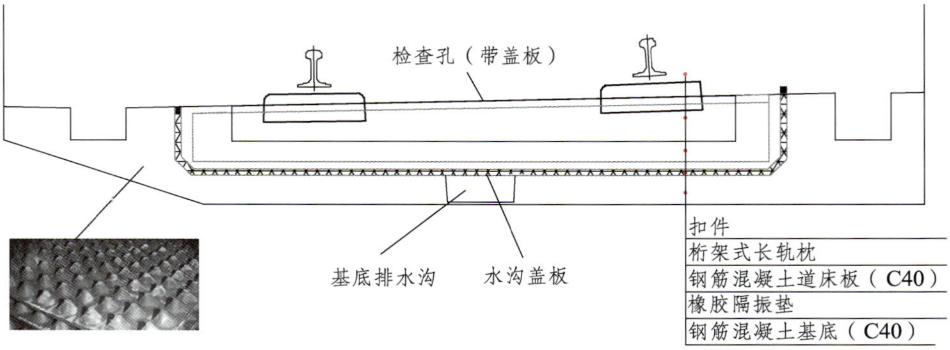

图 4.2.3　橡胶隔振垫结构

五、施工工艺流程

橡胶隔振垫整体道床道岔区采用散铺架轨法，其施工工艺流程如图 4.2.4 所示。

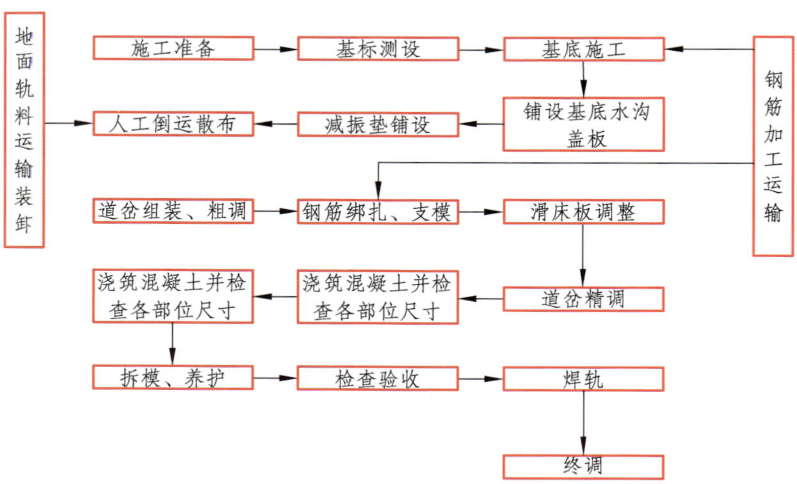

图 4.2.4　施工工艺流程

六、施工方法及要求

（一）施工准备

收集已审批的施工图纸，并落实进料口、备齐施工机具和模板等。布临时照明线、动力线路于隧道壁上，距底板面 2.5 ~ 3.0 m，每 10 m 设一盏灯用于照明。设备专业若需在道床中预埋过轨管线、预留过轨沟槽，应与相关专业联系预埋，联合隐检后方可施工。

（二）基标测设

建立专项测量方案，测量队依据要求对岔位基标进行测设并加密。如图 4.2.5 所示，单开道岔控制基标在岔头、岔尾基本轨缝和尖轨尖端等 3 处各设一对，名义岔心设一个，加密基标每隔 5 m 设置一个，加密桩一般设置在直股和曲股外侧，基标标高低于设计钢轨顶面 350 mm。交叉渡线参考单开道岔对称布置，注意在正线相交的岔心位置加设一个控制基标。同时对岔区标高进行横纵断面检查，标高不符合要求的应联系土建单位进行整改，取得设计书面处理指导意见后进行基底凿毛。

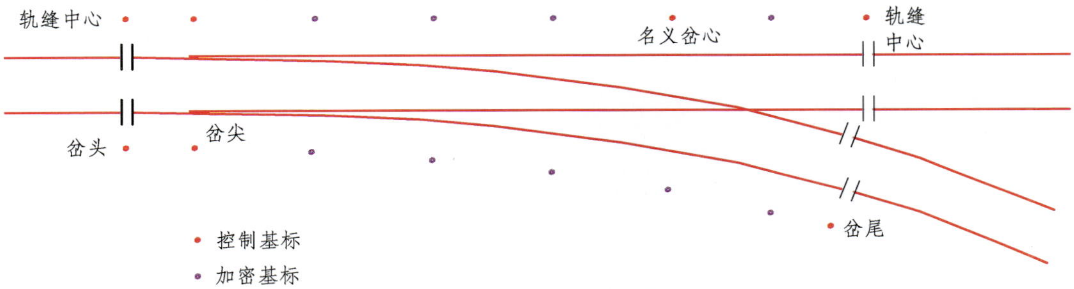

图 4.2.5　单开道岔测设基标布置

（三）基底施工

检查结构底板渗漏水情况并进行处理，对整体道床范围内的基底采用风镐进行凿毛处理，凿毛坑深度 5 ~ 10 mm，间距不大于 150 mm，呈梅花状布置，凿毛见新率不小于 50%；转辙机区域道床（单侧排水沟范围）的结构底板凿毛需进一步加密、加强处理。凿毛后人工清理凿除的水泥碎块，用高压风或水枪清除污泥等浮渣，做到道床基底表面无污水、泥浆、浮渣等，以保证新浇筑混凝土与旧混凝土之间连接良好。

高等减振道岔基底采用平基底，施工前在预留中心水沟位置两侧植入竖向定位钢筋，测量组测设基底标高控制桩，确定基底浇筑高度（标示于定位钢筋上）。底板清理后绑扎基底钢筋笼，并安装中心水沟模板。为保证混凝土保护层厚度，在底层钢筋下应加装混凝土垫块或焊接钢筋头，呈梅花状布置，绑扎完成的钢筋笼应避免踩踏，减少施工干扰。浇筑完成的基底层应满足：基底表面平整光滑，不能有明显的尖锐凸起及坑洼；隧道内应保持整洁，避免后期淤积在减振垫下方；基底无明显积水及裸露钢筋；中心水沟线型良好。

（四）铺设基底水沟盖板

基底中心水沟盖板采用直径为 12 mm 的 HRB400 级螺纹钢筋与钢丝网制作，钢丝筛网的直径不小于 2 mm，网格间距为 30 ~ 40 mm，注意成品保护。

（五）减振垫铺设

减振垫铺设步骤：

（1）减振垫切割。减振垫切割前，应按照减振垫铺设范围准确计算道床横向底面面积，要求切割完的减振垫边角平直，以保证铺设后的整体美观。

（2）减振垫铺设。减振垫铺设采用横铺方式（垂直于线路方向铺设），减振垫间衔接的缝隙宽度小于等于 10 mm。在遇截面改变时，减振垫应切割成相应的形状，采用密封条覆盖减振垫缝隙，然后用三排铆钉固定减振垫。

（3）减振垫二次密封。减振垫铺设就位后，将道床两侧减振垫外围采用土工布加以包裹，这样即使在长时间运营条件下密封条局部破坏，土工布也可以阻止泥沙进入减振垫下部。

（4）安装 Z 字形密封条及观察筒。在厂家指导下完成密封后，在每块道床中部安装观察筒（观察筒的安装可在钢筋绑扎时同步实施）。

岔区减振垫铺设如图 4.2.6 所示。

图 4.2.6　岔区减振垫铺设

（六）人工倒运散布

道岔在工厂应进行预拼装，检测合格后由厂家拆分供货，由铺轨基地通过轨道车或在预留下料口利用吊车将道岔岔料提前运输至施工作业面后，采用人工或借助小型机械散布岔轨、扣配件等。

（七）道岔组装、粗调

在铺轨施工前，应对控制基标和加密基标进行复测，对破坏或不合格的点位应重测，并对所使用的测量工具进行检校。

1. 岔轨连接

按照设计图纸组装道岔，首先连接直基本轨，然后以直基本轨为准通过支距拉杆、轨距拉杆等连接曲股，最后岔轨用鱼尾板连接时要严格按照设计标准正确预留轨缝。

2. 安装扣配件、轨枕

依据道岔铺设图进行扣配件安装，安装时要有专人现场盯控检查，确保扣配件安装位置及相应型号准确。具体安装以道岔铺设图为准。

3. 道岔粗调

用道岔支撑架将道岔架设到合适高度，支撑架竖直螺杆表面应涂抹润滑油并在外面加装塑料套管，可以在下方垫铁垫板或直接在橡胶垫上钻孔固定至基底。钻孔处应注意用土工布和胶带密封。水平及竖直螺杆应牢固稳定、受力均匀，一般每 4 根岔枕设置一个支撑架，必要时可以加密，注意避开伸缩缝位置。

先利用调轨专用的轨距尺、L 型道尺、支距尺、弦线等测量工具对道岔轨道进行粗调，并对粗调结果进行复测，高程误差控制在±5 mm 以内，中线误差控制在±2 mm 以内。粗调方法如下：

（1）根据岔头、岔尾的控制基标及加密基标确定，并调整岔头、岔尾的位置，保证岔头两股钢轨的方正。

（2）调外直股方向：根据外直股外侧基标，用 L 型道尺从岔头到岔尾依次调整道岔外直股的方向和高程，使其达到规范要求。

（3）在保持道岔外直股不动的前提下，通过调节钢轨支撑架上位于内直股处的轨卡的水平螺栓及立柱，依次调整道岔内直股的轨距、水平，直至达到要求。

（4）调整曲上股轨距：按照设计图纸，把支距尺放在规定的支距点上，在保持外直股不动的前提下，通过调节钢轨支撑架上位于曲上股处轨卡的水平螺栓，使曲上股各点支距达到要求。

（5）调整曲下股轨距：在保持曲上股位置不变的前提下，通过调节钢轨支撑架上位于曲下股处的轨卡水平螺栓，调整曲下股各点轨距。

（八）钢筋绑扎、支模

钢筋在基地加工，倒运至现场后直接将成型钢筋按照设计要求绑扎成道岔、道床两层钢筋网，并按设计要求进行防杂散电流焊接。

依据道岔区整体道床图分出道岔区道床块，按照设计要求，以岔位桩为基准在结构底板上弹出模板线，用模板夹将定尺长的钢模板进行连接，端头处采用木模板（根据现场实际情况截取）。安装模板时注意消除模板接茬处形成的台阶、缝隙等病害。

（九）滑床板调整

采用在滑床板表面拉弦线的方法，确保滑床板处在同一水平位置。

调整滑床板的同时，要不断检查基本轨及尖轨水平、扭曲等，防止因调整滑床板而造成道岔基本轨扭曲等病害。

（十）道岔精调

道岔各部的几何状态精调，必须按道岔铺设综合图、整体道床布置图，遵循“保证直股，兼顾曲股”的原则进行。道岔精调精度及道岔静态平顺度应符合规范的规定，具体包括：

（1）对于里程位置，允许偏差为 ±15 mm。

（2）对于导曲线及附带曲线，导曲线支距允许偏差为±1 mm，附带曲线用 10 m 弦量正矢允许偏差为 1 mm。

（3）对于轨距水平及高程，道岔全长范围内高低差不应大于 2 mm，高程允许偏差为 ±1 mm。

（4）转辙器必须扳动灵活，曲尖轨在第一连接杆处的动程为 160 mm，第二牵引点动程为 80 mm。尖轨与基本轨密贴，其间隙不应大于 1 mm。尖轨尖端处轨距允许偏差为 ±1 mm。

（5）护轨头部外侧至辙叉叉心作用边距离为 1 391 mm，允许偏差为 0 ~ +2 mm；护轨头部至翼轨作用边距离为 1 348 mm，允许误差为 0 ~ −1 mm。

（6）道岔区及道岔间不足 50 m 的地段不设轨底坡，道岔区与 1∶40 轨底坡间的过渡在道岔区内通过顺坡垫板完成。现场技术员在道岔精调时用电子水准尺进行测量，确保轨底坡符合设计要求。

（7）为保证道岔区与区间无砟轨道的顺接，应在道岔前后预留 100 ~ 200 m 范围进行钢轨联调，以道岔控制基标为基准，优先保证道岔精度。

（十一）道岔转换设备调试

联系相关专业进行电务转换设备调试，主要检查尖轨和可动心轨密贴段顶铁间隙，连接杆定位，滑床扳动程，工作边轨距、支距、轨向等。拆除后应立即复测，及时修正作业误差。整组道岔调试完毕后应对螺栓进行复拧，直至扭矩达到设计值。

（十二）浇筑混凝土并检查各部尺寸

根据现场施工条件，道岔区混凝土可以提前单独浇筑，也可以与区间道床一同浇筑。浇筑前在钢轨和扣件上覆盖土工布，防止混凝土飞溅。混凝土采用设计要求强度的商品混凝土，由搅拌车运送至施工地面上，经坍落度测试合格后泵送至施工现场。混凝土施工过程中现场要有专人负责盯控，随时检查道岔各部几何尺寸，振捣过程中应避免触碰道岔及支撑架，对因施工造成的尺寸超标、变形等立即整改。

（十三）拆模养护

按照《铁路混凝土工程施工质量验收标准》（TB 10424—2018）的要求，混凝土强度达到 5 MPa 以上时方可拆除模板，且表面、棱角不得有损伤，拔出竖向支撑丝杠并对孔洞进行封堵，修理、整饰道床面。强度达到设计强度的 70%后轨道方可载重、行车。

混凝土拆模后的 7 d 以内，其表面应覆盖土工布并进行洒水养护，但不得与流动水接触，随时观察气温变化，采取有效的养护措施，保证混凝土的质量。

（十四）质量验收

现场技术员在每道工序完成后及时进行自检，自检不合格的要求返工，确保现场施工质量满足设计要求。现场自检合格后，上报专业监理工程师，经监理工程师同意后方可进入下道工序。

（十五）焊轨

调整好焊缝位置、轨面、轨向、轨距，焊接前应进行应力放散（辙叉区和转辙器不作应力放散，不松扣件），在锁定轨温范围内对道岔与区间轨道、道岔内部的接缝在同一天内进行锁定焊接，形成跨区间无缝线路。焊接采取现场铝热剂焊接方式，焊接顺序坚持先直后曲、先道岔后区间的原则。

（十六）终调

按照设计要求对轨道进行精细调整，保证道岔前后顺接，满足列车运营需求。

七、劳力组织

道岔区高等减振道床劳力组织计划见表 4.2.1（表格仅供参考，具体应以实际为准）。

表 4.2.1　道岔区高等减振道床劳力组织计划

序号	名称	劳务人员	管理人员	合计	工作内容
1	道岔作业队	15	2	17	道岔几何尺寸调整
2	减振垫作业队	20	1	21	基底施工，减振垫剪裁、铺设，密封条安装
3	普工	10	1	11	
4	工程运输队	4	1	5	
5	调度室	—	2	2	
6	测量队	—	2	2	
7	工地实验室	—	2	2	
8	物资	—	1	1	
9	安全	—	1	1	
总计		49	13	62	

八、材料与设备

（一）施工材料

提前 15 d 做好材料计划，并积极主动与材料供应商加强工作联系，签订供货协议、合同，力争提前储备足够路料，保证施工所需。物资部门根据用料计划及工期要求，提前安排购料，对需要做复试的材料，更要提前购料做取样复试，保证所购材料的质量，确保施工需要。主要施工材料见表 4.2.2（表格仅供参考，具体应以实际为准）。

表 4.2.2 主要施工材料

序号	材料名称	规格型号
1	钢轨	60 kg/m、U75V、25 m 无孔轨
		尖轨
		可动心轨式辙叉
2	轨枕	桁架式岔枕
3	扣件	GB 型扣件
4	垫板	辙前垫板、通长垫板、辙后顺坡垫板
5	钢筋	HRB400，ϕ16
6		HRB400，ϕ12
7	混凝土	C40
8	镀锌圆钢	ϕ20
9	橡胶隔振垫	
10	构配件	轨撑、顶铁、连接杆、滑床板

（二）机械设备

根据施工作业面的数量和工期要求，合理配备相应的施工机具，技术管理人员在现场应根据实际情况积极指挥、调度、协调，确保施工顺利进行。主要机械设备见表 4.2.3（表格仅供参考，具体应以实际为准）。

表 4.2.3 主要机械设备

序号	设备名称	规格型号	使用部位/功能
1	门式起重机	MH20 t-44 m-12.6 m	铺轨基地
2	拖式混凝土泵	HBT80C-1818ⅢD	道岔浇筑
3	混凝土地泵	HBTS80	混凝土浇筑
6	轨道车	GC-220	洞内运输
7	平板车	GPC30D	洞内运输
8	罐车	12 m³	洞内混凝土运输
9	叉车	FD30	材料倒运

续表

序号	设备名称	规格型号	使用部位/功能
10	汽车式起重机	25 t，50 t，75 t，100 t，130 t，160 t	散铺卸料等
11	货物运输车辆	6 m，9.6 m，13 m，17.5 m	材料运输
13	柴油发电机	50 kW、120 kW	电力应急
14	钢轨钻孔机	DZG-31	钢轨钻孔
15	锯轨机	DQG-4.0	钢轨切断
16	钢筋弯曲机	GJ-Y80	钢筋加工
17	钢筋调直切断机	YQL4-12	钢筋加工
18	钢筋切断机	GQ40	钢筋加工
19	水泵	QY12.5-50-4 kW	洞内排水
20	电焊机	ZX7-400D	防迷流焊接
21	钢轨支撑架	跨度 2.5 m，1.8 m，丝杠支撑	调轨

九、道岔区高等减振道床施工质量保障措施

（一）一般要求

（1）橡胶隔振垫整体道床应按调线调坡后的最终线路平面图定线，应在隧道贯通测量、设计院确认轨道结构高度满足要求后，方可在厂家指导下施工。

（2）隔振垫铺设前应进行基底施工。施工时，结构底板高程若存在偏差，偏差应在底座板内消除，优先保证道床板厚度。

（3）隔振垫铺设前，应确保基底面平顺、干净、整洁且无杂质。

（4）基底中心水沟上方铺设基底中心水沟盖板，盖板钢丝筛网及下方钢筋与水沟两侧基底面之间搭接宽度每侧不小于 50 mm。

（5）隔振垫铺设完成后，轨排的吊装和道床板的浇筑应注意保护隔振垫，不得损坏。

（6）钢轨架设时，在钢轨支架立柱位置隔振垫开孔，将钢轨支架立柱直接与结构底板接触，混凝土浇筑前做好密封措施。混凝土浇筑完毕后，钢轨支架拆除时应避免杂物进入立柱孔内，拆除后应立即将立柱孔进行封堵。为避免混凝土进入隔振垫下部，封堵前先采用海绵或土工布将底部填充 50 mm 厚，然后采用混凝土进行灌注。

（7）浇筑道床板前，应对钢轨、扣件等进行有效保护，避免被混凝土弄脏。

（8）道床板混凝土浇筑需按照板块一次浇筑成型。道床板施工时应加强混凝土的捣实，以提高板的密实度，尽量避免道床板开裂。混凝土入模温度、养护措施等相关要求按照《铁

路混凝土工程施工质量验收标准》（TB 10424—2018）的相关要求执行。

（9）道床钢筋焊接、模板支立时，应采取有效防护措施防止火花对隔振垫造成损害。

（10）检查孔下部隔振垫需进行开孔处理，施工中可根据现场情况采取先开或后开孔的方式。当采用先开孔时，开孔直径应小于检查孔直径，混凝土浇筑前应固定好检查孔并采取有效的密封措施，严禁出现漏浆现象。

（11）道床板施工后，应及时养护并进行成品保护。

（12）隔振垫浮置板道床起始点、终止点基底排水沟两端及所有检查孔在施工完毕后应立即用土工布、海绵或纱布塞死，防止灰尘及被水带入的杂物进入隔振垫下部淤积，影响减振效果。填充措施应在线路开通使用前完成道床表面最后的清洁，排水系统设施投入使用后方可撤除，并在隔振垫道床上游端基底中心水沟入口处增设钢格栅，防止运营期间杂物进入水沟内。

（13）施工时应做好橡胶隔振垫整体道床及其前后的排水顺接；若存在调线调坡，施工时应根据调线调坡后的线路图和调整后的排水图进行施工。

（14）施工中发现问题时，施工单位应及时与设计单位、供货商联系，协商解决。

（二）后期保养和维修

橡胶隔振垫道床的维修一直是困扰轨道行业的难题。橡胶隔振垫在地铁上的使用相对较晚，1975 年最早使用在柏林地铁，中国则是在 21 世纪初期陆续在北京 6 号线、9 号线、10 号线等地铁项目中尝试使用。由于橡胶隔振垫至今尚未超过设计使用期限，因此对于橡胶老化失效后的保养维修的研究内容较少，目前较为成熟的方案有直接凿除和整体起吊两种。

直接凿除是将隔振垫失效地段的混凝土道床全部破拆，清除基底表面的旧橡胶垫和残渣，重新铺设橡胶隔振垫，安放轨排并进行上部道床施工。这种方法的施工条件恶劣、工作量大、时间长，还会对地铁的正常运营产生较大的影响。

整体起吊是采用专业工程装备，固定于管壁或站台基底上，将相应地段的钢轨锯开后，用龙门吊将浮置板道床连同轨排整体吊出，更换橡胶隔振垫后重新将道床安放至原位。这种方法虽然工作量小、速度快，但施工空间狭小，调轨焊轨困难，轨道平顺性难以保障。

对于橡胶垫减振性能减弱，但仍有一定减振效果的区段，可以通过简单更换减振扣件的方式作为橡胶垫减振性能的补充。需要注意减振扣件应采用中等刚度，以避免轨道稳定性削弱过多。

（三）橡胶隔振垫病害防治

1. 病害现象

在轨道投入使用的过程中，受到列车动荷载、隧道的温湿变化、施工质量和材料构件质量等因素的影响，橡胶隔振垫道床会遭受不同程度的损坏。从其他工程的经验中，总结出了以下病害现象：

（1）隔振效果减弱。主要原因是塑性变形积累导致的应力松弛或者橡胶垫长期泡水，以及受化学腐蚀（氧气、臭氧、酸、碱）、温度影响而老化。

（2）变形过大。主要原因是长期荷载下的疲劳压溃或隧道结构不均匀沉降。

（3）道床裂缝。主要原因是道床板混凝土质量不佳或隧道结构不均匀沉降。

2. 应对措施

由于橡胶隔振垫维修困难，为减少麻烦，根据病害的机理提前采取相应的措施可以减轻甚至规避可能出现的问题。

（1）在挑选供货商的产品时，应选用品质优良、效果显著、质量稳定的隔振垫产品，材料进场前需要按批次送交有专业资质的检测机构进行检验，并保证同一批次抽检数量满足要求。有些橡胶垫产品使用寿命长达 80 年，与混凝土道床设计期限相当，甚至可以在全生命周期实现“免修”。

（2）为防止浇筑后隧道结构产生不均匀沉降，需要在土建施工完成后进行沉降变形评估，满足要求后才能进行无砟轨道精测网的移交测量工作。

（3）为防止橡胶垫泡水、腐蚀，连接接缝处应由厂商指导施工，开孔处用土工布覆盖并用三排铆钉锚固。在绑扎道床钢筋、架轨、浇筑混凝土的过程中应注意成品保护。两侧挡墙应预留 30 mm 以便橡胶隔振垫翻边，隔振垫两面用防水土工布严密包裹，并在端部和伸缩缝等外露部分用聚氨酯密封胶封堵，尤其要注意在车站矩形隧道与区间圆形隧道衔接处密封胶封堵，细部结构如图 4.2.7 所示。

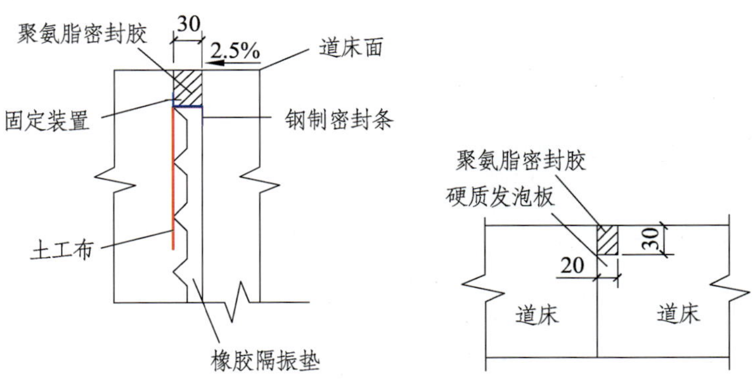

图 4.2.7　端部及伸缩缝密封（单位：mm）

（4）浇筑的混凝土采用低热或中热水泥，掺加粉煤灰、磨细矿渣粉等掺合料和高效减水剂、缓凝剂和膨胀剂，减少水泥水化热。在炎热季节施工时，可采取降低原材料温度、减少混凝土运输时吸收外界热量等降温措施，严格控制混凝土入模温度。浇筑后及时覆盖土工布，进行保温保湿养护，必要时可以采用混凝土内部预埋管道的方式进行水冷散热。

第三节　道岔区特殊减振道床施工

一、适用范围

适用于有减振降噪需求的车站道岔区（单开道岔或交叉渡线）施工，可以满足直线过岔限速 100 km/h，侧向过岔限速 25 km/h，减振效果在 15 dB 及以上，设计使用年限在 80～100 年，管线允许过轨，前期投入合理且后期维修作业较少的要求。本节部分内容及数据参考南昌地铁 3 号线和长沙地铁 6 号线减振道岔轨道工程。

二、作业条件及施工准备

（1）隧道主体结构、联络通道部位变化趋于稳定。

（2）接收测量控制桩点等资料后，进行测量复核，确保测量点位精度。

（3）铺轨基地建设完成，具备投产条件。

（4）熟悉设计图纸，掌握一般及中等减振道床施工方案、技术交底、施工要点及注意事项。

（5）准备铺轨轨节表、曲线地段超高及正矢表。

（6）现场控制基标及加密基标测量。

（7）做好材料加工运输、存放等准备工作。

三、主要引用技术标准

（1）《城市轨道交通工程项目规范》GB 55033—2022。

（2）《铁路轨道工程施工质量验收标准》TB 10413—2018。

（3）《铁路混凝土工程施工技术规程》Q/CR 9207—2017。

（4）《铁路混凝土工程施工质量验收标准》TB 10424—2018。

（5）《地下铁道工程施工质量验收标准》GB/T 50299—2018。

（6）《浮置板轨道技术规范》CJJ/T 191—2012。

（7）《城市轨道交通工程测量规范》GB/T 50308—2017。

（8）《国家一、二等水准测量规范》GB/T 12897—2006。

四、施工工艺流程

整体道床道岔施工工艺流程见图 4.3.1。

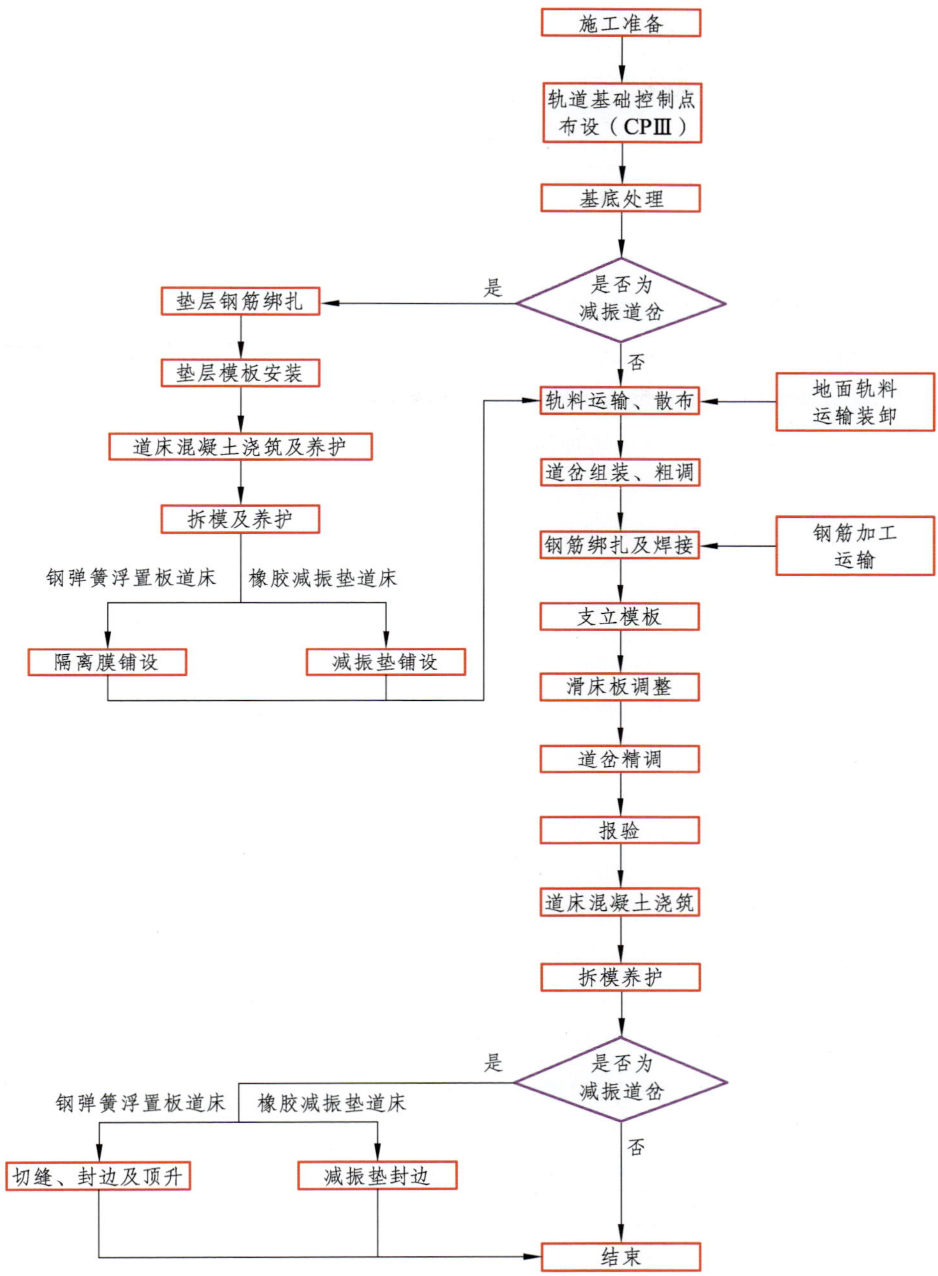

图 4.3.1　整体道床道岔施工工艺流程

五、施工方法及要求

（一）施工准备

同减振垫道岔道床，在此不再赘述。

（二）基标测设

轨道基础控制点应沿线路成对布设，点位布设应满足表 4.3.1 的要求。

表 4.3.1 轨道基础控制点布设的技术要求

名 称	纵向间距/m	高度/m	备 注
轨道基础控制点	30～60	高于轨面 0.7～1.5	成对布设在隧道侧墙、中隔墙或站台廊檐上

（三）基底处理

对整体道床范围内的基底采用风镐进行凿毛处理，凿毛深度 5～10 mm，间距不大于 150 mm，呈梅花状。凿毛后人工清理凿除的水泥碎块，用高压风或水枪清除污泥等浮渣，做到道床基底表面无污水、泥浆、浮渣等，以保证新浇筑混凝土与旧混凝土之间连接良好（高等减振道岔基底清理后浇筑基底层，然后铺设减振垫）。

（四）基底垫层施工

（1）垫层钢筋绑扎。

垫层钢筋直接人工运输至作业面，现场对钢筋笼进行拼装，现场钢筋需注意绑扎同水沟模板的预留．保证下道工序施工的顺利进行，横向钢筋的中心线按线路中心线布置。

（2）垫层模板安装。

混凝土施工前，需进行水沟模板的立模，垫层排水沟位于道岔曲股和直股线路中心位置，水沟宽 300 m，深 150 m，具体立模位置及几何尺寸以浮置板及减振垫道岔施工图为准。

垫层排水沟模板钉设方木盒（或钢模），并要求循环使用。每隔 50 cm 须有方木支撑，特殊地段视具体情况可适当加密支撑，以防灌注混凝土时跑模、胀模。制作模板时为满足拆模要求，模板上部宽度应适当大于下部宽度。

道床模板安装必须平顺，位置正确，并牢固不松动。模板安装完成后要报请监理组织隐蔽工程检查．认定符合要求后方可灌注混凝土。模板安装质量要求见表 4.3.2。

表 4.3.2 模板安装允许偏差

序号	项目	允许偏差/mm	备注
1	高度	±5	均为模板内侧面间的允许偏差
2	宽度	±5	
3	位置	±3	
4	凹槽的长、宽、高	±5	
5	中线	2	
6	模板平整度	2	用 1 m 靠尺检查

（3）垫层混凝土浇筑。

按照设计要求，曲线地段道床基础设置超高，施工时要求严格控制道床基础的表面平整度，道床基础混凝土收面高度只能出现负误差，不允许出现正误差。钢弹簧道岔地段在安放隔振器位置的高程公差为 0 ~ −5 mm，对于不满足要求的部位要进行打磨或垫高处理。

混凝土施工采用架设混凝土输送管，泵送混凝土方案（当泵送距离无法满足施工要求时，可采用轨道车运输混凝土），浇筑混凝土，曲线地段严格控制混凝土的坍落度，不得大于 180 mm，否则容易造成混凝土向曲线内股流动，外股高度不足。混凝土施工完毕后，对散落于隧道管壁的混凝土及时进行清理。

（4）拆模及养护。

混凝土浇筑完成后，及时进行洒水养护。强度达到 5 MPa 时可拆除模板，拆模时应注意保证水沟壁完整美观，不得出现缺棱掉角的现象。

（5）隔离膜铺设。

隔离膜铺设：在水沟上方铺设 3 mm 厚钢板作为水沟盖板，水沟盖板通长焊接，其上每隔 500 mm 焊接两排 L 形 HRB400 ϕ12 mm 锚固钢筋，锚固长度不小于 100 mm。焊接时采用 50 mm 的弯钩，双面焊，焊缝不小于 6 mm，再铺设隔离层。隔离层在基底采用满铺，隔离层搭接宽度不小于 60 mm，并在搭接处采用胶带密封，防止混凝土进入。

（五）运输并散布材料

由厂家直接供货于铺轨基地，道岔配轨等尺寸检查合格后利用门式起重机吊装至施工作业面，人工散布岔轨、扣配件等。

（六）道岔组装、粗调

本部分同减振垫道床，在此不再赘述。

（七）钢筋绑扎、隔振器安装

钢筋在基地加工，倒运至现场后直接将成型钢筋按照设计要求绑扎成道岔道床两层钢筋网，并按设计要求进行杂散电流设置，按照设计要求摆放并安装隔振器。

（八）支立模板

依据道岔区整体道床图分出道岔区道床块，按照设计要求以岔位桩为基准在结构底板上弹出模板线，用模板夹将定尺长的钢模板进行连接，端头处采用木模板（根据现场实际情况截取），安装模板时注意消除模板接茬处形成的台阶等病害。

（九）滑床板调整、道岔精调

本部分同减振垫道床，在此不再赘述。

（十）灌注混凝土道床、拆模养护

本部分同减振垫道床，在此不再赘述。

（十一）封边及顶升

对于钢弹簧道岔，混凝土强度达到 100%时，进行顶升施工。打扫完卫生后对道床两侧进行封边处理，封边完毕，放置内套筒，采用液压顶升设备进行道床顶升。

六、劳力组织

道岔区特殊减振道床劳力组织计划见表 4.3.3（表格仅供参考，具体应以实际为准）。

表 4.3.3　道岔区特殊减振道床劳力组织计划

序号	名称	劳务人员	管理人员	合计	工作内容
1	道岔作业队	15	2	17	道岔几何尺寸调整
2	钢筋绑扎作业	25	1	26	基底施工，钢筋绑扎
3	普工	20	1	21	混凝土，模板
4	工程运输队	4	1	5	
5	调度室	—	2	2	
6	测量队	—	2	2	
7	工地实验室	—	2	2	
8	物资	—	1	1	
9	安全	—	1	1	
总计		64	13	77	

七、材料与设备

（一）施工材料

提前 15 d 做好材料计划，并积极主动与材料供应商加强工作联系，签订供货协议、合同，力争提前储备足够路料，保证施工所需。物资部门根据用料计划及工期要求，提前安排购料，对需要做复试的材料，更要提前购料做取样复试，保证所购材料的质量，确保施工需要。主要施工材料见表 4.3.4（表格仅供参考，具体应以实际为准）。

表 4.3.4　主要施工材料

序号	材料名称	规格型号	单位	数量	备注
1	道岔	60 kg/m，9 号单开道岔	组	1	
2	混凝土长岔枕	与道岔配套	组	1	
3	钢筋	HRB400 ϕ20 HRB400 ϕ16 HRB400 ϕ12	t	30.5	
4	混凝土	C40	m^3	134	
5	钢弹簧隔振器（含隔振器外套筒）	R21/400	套	67	厂家专利产品
6	观察筒	GSO-205/400	个	10	
7	剪力铰	ϕ40 ×600	个	12	
8	隔离膜	单层无纺布	m^2	270	

（二）机械设备

根据施工作业面的数量和工期要求，合理配备相应的施工机具，技术管理人员在现场应根据实际情况积极指挥、调度、协调，确保施工顺利进行。主要机械设备同高等减振道床配置，在此不再赘述。

八、道岔区高等减振道床施工质量保障措施

（1）基底应清理干净，无积水、浮渣。

（2）道岔及配件应配套成组或按部件分别堆放整齐，尖轨与基本轨应捆扎堆放，不得随意乱放。

（3）基标应埋设牢固，精度应符合要求，严禁使用有疑问或松动的基标。

（4）道尺使用前应校正，精度允许偏差为 0 ~ +0.5 mm，严禁使用未经校正的道尺。

（5）混凝土抗压试件留置组数应满足施工强度评定，可适当增加组数，以便加强对混凝土强度的监控。

（6）钢筋表面不得有油污颗粒或片状老锈。位置应画线定位，严格按图纸要求绑扎、分片，不得错绑、漏绑。

（7）钢弹簧浮置板施工前，全体作业人员应通过安全、技术培训考核，特殊工种要持证上岗。施工所需各种机具在开工前要全面检修，以确保状态良好。施工所需工程材料要检验合格后才能进场。

（8）加强现场施工技术指导和质量监督，委派一名技术人员专门负责现场技术工作。对于隔振器中心基底定位、平整度控制等施工重点项目，必须进行跟班逐点测量放线。

（9）道床钢筋网的绑扎及焊接方式符合施工规范及设计要求，在浮置板两端接缝处预

留连接端子，连接端子设置必须符合技术标准。

（10）浮置板道床混凝土灌注前，对钢轨、扣件及轨枕采取防污染措施。混凝土灌注后进行捣固，保证密实，并及时洒水养护。派专人负责现场混凝土的检测，并按有关规定制作试件，及时送检，将试验结果报监理工程师审核。

（11）浇筑道床尽量安排在晚班进行，以避免交通不畅对混凝土到场的影响，并加强与混凝土供应商的联系，确保浇筑混凝土的连续性。

PART FIVE

第五章

地铁轨道工程钢轨焊接、应力放散及线路锁定

第一节　城市轨道工程钢轨焊接

一、适用范围

适用于轨道工程正线、车辆段及停车场轨道线路焊接。本节部分内容及数据参考福州地铁 2 号线、南昌地铁 3 号线、长沙地铁 6 号线轨道工程。

二、作业条件及施工准备

（1）熟悉设计图纸，掌握无缝线路施工方案、技术交底、施工要点及注意事项。
（2）钢轨型式试验完成。

三、引用主要技术标准

（1）《钢轨焊接　第 2 部分：闪光焊接》TB/T 1632.2—2014。
（2）《工务作业　第 21 部分：钢轨焊缝超声波探伤作业》TB/T 2658.21—2007。
（3）《铁路轨道工程施工质量验收标准》TB 10413—2018。
（4）《无缝线路铺设及养护维修方法》TB/T 2098—2007。

四、施工顺序及工序流程

现场闪光接触焊主要工艺流程如图 5.1.1 所示。

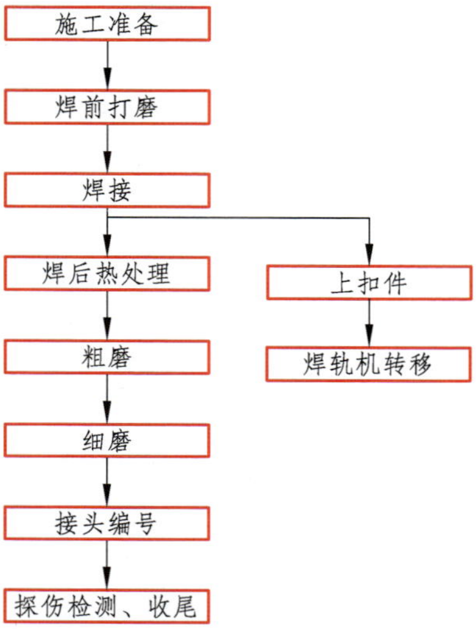

图 5.1.1　现场闪光接触焊主要工艺流程

五、施工方法及要求

（一）型式试验

若出现以下情况，应进行型式试验：

（1）钢轨焊头初次生产。

（2）正常生产后，改变焊接工艺，可能影响焊接接头质量。

（3）更换焊轨设备。

（4）钢轨生产厂、钢轨型号、钢轨牌号、钢轨交货状态改变，首次焊接时。

（5）生产检验结果不合格。

（6）停产一年后，恢复生产前。

型式检验合格后，方能进行钢轨焊接施工。型式试验检查项目、取样长度见表 5.1.1。

表 5.1.1　型式试验检查项目、取样长度

检验项目	探伤	落锤	静弯	疲劳	硬度	冲击	拉伸	外观	金相	断口
试件长度/m	—	1.4	1.4	1.7	0.2	0.1	0.17	利用静弯试件	利用硬度试件	利用落锤试件
取样数量/根	全部试件	15	15	5	2	1	1			

取样注意事项如下：

（1）根据焊接钳口夹持长度，要求所有锯切短轨头的长度为 1.4 m，除疲劳试验为 850 mm，其余试验检查项目短轨头长度均为 700 mm（注意：数量为每对）。

（2）所有试件均要求焊缝居中，然后按照取样长度进行锯切（短试件应在打磨完成后，再进行锯切，硬度、拉伸试件应喷风）。

（3）疲劳试件应进行全断面打磨并进行抛光，所有棱角应圆顺且和母材断面相同。

（4）其余试件应将焊缝处除轨腰外的焊渣打磨平整，棱角应圆顺。

（5）所有试件应在焊接完成后，用红油漆编号，并做好记录。

（6）钢轨焊头型式试验 10 项结果均满足相关标准的要求后方可批量生产。

（7）型式试验所用钢轨必须与实际使用钢轨类型、厂家、材质一致，试件生产工艺应与实际生产工艺相一致。

（二）闪光焊施工工艺

闪光焊焊接如图 5.1.2 所示。闪光焊操作要点如下：

图 5.1.2　闪光焊焊接

1. 施工准备

（1）焊轨机对位使用设备为 1 台轨道车。每班由调车员联系和协调，将移动式焊轨机和工班作业人员运抵焊接作业区。载有移动式焊轨机的平板车的第一个轮对距焊接中心线为 3.5 m 左右时停止前进。移动式焊轨机对位完成后，焊接作业人员应迅速打上平板车支腿。

（2）拆扣件使用机具为专用扳手，每拆 20 个扣件保留 1 个，接头扣件不拆除。移动式钢轨焊接机进入作业区后，作业人员应在现场指挥员的安排下，迅速拆除焊接接头前方的钢轨扣件。拆除的扣件等轨料必须统一摆放在道床枕木上，严禁随意丢弃。焊轨机对位之后，焊接作业人员应注意观察，处于焊接区域的橡胶垫板应该临时去掉。

（3）轨端除锈是对待焊接钢轨端面和距离端面 500 mm 范围内的轨腰两侧表面除锈，使其露出 90%以上的金属光泽。如果在此范围有凸出轨腰表面的厂标、生产日期等符号必须同时磨平。轨端除锈使用机具为 9 350 N 型手提棒砂轮机两台，对钢轨母材的打磨量≤0.2 mm。

2. 焊接

（1）铺设现场钢轨焊接使用设备为 1 台移动式焊轨机。将 25 m 标准轨钢轨焊接成单元轨节。

（2）每班作业之前应按以下步骤启动焊轨机：

① 打开焊轨机吊臂系统，移出焊轨机。

② 对焊轨机进行日常检查和保养检查。

③ 检查发电机组机油等是否在规定范围之内。

④ 启动发电机组，检查发电机组的输出电压等是否在规定范围之内。

⑤ 启动焊轨机。

⑥ 启动焊轨机功能按钮。

⑦ 启动焊接电源、液压泵站和冷却装置。

⑧ 确认控制面板焊轨机状态显示正常。启动焊机，激活自动焊接程序，在电脑程序的控制下，经历“预闪—高压闪光—低压闪光—加速闪光—顶锻”5个阶段，电脑数据采集系统自动记录焊接全过程中的电流、电压、顶锻力等一系列相关数据。

⑨ 钢轨就位必须保证两根钢轨纵向处于一条直线，保证轨端间隙小于 8 mm。焊轨机对位通过操作焊轨机吊臂系统实现，必须保证动架侧钢轨伸出长度为 20 mm 左右。

⑩ 通过手动选择模式开关进行钢轨夹紧。

⑪ 确认钢轨夹紧之后，启动自动焊接按钮，钢轨焊接程序自动进行。实际参数偏离正常范围的焊接接头，应锯切重焊。

⑫ 焊接结束之后，必须迅速提起焊轨机，清除焊瘤，检查钢轨焊接接头的外观质量，用石笔写下焊接接头编号。

⑬ 认真填写《焊接质量记录》。

⑭ 经过型式试验确定的焊接工艺参数，严禁任何人随意改动。

⑮ 焊接之前必须清洁导电钳口及钢轨夹紧区域，保证良好的电接触。

⑯ 每班焊接的第一个接头，必须对其起拱量进行检查确认。焊接过程当中，焊轨机操作人员应注意观察焊接过程，不得离开操作岗位，如果发生异常时应迅速作出处理。

⑰ 如果发现焊接接头存在表面烧伤、严重错位、推瘤推亏、裂纹等缺陷，判为不合格焊接接头，并做记录。

⑱ 焊接失败之后，经过处理可以重焊，但是必须保证焊接接头冷却至常温，方可再次焊接。如果需要切除焊接接头，应将该焊缝居中，两边各锯切 50 mm 以上，并对钢轨端部重新进行处理，确保端面垂直度符合工艺要求。

⑲ 焊接作业区域严禁堆放易燃易爆物品，并配备消防器材。

（3）焊接作业结束后，作业人员在现场指挥员的安排下每隔 2 根枕上紧一个扣件，接头处扣件必须上好。

（4）上扣件作业完毕后，现场指挥员通知调车员将焊机和现场部分作业人员运抵下一焊接区并对位，焊轨机转移时焊接接头落槽温度应低于 300 °C。

3. 工地焊后热处理

（1）焊头必须及时进行正火处理（见图 5.1.3），正火使用火焰加热器对焊接接头进行加热，正火温度的测量使用光电测温仪。

（2）火焰正火操作应按以下步骤进行：

① 拆除焊接接头前后各 10 m 范围扣件，并在长钢轨下垫上短枕木头。

② 将火焰加热器、流量控制箱、乙炔过滤器、乙炔氧气瓶和冷却水泵用胶管连接。

③ 将正火机架放置在钢轨上，将火焰加热器放置在正火机架的圆柱形导杠上，调整加热器与钢轨表面间隙，使得间隙均匀、对称之后锁定。

④ 启动冷却水泵。

⑤ 调节加热器的位置，使焊接接头处于加热器摆动中心，摆动幅度不小于 60 mm。

⑥ 调节乙炔瓶输出压力为 0.15 MPa，调节氧气瓶输出压力为 0.6 MPa，通过控制箱快速开关阀调节乙炔流量为 3.8 m^3/h，氧气流量为 4.0 m^3/h。

图 5.1.3　钢轨接头正火

⑦ 将氧气流量下调并爆鸣点火，点火之后氧气流量恢复规定格数，摇火摆动频率控制在 60 次/s 左右。

⑧ 达到正火温度时应同时关闭控制箱快速开关阀，但乙炔应比氧气先关数秒。

（3）正火加热起始阶段，轨头表面中心线温度应在 500 °C 以下，加热结束时轨头表面中心线温度应为 920 °C。必须严格执行型式试验确定的钢轨正火工艺参数。

（4）乙炔瓶、氧气瓶堆放应严格执行消防安全制度。

（5）每班之前应对火焰加热器火孔进行通顺，每完成一个联合接头的正火作业，应对火焰加热器进行清洁。

（6）光电测温仪探头应垂直被测钢轨表面，每次测量接触时间≤3 s。光电测温仪应轻拿轻放，以防探头损伤。若光电测温仪探头被污染，应及时用酒精清洗。

（7）正火加热结束应随即进入焊后强冷阶段，必须严格执行实验确定的焊后欠速淬火工艺参数。

（8）认真填写《正火质量记录表》。

4. 粗磨

（1）工地联合接头粗磨作业（见图 5.1.4）之前应先测量推瘤余量。根据推瘤余量对接头区域钢轨非工作面、轨颚、轨底角上表面进行打磨。由于钢轨外形尺寸偏差造成的焊接接头不平顺，可用圆顺打磨方法进行修整。

（2）粗磨作业使用 9350N 型手提棒砂轮机两台。量具包括 1 m 型尺一把和塞尺一套。

（3）粗磨作业完成后，要求联合接头轨底面、非工作面的打磨余量为 0 ~ 0.5 mm。对轨底角上表面打磨范围为轨底角上表面向内打磨宽度为 45 mm 以上，纵向焊缝居中，向两边打磨宽度为 85 mm 以上。

图 5.1.4　钢轨粗磨

（4）打磨时进给量适当，不得将表面打亏，不得出现发黑和发蓝现象，不得横向打磨，打磨时砂轮片不得跳动，打磨表面须光整、平顺。

5. 细磨及调直

（1）工地联合接头细磨作业（见图 5.1.5）时应先检查上道工序质量。打磨前应测量焊缝两侧 500 mm 范围内水平和垂直方向的平直度，确定合适的打磨进刀量，然后对焊缝两侧 500 mm 范围内的轨顶面和工作侧面进行仿型打磨。

图 5.1.5　钢轨细磨

（2）细磨使用设备为 FMG-2.2 手推式钢轨仿形打磨机。量具包括 1 m 型尺一把和塞尺一套。

（3）细磨作业完成要求焊缝两侧 500 mm 范围轨头表面和内侧工作面的平直度应为 0 ~ 0.3 mm/m。同时打磨面应平顺光整，圆弧过渡轮廓应圆顺，不得有明显的突出和棱角，工作面表面粗糙度≤12.5 μm。

（4）打磨进给量选择应适当，避免出现打磨面发蓝发黑。

（5）认真填写《钢轨焊接接头打磨质量记录表》。

（6）调直采用弯轨器，对焊缝两侧 500 mm 范围内的变形位置进行三点调直，采用调直机进行作业。调直前，用 1 m 直板尺测量钢轨平整度（轨顶踏面及轨头侧面），对钢轨焊头偏差进行矫正，钢轨轨头温度不得低于 500 °C。调直后，焊缝两侧各 1 m 范围内轨顶面上拱度不大于 0.3 mm/m，不得低踏，非工作边直线度不大于±1.0 mm/m，工作边平直度≤0.3 mm/m。调直完毕后，对钢轨接头进行打磨，认真填写《钢轨焊接接头调直记录表》。

6. 接头检验、编号

（1）钢轨接头检验包括探伤检查和焊接区域外观检查两方面。

（2）联合接头探伤检验使用仪器为 CTS-22B 型超声波探伤仪一台。量具包括 1 m 型尺一把、塞尺一套、300 mm 和 500 mm 钢板尺各一把。

（3）对于钢轨接头外观质量，要求接头区域应纵向打磨平顺，不得有低接头；轨头及轨底角上表面 1 m 范围内应平顺，母材打磨量不超过 0.2 mm；焊缝两侧 100 mm 范围内不得有明显压痕、碰痕、划伤等缺陷，焊接接头表面不得有电击伤。焊接接头平直度标准见表 5.1.2。

表 5.1.2　焊接接头平直度标准　　单位：mm/m

项目	顶面	内侧工作面	轨底面
正线	0 ~ +0.3	0 ~ +0.3	0 ~ +0.5

（4）接头探伤（见图 5.1.6）执行《钢轨焊接　第 2 部分：闪光焊接》（TB/T 1632.2—2014）及《工务作业　第 21 部分：钢轨焊缝超声波探伤》（TB/T 2658.21—2007）的有关规定。使用施工方自检仪器（参考型号：CTS-22A 脉冲式）探伤时，焊缝温度应冷却到 40 °C 以下。每班作业之前必须进行基线校准和灵敏度测试。探测面必须按规定尺寸进行打磨，注入足够的耦合剂。探测轨头和轨底角的缺陷时，采用偏 20°角的二次波。探测轨头两侧上方的缺陷时，采用偏角扫查方式。应加强对轨角边缘和变坡点下方缺陷的探测。对于轨底三角区探测，其探头移动量应大于 120 mm。对于轨腰探测，斜探头移动量应大于 220 mm，直探头探测焊缝中心时应适当移动，发现可疑波形，应调节灵敏度进行检查，做到一看波形显示、二量水平距离、三作波形分析、四定缺陷性质，以防误判或漏检。超声波探伤见表 5.1.3。

图 5.1.6 钢轨探伤

表 5.1.3 超声波探伤

序号	探伤区域	探头类型	探伤灵敏度	对比试块
1	轨头至轨底	2.5P20-D	ϕ5 长横孔 80%波高	GHT-5
2	轨头	2.5P9×9K2.5	DAC（ϕ3 长横孔）	
3	轨腰	2.5P9×9K1	DAC（ϕ3 长横孔）	
4	轨底	2.5P9×9K2.5	DAC（ϕ4 竖孔、轨底角 20 mm ϕ4 ~ ϕ6 竖孔）	
5	轨底三角区	双斜探头 2.5P9×9K2.5	ϕ3 平底孔 80%波高	GHT-1

（5）认真填写《钢轨焊接接头超声波探伤记录表》。钢轨接头检验过程中若发现质量问题，必须及时报告现场指挥员，以确定处置办法，处理后仍不符合要求的，应锯开重焊。经检验质量合格的接头，由工班质检员填写《钢轨接头焊接质量证明书》。《钢轨焊接接头超声波探伤记录表》和《钢轨接头焊接质量证明书》由工程部保存。

（6）对长轨条内的各焊头按要求进行编号，撤掉短枕木头，上紧扣件。

六、劳力组织

单个焊轨作业队劳力配置见表 5.1.4（表格仅供参考，具体应以实际为准）。

表 5.1.4　单个焊轨作业队劳力配置

<table>
<tr><th>序号</th><th colspan="2">工种</th><th>人数</th><th>备注</th></tr>
<tr><td>1</td><td colspan="2">焊轨队长</td><td>2</td><td>白班夜班各 1 人</td></tr>
<tr><td>2</td><td rowspan="2">焊前准备</td><td>扣件拆除</td><td>10</td><td>白班夜班各 10 人</td></tr>
<tr><td>3</td><td>除锈打磨</td><td>4</td><td>白班夜班各 2 人</td></tr>
<tr><td>4</td><td rowspan="3">焊机操作</td><td>司机</td><td>2</td><td>白班夜班各 1 人</td></tr>
<tr><td>5</td><td>焊机操作</td><td>4</td><td>白班夜班各 2 人</td></tr>
<tr><td>6</td><td>对轨调整</td><td>6</td><td>白班夜班各 3 人</td></tr>
<tr><td>7</td><td colspan="2">焊后正火</td><td>8</td><td>白班夜班各 4 人</td></tr>
<tr><td>8</td><td>焊后作业</td><td>仿形打磨</td><td>6</td><td>白班夜班各 3 人</td></tr>
<tr><td>9</td><td colspan="2">探伤</td><td>4</td><td>持有二级以上无损探伤证书</td></tr>
<tr><td colspan="3">合计</td><td>46</td><td></td></tr>
</table>

七、机械设备

根据施工作业面的数量和工期要求，合理配备相应的施工机具，技术管理人员在现场应根据实际情况积极指挥、调度、协调，确保施工顺利进行。主要机械设备、测量仪器见表 5.1.5（表格仅供参考，具体应以实际为准）。

表 5.1.5　主要机械设备、测量仪器

序号	设备名称	规格型号	使用部位/功能	数量
1	门式起重机	MH20 t-44 m-12.6 m	铺轨基地	2
2	轨道车	GC-220	洞内运输	1
3	叉车	FD30	材料倒运	1
4	汽车式起重机	25 t，50 t，75 t，100 t，130 t，160 t	散铺卸料等	2
5	货物运输车辆	6 m，9.6 m，13 m，17.5 m	材料运输	若干
6	柴油发电机	50 kW、120 kW	电力应急	2
7	锯轨机	DQG-4.0	钢轨切断	1
8	水泵	QY12.5-50-4 kW	洞内排水	1
9	钢轨焊接机	YH-6	气压焊	1
10	钢轨正火设备	ZH-60	焊后正火	1
11	仿形打磨机	FMG-2.2	接头打磨	2
11	钳子	—	拆除扣件	2

续表

序号	设备名称	规格型号	使用部位/功能	数量
12	大活口扳手	—	拆除扣件	2
13	螺丝把（加力）	—	拆除扣件	2
14	道钉锤	—	拆除扣件	3
15	撬棍、翻轨器	—	起道、对轨	6
16	液压起道器	YQ-88A	起道、对轨	2
17	电动扳手	WU279.9	紧固螺栓	1
18	内燃接头扳手	NJB-1000	紧固螺栓	1
19	钢尺	—	接头平整度	1
20	支距尺	JTGC-1400	轨距	1
21	齿条压机	TY82-02A-15T	起道、对轨	1
22	角磨机	博世 100 型	钢轨粗磨	2
23	道尺	JTGC-1000	轨距、水平	1
24	滚筒	ϕ30，ϕ60	垫轨底	10
25	探伤仪	CTS-22A 脉冲式	接头探伤	1

八、钢轨焊接施工质量保障措施

（1）严格执行标准中有关周期性生产检验的规定。周期性生产检验由工程部下发通知，由试验室执行，由工班协助。

（2）联合接头的质量记录由安质部门按比例抽查，由技术人员和焊接作业人员日常检查。

（3）联合接头的设计文件、焊接参数、焊接记录、正火、探伤质量记录和检验记录等资料由工程部负责保管。其他各工序质量记录由工班统一保存，经理部有关部门不定期进行抽查。

（4）工程部对工地联合接头焊接外观质量进行抽检，抽检率≥10%。

（5）工地钢轨焊接工序的质量控制方式：上道工序对下道工序负责，下道工序对上道工序作业质量进行检查，因为漏检而发生质量责任事故和纠纷时，由漏检人员负主要责任。

（6）工班质检员负责对接头外观质量进行最终检验，发现不符合工艺要求的须要求返工或进行处理。

（7）各个工序作业人员必须如实填写质量记录表格，质量记录填写必须清晰、规范，不得有涂改现象。

第二节　城市轨道工程应力放散及线路锁定

一、适用范围

适用于轨道工程正线、车辆段及停车场长轨应力放散及锁定作业。本节部分内容及数据参考福州地铁 2 号线、南昌地铁 3 号线、长沙地铁 6 号线轨道工程。

二、作业条件及施工准备

（1）熟悉设计图纸，掌握无缝线路施工方案、技术交底、施工要点及注意事项。

（2）制定施工安全保证措施，提出应急预案。

（3）施工机械设备、工机具进场及调试，测量仪器检定。

（4）钢轨探伤整改完成。

三、主要引用技术标准

（1）《铁路线路设计规范》GB 50090—2006。

（2）《工务作业　第 21 部分：钢轨焊缝超声波探伤》TB/T 2658.21—2007。

（3）《铁路轨道工程施工质量验收标准》TB 10413—2018。

（4）《无缝线路铺设及养护维修方法》TB/T 2098—2007。

（5）《钢轨胶接绝缘接头》TB/T 2975—2018。

（6）《钢轨　第 1 部分　43 kg/m ~ 75 kg/m 钢轨》TB/T 2344.1—2020。

四、施工顺序及工序流程

（一）施工顺序

单元轨节的应力放散分两种情况：一是当实测轨温在设计锁定轨温范围内时，用滚筒放散法进行应力放散；二是当实测轨温低于设计锁定轨温下限时，利用拉伸器和撞轨器配合作用，通过均匀拉伸轨条，使其达到实际锁定轨温时应有的长度，从而使锁定轨温一步到位，即综合放散法。

（二）施工流程

应力放散流程如图 5.2.1 所示。滚筒放散法及综合放散法流程如图 5.2.2 所示。

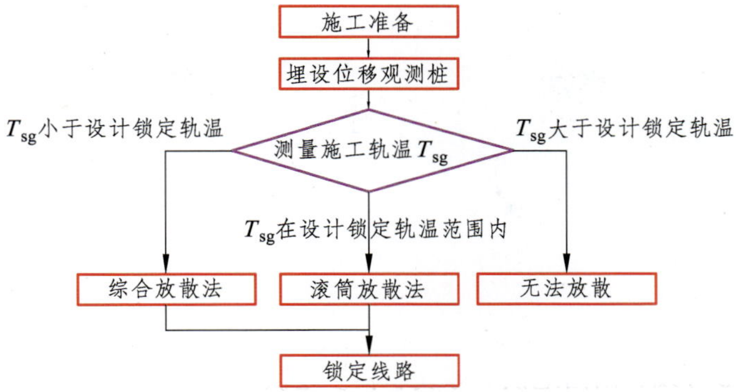

图 5.2.1　应力放散流程

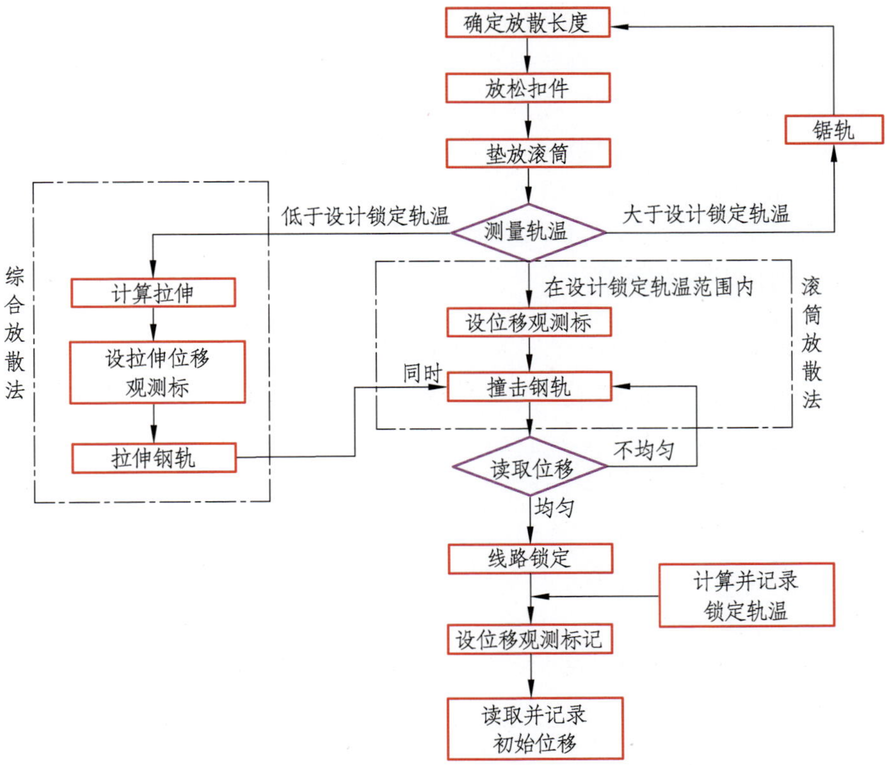

图 5.2.2　滚筒放散法及综合放散法流程

五、施工方法及要求

(一)滚筒放散法

(1)计算放散量。

$$\Delta L = \alpha L(T_{sg}-T_{p}) \tag{5.2.1}$$

式中：ΔL—— 放散量(mm);

α—— 钢轨钢的线膨胀系数，$\alpha=11.8\times10^{-6}/°C$；

L—— 单元轨节长度（m），为放散单元轨节与已锁无缝线路末端所拆扣件长度（25 ~ 75 m）之和；

T_{sg}—— 施工时所测轨温（°C）；

T_{p}—— 铺轨轨温（°C）。

当施工轨温低于铺轨平均轨温时，ΔL 为负值，即放散后单元轨节要缩短，此时应立即锁定线路，将前方单元轨节向后串动焊接。

当施工轨温高于铺轨平均轨温时，放散后则需锯轨。锯轨量为两轨端之间的长度。锯轨时按锯轨操作程序进行锯轨，并要求轨端不垂直度小于 0.8 mm。

（2）解除本单元轨节和后面已锁无缝线路末端 25 ~ 75 m 范围内的所有扣件。

（3）每个小组分别用压机从各自管辖范围的两端向中间抬起钢轨，每隔 10 m（17 根轨枕）在轨底垫一个滚筒，使得轨底高出橡胶垫 110 mm。

（4）根据线路放散长度均匀设置撞轨点（一般设置为 500 m 的整倍数，不是整倍数的均匀设置），并沿放散方向撞击钢轨数次。同时用大锤敲击钢轨，使钢轨能够自由伸缩。敲轨时人员均匀分布在钢轨两侧，边走边敲。

（5）当钢轨端部发生反弹且已锁无缝线路末端零点归零，则视钢轨达到自由伸缩状态，此时停止撞轨。否则应检查滚筒有无倾斜、脱落，钢轨有无落槽以及撞轨不够等现象。

（6）钢轨放散均匀后撤掉滚筒，使长轨平稳地落入承轨槽内。

（7）迅速上好距单元轨节末端 25 m 范围内的全部扣件。同时将作业人员均匀分布在应力放散长轨范围内，由两端向中间隔二上一，上紧扣件。

（8）上紧扣件后，进行另一股钢轨的放散作业。

（9）记录钢轨落槽时的轨温与 25 m（单元轨节末端）范围内扣件上完时的轨温，取这两个轨温的平均值作为实际锁定轨温，填入表中。

（10）在单元轨节末端设临时位移观测零点，以观测钢轨端部位移回弹量，在放散下一根单元轨节时此点必须归零。

（11）设置正式位移观测桩零点标记。在位移观测桩与轨头外侧相对应处，作出清晰的、规范的标记。

（12）本单元轨节两根钢轨全部放散完后，补齐所有扣件。

（13）整理工具向下一单元轨节转移。

（二）综合放散法

（1）测量轨温，在单元轨节两端分别用两块轨温表测量钢轨温度，轨温表须贴在钢轨轨腰背光处。

（2）解除本单元轨节和后面已锁无缝线路末端 25 ~ 75 m 长度范围内的所有扣件。

（3）每个小组分别用压机从各自管辖范围的两端向中间抬起钢轨，每隔 10 m（17 根轨枕）在轨底垫一个滚筒，使得轨底高出橡胶垫 110 mm。

（4）根据线路放散长度均匀设置撞轨点（一般设置为 500 m 的整倍数，不是整倍数的均匀设置），并沿放散方向撞击钢轨数次。同时用大锤敲击钢轨，使钢轨能够自由伸缩。敲轨时人员均匀分布在钢轨两侧，边走边敲。

（5）当钢轨端发生反弹时，则视钢轨达到自由伸缩状态，此时停止撞轨。否则，应检查滚筒有无倾斜、脱落，钢轨有无落槽以及撞轨不够等现象。

（6）测量此时轨温，根据此时轨温与计划锁定轨温之差计算拉伸量、锯轨量。

① 计算拉伸量。

$$\Delta L = \alpha L(T_{jh}-T_{sg}) \tag{5.2.2}$$

式中：ΔL——拉伸量（mm）；

α——钢轨的线膨胀系数 $\alpha = 11.8\times10^{-6}/°C$；

L——放散长度（m），为放散单元轨节与已锁无缝线路末端所拆扣件长度（25 ~ 75 m）之和；

T_{jh}——计划锁定轨温（°C）；

T_{sg}——施工时所测单元轨节的平均轨温（°C）。

② 计算锯轨量。

$$\Delta L' = \Delta L+25-L_f \tag{5.2.3}$$

式中：L_f——长轨处于自由状态时，长轨末端与下一个单元轨节始端的距离（mm），有轨缝时取正，无轨缝时取负。

$\Delta L'$——如计算出为正值则需锯轨，如计算出为负值则不需锯轨。

（7）锯轨时严格按操作程序进行，轨端不垂直度不大于 0.8 mm。

（8）在单元轨节两端及中间每隔 100 m 在钢轨上设一临时位移观测点，以观测钢轨在拉伸过程中位移量是否均匀。临时位移观测桩采用石笔在轨枕预埋件和钢轨轨腰上刻画竖线，通过竖线的相错量来确定拉伸量。

（9）安装拉伸器。

（10）拉伸钢轨，同时测量轨温。拉伸钢轨的同时配合撞轨，拉伸量达到预定长度且已锁无缝线路末端零点归零后，停止拉轨，此时撞轨器仍继续撞轨，当钢轨末端出现反弹时，停止撞轨。拉伸器保压，在锁定作业完成之前不得因拉伸器的失压而使轨端出现位移。

（11）收集各临时观测点位移量数值并与理论数值比较，如发现不均匀点，继续撞轨，并在此点前后进行重点敲击，再次收集记录各临时观测点位移量数值并与理论值比较，直至放散均匀后方准进行下道工序。

（12）撤滚筒，使长轨平稳地落入承轨槽内。

（13）迅速上好距单元轨节末端 25 m 范围内的全部扣件。同时将作业人员均匀分布在应力放散长轨范围内，由两端向中间隔二上一，上紧扣件。

（14）上紧扣件后，进行另一股钢轨的放散作业。

（15）根据拉伸的实际长度和拉伸时的轨温，换算出本根钢轨的实际锁定轨温值，填入表中。

（16）在单元轨节的末端设临时位移观测零点，以观测钢轨末端位移回弹量，在放散下一根单元轨节时此点必须归零。

（17）扣件隔二上一，上完后即可把拉伸器取掉。

（18）设置正式位移观测桩零点标记，在位移观测桩与轨头外侧相对应处，作出清晰规范的标记。

（19）本单元轨节两根钢轨全部放散完后，补齐所有扣件。

（20）整理工具向下一单元轨节转移。

（三）埋设位移观测桩

（1）位移观测桩的设置原则。

位移观测桩必须预先埋设牢固，在单元轨节两端就位后立即进行标识，标识应明显、耐久、可靠。单元轨节起终点的位移观测桩与单元轨节焊接接头对应。成对的位移观测桩连线宜垂直于线路方向。

（2）位移观测桩的编号及标识。

位移观测桩按里程递增方向顺序编号。书写格式为“X-Y”，其中 X 为单元轨节编号，Y 为单元轨节内桩号，编号以阿拉伯数字标注。现场的编号应标记清晰、耐久。其标记形式为白底红色正三角形，并在标记处外侧轨腰标出位移观测桩号。位移观测桩如图 5.2.3 所示。

图 5.2.3　位移观测桩

六、劳力组织

单个焊轨作业队劳力配置见表 5.2.1（表格仅供参考，具体应以实际为准）。

表 5.2.1　单个焊轨作业队劳力配置

序号	工种	人数	备注
1	松、紧扣件	2	
2	散、摆绝缘块	2	
3	垫、取滚筒（撞轨）	12	4 人垫、取滚筒；8 人撞轨
4	散、收滚筒	4	配备平板车 1 辆
5	锯轨及焊接	23	
6	现场管理人员	4	2 人放散，锯轨、焊接各 1 人
合计		47	

七、机械设备

根据施工作业面的数量和工期要求，合理配备相应的施工机具，技术管理人员在现场应根据实际情况积极指挥、调度、协调，确保施工顺利进行。主要机械设备、测量仪器见表 5.2.2（表格仅供参考，具体应以实际为准）。

表 5.2.2　主要机械设备、测量仪器

序号	设备名称	规格型号	使用部位/功能	数量
1	轨道车	GC-220	洞内运输	1
2	柴油发电机	50 kW、120 kW	电力应急	2
3	锯轨机	DQG-4.0	钢轨切断	1
4	直轨机	YZG-800	钢轨调直	1
5	钢轨拉伸器	YLS-900	拉伸	1
6	轨温计	HK-09	测轨温	2
7	平板车	KP-10 t	装滚筒	2
8	焊接设备	YH-6	接头焊接	1

八、应力放散及线路锁定施工质量保障措施

线路锁定作业要严格控制轨温，并遵循以下规定：

（1）线路锁定前应掌握当地轨温变化情况，根据轨温变化规律，合理选定施工时间及计划锁定轨温。

（2）测量轨温的方法为在单元轨节的两端分别用 2 块轨温表同时进行测量，取其平均值。

（3）应两股同步锁定，同时在轨头外侧顶面上设置纵向位移观测桩的零点标记。

（4）相邻两段单元轨节锁定轨温之差不得大于 5 °C，左右两股钢轨的锁定轨温差不得大于 3 °C，同一区间设计锁定轨温的长轨条最高与最低锁定轨温之差不大于 10 °C。

（5）线路锁定后，连续 5 d 观测钢轨纵向位移情况并做好记录，伸缩区端位移量不大于 20 mm，中桩处位移量不大于 5 mm。

（6）锁定轨温与锁定日期应列入竣工资料。

无缝线路有下列情况之一者，应放散或调整应力后重新锁定，并使其符合设计要求：

（1）实际锁定轨温超过设计锁定轨温允许范围。

（2）不符合前述的规定。

（3）钢轨产生不正常的过量伸缩。

（4）无缝线路固定区钢轨出现严重的不均匀位移。

（5）原因不明或施工时未按设计规定锁定的线路。

第三节　城市轨道工程钢轨预打磨

一、适用范围

适用于轨道工程正线钢轨预打磨作业。本节部分内容及数据参考福州地铁 2 号线、长沙地铁 6 号线轨道工程。

二、作业条件及施工准备

（1）熟悉图纸设计意图，掌握无缝线路施工方案、技术交底、施工要点及注意事项。

（2）制定施工安全保证措施，编制应急预案。

（3）施工机械设备、工机具进场及调试，钢轨打磨检测仪器检定。

（4）钢轨焊接、应力放散及线路锁定完成。

（5）钢轨探伤整改完成。

（6）施工线路提前踏勘。

三、主要引用技术标准

（1）《地铁设计规范》GB 50157—2013。

（2）《地下铁道工程施工质量验收标准》GB/T 50299—2018。

（3）《铁路轨道工程施工质量验收标准》TB 10413—2018。

（4）《城市轨道交通工程测量规范》GB/T 50308—2017。

四、施工顺序及工序流程

钢轨打磨生产工艺流程：线路信息踏勘→确定作业方案→组织打磨车进场→请点作业→

施工作业地段安全防护→打磨作业。

五、施工方法及要求

（一）各工艺施工内容

（1）线路信息踏勘：向轨行区调度中心请点后，组织施工人员进入现场进行线路检查，将过程中存在的问题进行记录，为后续全面开展钢轨打磨施工提供数据条件。

（2）确定作业方案：根据线路踏勘情况，及时反馈给相关部门，确定作业方案。

（3）组织钢轨打磨车进场：作业方案确定后，根据钢轨打磨方案，组织钢轨打磨车进场。

（4）请点作业：待打磨作业准备工作就绪，向轨行区调度中心请点，申报作业计划。

（5）打磨作业（见图 5.3.1）：开始打磨作业，进行线路钢轨预打磨。

图 5.3.1　钢轨打磨作业

（二）配合要求事项

1. 卸车作业配合

（1）卸车时间：选择视线良好、无强风、适合吊装作业的白天。

（2）卸车地点：选择有卸车平台的车辆段或停车场。

（3）配合要求：提供适配选型的起重吊装设备；提供指定区域用于停放打磨车；提供轨道机车负责将打磨车牵引至停车股道；提供车辆进、离厂的手续办理。

2. 打磨作业配合

（1）作业时间：向轨行区调度中心请点作业。

（2）作业地点：地铁线路正线。

（3）配合要求：打磨作业天窗点申请；每个作业天窗由内燃轨道机车及相应的司机负

责为打磨车提供牵引动力，要求打磨作业时牵引速度不低于 20 km/h；打磨作业时，作业区域隧道通风及照明全部打开；停电、供电以及地线的安装与拆除工作；打磨结束后车辆停放在指定的区域，进行设备维护保养工作。

（三）人员需求及机械设备

1. 人员需求

所配置的作业人员必须遵纪守法并具有一定的业务技能。

项目部所挑选的维修保养作业人员主要为长期为本单位提供劳务的劳务公司人员，且具有维保工作经验或者为实施工程施工作业后筛选出来的具有较高业务水平的施工作业人员。具体应根据现场作业的需要进行人员配置，主要人员数量配置见表 5.3.1（表格仅供参考，具体应以实际为准）。

表 5.3.1　施工作业人员配置计划

序号	作业内容	类别	人数	备注
1	打磨作业	施工人员	3	
2	测量作业	施工人员	2	
3	现场技术人员	管理人员	1	
4	调度	调度	1	

2. 机械设备

提前组织施工所需的机具设备进场，设备及工器具的配置需满足日常的保养、维修作业和应急、抢险维修的需要。地铁轨道设备维护使用的都是一些小型设备和工器具，应进行统一管理，根据施工作业需求进行调配使用，并加强日常检修工作，机械设备、工器具配置见表 5.3.2（表格仅供参考，具体应以实际为准）。

表 5.3.2　机械设备、工器具配置

序号	设备名称	规格型号	单位	数量	备注
1	高速打磨车	HSG-City-02	台	1	打磨设备
2	集装箱		个	1	包含打磨作业必需工具及耗材
3	波磨测量小车	RRM-32	台	1	测量工具
4	钢轨廓形测量仪	Miniprof	台	1	测量工具
5	便携式粗糙度仪	SJ-210	台	1	测量工具
6	便携式数显里氏硬度计	SW-6210	台	1	测量工具
7	轨道车		台	1	牵引设备

钢轨打磨车如图 5.3.2 所示。

图 5.3.2　钢轨打磨车

六、技术标准

（1）打磨车常规作业速度范围为 25 ~ 55 km/h，打磨车运行速度高于 25 km/h 后，方可开始打磨。

（2）钢轨预打磨采用 8 遍打磨模式，若打磨效果不佳，再增加打磨次数，直至符合标准规范，打磨角度分布根据线路实际情况制定。

（3）打磨范围为钢轨断面 Y=15.5 mm 至 Y=−32.5 mm（见图 5.3.3）。

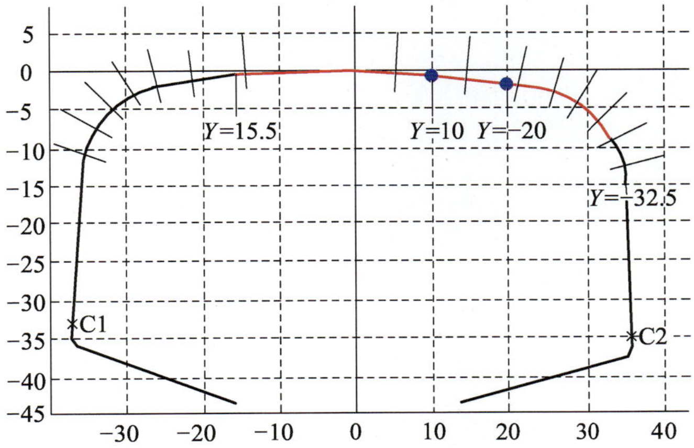

图 5.3.3　钢轨打磨范围及断面测量点

（4）打磨量 0.2 mm（在钢轨断面 Y=10 mm、Y=0 mm、Y=−10 mm、Y=−20 mm 处测量），由于打磨后轨面变得粗糙，测量值存在±0.02 mm 的误差。

（5）沿钢轨 100 mm 长度范围内，打磨面宽度最大变化量不应大于打磨面最大宽度的 25%。

（6）钢轨打磨面应无连续发蓝带，钢轨表面应光滑、平顺、无斑点。打磨后，轨面光带居中、连续且无明显变化；曲线上股应偏向内侧，光带宽度为 25 ~ 30 mm，前后光带顺接无明显突变。

（7）打磨后，若纵向断面波长为 0.03 ~ 0.1 m，波深应不超过 0.02 mm；若纵向断面波长为 0.1 ~ 0.3 m，波深应不超过 0.03 mm。检测超限率不超过 10%。

（8）观察打磨面宽度变化，沿钢轨 100 mm 长度范围内，打磨面宽度最大变化量不应大于打磨面最大宽度的 25%。

（9）用 1 m 直尺和塞尺测量轨面平面凹凸误差不超过 0 ~ +0.3 mm。

（10）钢轨打磨面应无连续发蓝带，钢轨顶面到作用边过渡要平滑圆顺。

（11）打磨顺坡坡度不少于 0.5‰。

（12）钢轨预打磨后应消除轨头表面在铺设作业时产生的碰伤、机具夹伤、锈蚀等缺陷，优化轨头轮廓，改善焊接接头的平顺性，消除轨头表面脱碳层，打磨后轨顶表面粗糙度不应大于 10 μm。

（13）打磨结束后将产生的铁粉清理干净。

（14）钢轨预打磨后，廓形检测如图 5.3.4 所示，轨头廓形允许偏差应满足表 5.3.3 的要求。

图 5.3.4　廓形检测

表 5.3.3　廓形验收范围

序号	检测范围/mm	允许偏差/mm
1	轨头横向−25 ~ +25	±0.4
2	轨头横向 25 ~ 32	+0.3 ~ −0.7

注：廓形验收范围为钢轨轨头横向−25 ~ 32 mm，表中+、−分别表示所测廓形高于或低于目标廓形的量值。

（15）打磨量测量点应尽可能选在直线且打磨速度稳定的位置，并兼顾到达测量点的交通便捷性。

钢轨打磨如图 5.3.5 ~ 图 5.3.8 所示。

图 5.3.5　钢轨打磨前

图 5.3.6　钢轨打磨 4 次效果

图 5.3.7　钢轨打磨 8 次效果

图 5.3.8　钢轨打磨 16 次效果

七、钢轨预打磨施工保障措施

（一）质量保证措施

按全面质量管理要求，实施全面、全员、全过程的质量管理，建立质量管理体系，即由班组、项目部、质检部组成的质检体系对钢轨打磨质量进行控制。严格按地铁运营单位关于线路施工作业标准的有关规定执行，确保施工作业质量符合要求，彻底消除事故隐患并防止事故发生。

（1）明确各作业人员的岗位职责，制定质量管理制度及奖罚措施，由专人监督实施。

（2）认真做好施工技术交底，确保所有参与的员工掌握作业标准和要求。

（3）对进场的员工，提前组织培训，确保员工熟悉各项施工工序及作业标准，全部员工经考试合格后方准上岗作业。

（4）每次施工作业完成后，应由施工负责人对打磨作业质量进行自检，自检合格并经地铁公司现场配合人员确认合格后方可移交。

（二）验收标准

（1）严格执行国家及有关公司的相关文件要求。

（2）打磨作业完成后，由业主与设备公司专业人员共同按程序进行检测验收。

（3）验收项目及方法见表 5.3.4。

表 5.3.4　验收项目及方法

检测项目	类型	测量方式	评估方法
磨削量	质量验收（必要）	轨面高度测量仪	打磨区间设置 1 处测量点（测量点要有代表性），测量点左右股钢轨各测量 3 个断面，每个断面在 $Y=-10$ mm、$Y=-20$ mm 处测量，通过打磨前后轨面高度变化计算磨削量
纵向断面波长		平直度尺	打磨后，若纵向断面波长为 0.03～0.1 m，波深应不超过 0.02 mm；若波长为 0.1～0.3 m，波深应不超过 0.03 mm。检测超限率不超过 10%
光带		目视检测	光带应基本居中，连续无明显变化；曲线上股应偏向内侧
打磨面质量			沿钢轨 100 mm 长度范围内，打磨面宽度最大变化量不应大于打磨面最大宽度的 25%。钢轨打磨面应无连续发蓝带，钢轨顶面到作用边过渡要平滑圆顺

八、安全保证措施

（一）主要安全技术措施

1. 严格执行安全文件

根据地铁公司关于线路维修作业各项安全管理规定，严格执行相关规章制度，督促员工认真执行，使安全管理工作落到实处。

2. 加强对劳务工的现场管理

按规定提前对进场员工进行全面的岗前培训，并组织考试，经考试合格后方准上岗作业。对本项目的施工技术管理、安全生产管理、治安消防管理、环境卫生管理、既有线施工管理等管理制度对员工进行详细交底，并在现场设置安全监督员对施工现场实行监督管理，确保实现全过程安全生产。

3. 加强施工现场的安全控制，严格执行既有线施工安全管理制度

（1）施工过程中所需的安全设施、设备及防护用品必须按规定进行检查，验收合格后才能进行使用。

（2）对施工现场的临时用电线路、分配电箱等用电设施，在通电投入使用前，按要求进行检查、验收，合格后方可通电使用。

（3）现场作业人员按规定配备劳动保护用品，确保能正常使用。

（4）施工作业人员操作前，由施工负责人对施工人员进行安全技术交底，双方签字认可。

（5）进入施工现场的人员必须穿反光背心，施工地点两端按地铁公司要求设置红闪灯并安排专门的防护员进行安全防护。

（6）监督施工作业人员做好班后清理工作，并对作业区域的安全防护设施进行检查。

（7）在进场施工作业之前，按规定到运营总部有关部门办理并签订施工安全协议手续，明确双方的安全职责，认真做好设备的防护和监护。

（8）严格执行施工请点制度，按计划组织施工作业。按地铁公司安排下达的每周施工作业计划，按时准点地组织施工，并按时配合办理销点手续，确保线路正常开通。

（9）服从地铁公司派出的设备监护人员的监督和指导，配合信号施工人员进行施工作业，共同做好既有设备的保护，确保既有线的运营安全。

（10）施工请点工作由运营总部安排人员办理，施工单位负责现场施工人员的作业安全监督管理。现场作业应准备好红闪灯等防护信号工具。

施工现场安全防护及保证措施：

（1）施工前，对所有员工进行既有线施工的安全防护教育，提高安全防范意识，坚决执行班前讲话制度。

（2）施工人员在进入施工现场时，必须服从带班人员的指挥，在未得到地铁车站允许之前，任何人不得提前进入施工区域，严禁“早进晚出”。

（3）必须在指定的区域内进行施工，严禁向轨行区扔杂物。

（4）必须保护好轨行区的一切设施，严禁损坏和未经同意进行拆除。

（5）每次请点施工销点前，所有施工人员、施工机具及材料必须撤离轨行区，严禁在轨行区存放施工杂物、机具，确保线路畅通。

（二）应急处理措施

（1）打磨车在施工作业中如发生设备故障，能及时排除的要积极组织抢修，不能马上排除时，应将所有工作部件收至机车车辆限界之内，并按要求锁定牢固，返回停留车站待修。

（2）在施工作业中，当打磨车发生故障不能马上修复时，要及时处理，并尽快撤出封锁区段，防止砸点。

（3）施工作业中发生机械故障或其他有碍行车安全的问题且影响按时开通线路时，作业负责人要及时向地铁公司的施工负责人讲明情况，以便采取必要的措施。

（4）在作业过程中，电脑或者监控器突发断电，应立即抬升所有打磨架，通知停车后检查，尝试重新启动，至故障排除后，再继续施工作业；如不能排除则做好记录，申请取消作业，待维修班检查处理。

（5）在作业过程中，发电机出现故障，应立即停车。停车后查找原因，尝试启动发电机，排除故障成功供电后，检查打磨车，在测试通过后继续打磨，否则将所有打磨小车提升至安全运行状态，申请取消作业返回保养点停稳待修；如果发电机不能重新启动，则需要使用手动泵将打磨小车提升至安全运行状态，申请取消作业返回保养点停稳待修。

（6）打磨小车、打磨架由于液压故障，不能及时控制抬升、下降或旋转等动作，应检查泵站压力，检查各液压装置是否有泄漏，排除后再手动操作对应的电磁阀，远程操作测试，在故障排除后，再继续施工作业；如不能排除，则做好记录，申请取消作业，待维修班检查处理。若液压泵故障无法工作，应立即停车，简单排查后如果恢复正常则继续作业；如果不能排除故障，应使用手动泵将打磨小车全部提起，使打磨车达到安全运行状态，并申请取消作业，待维修班检查处理。

（7）挡尘板由于灰尘较多出现动作卡滞现象，应停车清灰后多次测试其升降动作，恢复正常后继续施工作业；如不能排除则做好记录，收车申请取消作业，待维修班检查处理。由于挡尘板机械变形引起故障，应停车做整形处理，测试故障排除后，再继续施工作业；如不能排除则做好记录，收车申请取消作业，待维修班检查处理。

（8）空压系统出现故障直接影响到吸尘系统，应立即停车检查，排除故障后再继续施工作业；如不能排除，则做好记录，收车申请取消作业，待维修班检查处理。

（9）施工作业中发现挡尘板或者其他部件脱落时，作业人员应及时汇报给地铁公司施工负责人，停车查看，如果确定脱落部件遗失在线路上，则应收车申请取消作业，同时汇报给地铁公司施工负责人并请示组织人员找回遗失部件。

（10）车轮脱线应做到及时发现及时停车，第一时间查看损伤部件和损伤程度，作业人员应及时汇报给地铁公司施工负责人，根据损伤程度不同采取不同的处理措施，采用复轨器及时复轨并申请打磨作业返回车辆段检修。

PART SIX

第六章

地铁轨道工程安全及附属设备施工

第一节　钢轨标记和信号标志、标牌

一、适用范围

用于指导地铁轨道工程正线及辅助线、出入段（场）线整体道床段的钢轨标记的标注，包括钢轨焊接接头编号，钢轨接头编号，长轨条编号，正线曲线正矢、超高及轨距加宽标志，道岔及附带曲线，位移观测桩。本节部分内容及数据参考福州地铁 2 号线、南昌地铁 3 号线、长沙地铁 6 号线轨道工程。

二、作业条件及施工准备

（1）长轨焊接完成，线路精调完毕。

（2）统计无缝线路铺设地段表、平曲线要素表、竖曲线要素表、坡度表、道岔表、位移观测桩表等。

三、主要引用技术规范

（1）《铁路线路及信号标志牌》 TB/T 2493—2018。

（2）《铁路轨道工程施工质量验收标准》 TB 10413—2018。

四、施工方法及要求

（一）钢轨焊接接头编号

1. 规则

（1）正线。

采用行别+里程公里数+左（右）股+焊头顺序号的编号规则，上下行采用“S”“X”区分，左右股钢轨采用后缀“Z”“Y”进行区分。

以“S01Y21”为例，其中“S”代表上行线，“01”代表公里标，两位数，“Y”代表右股钢轨，“21”代表该公里范围的焊头顺序号（两位数，从小里程向大里程编号每公里范围内焊缝顺序号）。

（2）试车线。

采用“T”代表调试试车线，以与其他线名区别，其他以正线编号规则实施。

2. 位置

编号位置在钢轨尾端距轨端第 2、3 根轨枕间处的内侧轨腰上。

3. 字体

焊头编号字号为 180 号（字高 45 mm）；字体为宋体加粗；字底规格为长条红底白字，宽 90 mm，长度结合标志内容超出头尾字 30 mm。

4. 方向说明

（1）从小里程往大里程方向，左线为下行线，右线为上行线。

（2）每条线从小里程面向大里程方向，左边为左股，右边为右股。

（二）钢轨接头编号

1. 规则

钢轨接头编号采用阿拉伯数字标注，每公里范围内从 01 开始编号，到下一个公里标重新开始。遇道岔时，道岔前后缓冲轨计入编号。若一根轨跨越两个公里里程面，则根据现场情况，哪一公里占比多就放到哪里。

2. 位置

位于接头大里程一侧，面向大里程的右股，距离轨缝第 1、2 根轨枕处的钢轨内侧轨腰上（注：轨号要标在所属钢轨的范围内）。

3. 字体

钢轨接头编号字号为 360 号（字高 90 mm）；字体为宋体加粗；字底规格为红底白字，高 120 mm，宽度结合标记内容超出头尾字 30 mm。

4. 方向说明

以小里程向大里程方向为正顺序排列。

（三）长轨条编号

1. 规则

长轨条号采用设计图纸中的编号，上下行线采用“S”“X”区别，左右股钢轨采用后缀“Z”“Y”进行区分，长轨条中每个单元轨节的编号采用后缀-1，-2…依次编号，长轨条起终点写明长轨条的长度，每个单元轨节的起终点标注此单元轨节的编号、长度、锁定轨温。如上行，长轨条 4 号，左股，第一个单元轨节，长 1 500 m，锁定轨温 31 °C，其表示方法：S4Z-1，$L = 1\,500$ m，$T = 31$ °C。

2. 位置

在道心混凝土面中心横向布置，字体上部朝向所在轨节方向，一个单元轨节两端各设置一个。

长轨条左右股及起终点均需标注，并按照施工蓝图执行。

3. 字体

长轨条编号字号为 180 号（字高 45mm）；字体为宋体加粗，白字；字底规格为长条红底，宽 90 mm，用红框圈住，长度结合标字内容超出头尾字 30 mm。

长规条编号如图 6.1.1 所示，喷刷机器人如图 6.1.2 所示。

图 6.1.1　长轨条编号

图 6.1.2　喷刷机器人

（四）正线曲线正矢、超高及轨距加宽标注

1. 规则

测点标注在曲上股非作用边轨头侧面，形状为规格对称的矩形，小里程侧为白色，大里程侧为红色，长度为 100 mm，如图 6.1.3 所示。

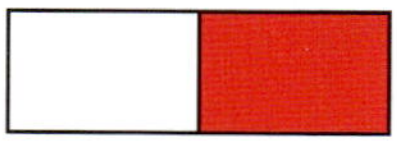

图 6.1.3　标注示意

2. 位置

地下线标注在曲线上股钢轨内侧轨腰上，均按正矢、超高及轨距加宽顺序依次刷写，距离间隔至少为 20 mm。

正矢点位、标志按 10 m 一个点进行设置和刷写，其中缓和曲线及圆曲线头尾点相关数值应刷写齐全，圆曲线中间点位可刷点号。

3. 字体

正线曲线正矢、超高及轨距加宽标注字号为 180 号字（字高 45 mm）；字体为宋体加粗；字底规格为长条红底白字，宽 90 mm，长度结合标志内容超出头尾字 30 mm，其余按设计标准标注。

（五）道岔及附带曲线标注

1. 规则

（1）道岔要求标注数值及点位的有道岔编号、轨距加宽变化点、支距点、槽宽、开程、动程、道岔框架尺寸、查照间距、护背距离。

（2）道岔编号按运营的相关规则条款及有关要求进行编号，标注信息包括道岔型号、道岔编号（根据信号专业提供编号，标识涂刷在岔头第 3、4 根轨枕间处的钢轨内侧轨腰上）。

2. 位置

（1）面向岔后方向，道岔直股轨距加宽刷写在左股钢轨内侧轨腰上，曲股刷写在曲上股内侧轨腰上。

（2）面向岔后方向，支距点标注在道岔直股左股钢轨外侧，非作用边涂刷对称矩形，岔前方向涂刷白色，岔后方向涂刷红色，长 50 mm，高度同轨头齐平。其余支距点数值刷写在轨腰上。

（3）槽宽标注包括开口端、缓冲端和平直段数值，均涂刷在槽形护轨两端头及中间道心面。

（4）查照间隔及护背距离要求在岔心两侧进行标注。

（5）面向岔后方向，开程、动程及框架点位均标注在道岔左股直基本轨外侧钢轨轨腰上。

（6）附带曲线按正线曲线刷写要求进行标注。

3. 字体

道岔及附带曲线标注字号为 180 号（字高 45 mm）；字体为宋体加粗；字底规格为长条红底白字，宽 90 mm，长度结合标字内容超出头尾字 30 mm。

（六）位移观测桩编号

1. 规则

碎石道床地段的位移观测桩编号建议按照设计图纸执行。整体道床位移观测桩编号建议采取跟随长轨条编号和单元轨节编号，如上行线长轨条 2 号，第三单元轨节，第二对位移观测桩，其编号为 S2-3-2。

2. 位置

标尺和观测桩分别设置于钢轨外侧轨腰和道床面，如图 6.1.4 所示。

正线位移观测桩设置在两根钢轨轨脚外侧，并贴位移观测标签（+50 ~ −50 mm），道床面埋设 ϕ14 的钢筋头，上刻“十”字，钢筋头离钢轨底面 10 mm。试车线碎石道床用钢轨埋设，并在其上部用一半白色及一半红色涂刷，顶面距轨底 200 mm。其他方面按照设计文件和铁路规范执行。

图 6.1.4　位移观测桩

3. 字体

位移观测桩编号字号为 180 号（字高 45 mm）；字体为宋体加粗，白字；字底规格为长条红底，宽 90 mm，长度结合标字内容超出头尾字 30 mm。

第二节　线路信号标志、标牌安装

一、适用范围

用于指导地铁轨道工程正线、辅助线、出入段（场）线及场段整体道床线路信号标志、标牌安装。本节部分内容及数据参考福州地铁 2 号线、南昌地铁 3 号线、长沙地铁 6 号线轨道工程）。

1. 停车场信号标志牌

停车场信号标志牌有股道标志、线路里程标、线路百米标、曲线要素标、一度停车标、限速标、警冲标、坡度标、轨号标、超高正矢标、道岔编号标等标志。

2. 正线、辅助线轨道及信号标志牌

正线、辅助线轨道线路及信号标志有百米标/公里标、曲线要素标、坡度标、控制基标、轨号标、超高正矢标、限速标、警冲标、位移观测标等标志。

二、主要引用技术标准

（1）《地铁设计规范》GB 50157—2013。
（2）《铁路轨道设计规范》TB 10082—2017。
（3）《道路交通反光膜》GB/T 18833—2012。

三、标志、标面设计

为了确保行车安全，增加标志的显示距离，线路及行车标志采用反光材料作为标志面。反光材料可用Ⅳ类或Ⅴ类反光膜，标志底板采用外加封闭涂料的铝合金板制造，厚度为 1.5 mm，图案及字样采用与反光材料相适应的印制方式，标志所用数字、汉字写法采用仿宋体或黑体。

里程单位一般写至厘米；曲线半径、坡段等长度单位标写至米；超高单位标写至毫米。坡率写至小数点后两位，例如 28.65‰。立柱、柱墩混凝土表面应光洁平整，均用白色涂料打底。里程标如图 6.2.1 所示。

图 6.2.1　里程标

四、安装方法和要求

（1）对于有高度要求的标志牌，如一度停车标、限速标、制动标、接触网终点标、分界标、鸣笛标等，用钢管支立，埋设在线路的外侧。

（2）面板与横向加强筋应用铝焊，并应保证焊接强度，不得有夹渣、气孔、裂缝等焊接缺陷，面板与横向加强筋之间的接触面必须紧密贴实。

（3）为防止标牌下滑，在安装定位后，可在抱箍下方立柱上焊 5 mm 厚的小铁片。

（4）其余标志用混凝土预制，在混凝土预制件上固定铝制标志牌，埋设于线路外侧。

（5）各种标志的埋设位置与高度，应符合设计要求。

（6）地下线的里程标、百米标、坡度标、曲线要素标等一般安装在电缆架的上方或下方等合适地点（标志下缘距离最近的钢轨轨面约 1 200 ~ 1 400 mm），应错开管片接缝和管片连接螺栓位置。其安装方式遵循“右线右侧，左线左侧”的原则。

（7）标志板用$\phi 6$的膨胀螺栓固定在车站或区间结构的墙上，面向司机方向。

（8）地下线的道岔警冲标用$\phi 6$的膨胀螺栓固定在道岔区段的道床间的底板上。停车标志安装在车站的站台板或侧墙上。

（9）标志的金属件包括底板、构架和紧固件均需进行防锈、防腐蚀处理，特殊情形需采用不锈钢材料。

（10）各标志的安设及安装位置应符合《地铁设计规范》（GB 50157—2013）的规定，特殊情况下可根据需要，对安设方式和位置进行调整，但必须满足线路限界的要求。所有标志的安装不得入侵设备限界。

（11）按各标志标牌的功能和使用要求进行安装，必须牢固可靠。根据安装地点因地制宜地选用挂壁式、悬挂式或其他形式。标志、标牌、标面要求一致，安装方式可根据现场实际情况调整。

（12）各标忘牌的边缘全部进行钝化处理，防止划伤。

五、线路标识施工质量保障措施

（1）整体道床轨道完工后，应进行线路贯通测量，再敷设线路与行车标志。

（2）控制基标在浇筑混凝土道床时易被掩埋，当轨道主体铺设完成后应对控制基标重点保护并恢复；控制基标恢复时直线地段间距为100 m，曲线地段间距为60 m，并恢复在线路中心线上，供运营维修用。

（3）自行确定标志敷设位置时务必考虑风、水等荷载影响。

（4）施工前，需要运营及维保等部门的配合，并确定各站站名。

第三节　挡车器安装

一、适用范围

适用于地铁轨道工程正线及辅助线、场段挡车器（液压缓冲滑移式车挡、固定式车挡和摩擦式车挡）安装。本节部分内容及数据参考福州地铁2号线、南昌地铁3号线、长沙地铁6号线轨道工程。

二、安装技术条件

（1）线路基本轨轨距符合1435^{+6}_{-2} mm的要求。

（2）车挡滑移方向无轨缝，无焊接接头。

（3）车挡安装处及滑移方向轨道的水平及前后高低误差不大于4 mm。

（4）订购车挡时，须注明该车挡具体安装处线路基本轨的轨型。

三、主要引用技术标准

（1）《地铁设计规范》GB 50157—2013。

（2）《铁路轨道设计规范》TB 10082—2017。

四、挡车器类型

挡车器的主要功能是避免列车意外失控时冲出线路，防止人员伤害及车辆和其他设施损坏，确保运营安全，《地铁设计规范》（GB50157—2013）要求正线挡车器的设计撞击速度至少为 15 km/h。

正线车挡安装采用铺轨基地轨道车运输至安装地段，采用特制小门式简易滑移轨道移动至安装位置点，画好安装位置并按设计要求安装，车辆段库外线及试车线与正线一致。车辆段库内线采用人工搬运至股道末端并按说明安装。

（一）液压缓冲滑移式车挡

1. 结构组成

液压缓冲滑移式车挡（见图 5.3.1）占用轨道长度 15 m，结构包括一套液压缓冲系统、钢结构挡车器主体架（含 2 对阻尼器）、多对制动摩擦块组件（根据撞击速度配备对数）及末端固定钢结构保险装置。

图 6.3.1　液压缓冲滑移式车挡

2. 使用条件

（1）B 型车 6 辆编组，轴重≤14 t。

（2）最大允许撞击速度：15 ~ 25 km/h。

（3）轨距：1 435 mm。

（4）缓冲头中心距离轨面高度：850 mm。

3. 特点

缓冲滑移式车挡无需外部能源，无需人工控制，直接安装于线路的基本轨上。车挡由主体架、阻尼器、导向缓冲器及表示器组成，利用阻尼器制动轨与基本轨产生摩擦力阻止车辆滑动的原理，形成对车辆的三级制动。

车挡的制动主架及制动轨卡摩擦块均可通过调整锁紧螺栓的预紧扭矩预压弹性零件（弹性钢板），达到控制摩擦块与线路基本轨的接触压力，从而保证车挡有较合适的制动阻力。

（1）采用整体钢板焊接式结构，受力合理，稳定性好，抗冲击能力强。

（2）制动力分级依次递增。根据用户车辆的结构强度，设计成不同的制动力级别，以适应不同的车辆速度及滑行距离。

（3）阻尼器内设有弹簧板，可以有效地防止挡车器与钢轨卡死或制动力急剧下降的情况。

（4）弹簧板的弹力通过加压螺栓加压，自锁性能好，方法简单，容易控制和检查。

（5）可以根据车辆的不同要求调整压力阀的开启压力，保证缓冲油缸的阻力与挡车器主体的摩擦阻力相匹配，以获得良好的缓冲效果。

（6）改变油缸的长度，可以获得不同的缓冲效果。

（7）液压缓冲装置被撞击后，可以自动恢复原来位置。

（8）储油箱安装在油缸及压力阀的上部，当油缸复位时可通过单向阀自动向油缸内补充液压油。

（二）固定式车挡（见图 6.3.2）

1. 结构组成

固定式车挡占用轨道长度小于 2 m，适用于车辆段库外线，车挡结构主要包括钢结构。

图 6.3.2 固定式车挡

2. 使用条件

（1）B 型车 6 辆编组，轴重≤14 t。
（2）最大允许撞击速度：7 km/h。
（3）轨距：1 435 mm。
（4）缓冲头中心距离轨面高度：850 mm。

3. 特点

（1）占用线路短。
（2）结构简单，造价较低，维护方便。
（3）可以用在车辆编组较小，冲击速度不高的场合。

（三）摩擦式车挡（见图 6.3.3）

1. 结构组成

摩擦式车挡占用轨道长度为 2 m，适用于车辆段库内线路。车挡结构主要包括一套车轮导向装置，一对制动摩擦块组件。

2. 使用条件

（1）B 型车 6 辆编组，轴重≤14 t。
（2）最大允许撞击速度：20 km/h。
（3）缓冲头中心距离轨面高度：850±20 mm。

3. 特点

（1）结构简单，安装、维修、复位方便。
（2）结构合理，整体强度大，能承受车辆较大速度的撞击。
（3）制动力大，配备的制动加压装置持续加压，能不断增加制动时的摩擦力，制动力持续不断地起作用，直至停车。

图 6.3.3　摩擦式车挡

五、挡车器安装施工质量保障措施

车挡的安装按车挡安装使用说明书在厂家指导下进行安装。对于各部件的固定螺栓要严格按说明书中设计要求的扭矩进行拧紧。安装完成后，专人对各部螺栓的扭紧力矩进行检测，确保其安装正确和性能可靠。

（1）将左右支臂放在基本轨上，用支臂销轴将其与支座连接。

（2）抬起支臂，在蹄形块下方的基本轨上依次放置弹簧座、板弹簧和承座。

（3）用制动轨将蹄形块夹住，同时也夹住基本轨的轨头，再用三个螺栓将制动轨固定。注意外侧两个螺栓须穿过支撑架，承座应位于加压孔正中。

（4）用前、后横梁和上、下斜梁将两支臂下边四个脚相连接，两斜梁中间和四角用销轴带上。完成以上初装后，紧固各部螺栓。

（5）用加压器对各个弹簧板加压。将 U 形加压块插入承座两侧空挡，用安装在加压器中心螺母上的加压螺杆杆头对准加压块，将挂在两侧的加压轨底板钩在基本轨底板上，并用螺母拧紧，用长约 1.5 m 铁棍拧动加压螺杆并将楔铁打入承座与板弹簧之间，使板弹簧与弹簧座间隙为（0.6±0.05）mm。

（6）将标志牌安装在支座上。

（7）每次安装完毕，应在轨腰处涂上位置标记，以方便日常检查挡车器是否被撞坏。

第四节　钢轨涂油器安装

一、简述

钢轨涂油器可以有效降低小半径曲线外轨侧磨，同时可以减振降噪。涂油器由感应器、控制器、润滑油泵、储油罐、出油管和出油板等组成。涂油器安装于小曲线半径曲线形成方向的起点处。本节部分内容及数据参考福州地铁 2 号线、南昌地铁 3 号线、长沙地铁 6 号线轨道工程。

二、施工方法

钢轨涂油器采购成套产品，通过预留下料口进入地下，利用轨道平板车运输，采用人工安装的施工方案。

三、技术要求

涂油器（见图 6.4.1）机体安装应稳固可靠，有较大安全冗余，用于固定涂油器机体的膨胀螺栓强度和数量要足够。隧道内的腐蚀性水溶液对膨胀螺栓危害较大，膨胀螺栓要有防锈防腐蚀措施。

安装在钢轨上的涂油板要稳固，要有足够的防电腐蚀、防松、防脱、防断裂措施，避免行车安全隐患，并注意有效绝缘，防止钢轨接地短路。钢轨上的禁锢螺栓规格强度要足够，应使用防松螺母，并注意防止电腐蚀导致螺栓失效。

图 6.4.1　钢轨涂油器

四、钢轨涂油器安装施工保障措施

（1）采用钢带铠装低烟无卤聚氯乙烯阻燃电缆，以减少安全隐患。

（2）安装在钢轨上的部件应有可靠的绝缘措施，防止钢轨接地短路。

（3）涂油器电缆要有效绑定在电缆桥架上。

（4）涂油器油管要有效固定在道床上，油管应采用钢带铠装，避免轨道施工或养护时损失油管而导致油脂大量泄漏的情况。

（5）应使用柔性材料涂油板，避免使用刚性材料，以减少行车安全隐患。

第五节　隧道全断面冲洗

一、简述

在地铁线路轨道通车后，为方便后续专业施工的顺利开展，需对隧道进行全断面冲洗清洁，以有效减少隧道内尘埃、废弃物对列车运行的干扰，改善地铁运营的地下环境，延长地铁专业设备的使用寿命，预防各类事故的发生。

隧道全断面冲洗施工采用一台全断面隧道水冲洗车进行施工作业，是带有隧道清洗、轨道清洗功能的特种轨道车辆。它为无动力装置，由轨道车牵引作业，其设计结构紧凑、布局合理、操作简便，主要用于地铁隧道内的结构清洗，可清除隧道侧壁、道床、排水沟等处积累的灰尘、泥沙、金属粉末、油污等。本节部分内容及数据参考长沙地铁 6 号线轨道工程。

二、人员设备配置

（一）人员配置

人员配置见表 6.5.1（表格仅供参考，具体应以实际为准）。

表 6.5.1　人员配置

序号	人员类型	工作职责	数量	备注
1	轨道车司机	轨道车驾驶	1	协助技术人员安全管理
2	轨道车瞭望员	配合司机安全驾驶	1	协助技术人员安全管理
3	水冲洗车操作手	操作水冲洗车	1	协助技术人员安全管理
4	技术员	现场技术、安全管理	1	
5	工人	人工清洁清理	3	根据现场情况可酌情增加

（二）物资设备配置

主要物资设备配置见表 6.5.2（表格仅供参考，具体应以实际为准）。

表 6.5.2　主要物资设备配置

序号	设备名称	型号说明	单位	数量	备注
1	轨道车		台	1	含操作人员
2	轨道车平板		节	2	
3	全断面隧道水冲洗车		台	1	含操作人员
4	储水罐	30 m^3	台	1	
5	消防水带	A100	米	300	加水使用
6	清洁工具		套	1	扫把、铁锹等常用清洁用具
7	照明头灯		个	10	

三、施工流程

隧道全断面冲洗施工流程如图 6.5.1 所示。

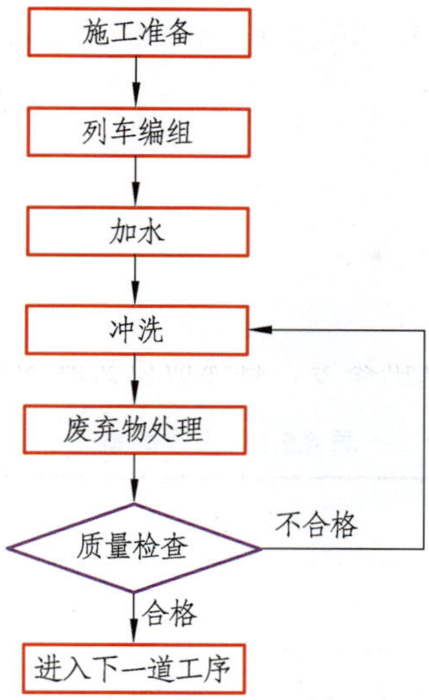

图 6.5.1　隧道全断面冲洗施工流程

四、施工方法

（一）施工准备

将隧道全断面水冲洗车和储水罐选择有卸车平台的车辆段或停车场卸车，在卸车后进行编组装车，装车完成后进行设备调试，以达到设备最佳使用状态。确认设备完好后，由轨道车拖载运行，在向轨行区调度室请点后，进入正线轨行区开始隧道冲洗作业。

（二）列车编组

由 1 辆轨道车拖挂 2 台轨道车平板，每台轨道车平板各拖运 1 台储水罐和 1 台全断面隧道水冲洗车，轨道车、储水罐平板、全断面隧道水冲洗车平板依次排列，由轨道车牵引前进。列车编组如图 6.5.2 所示。

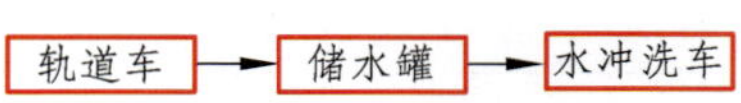

图 6.5.2　列车编组

（三）加水

由于施工线路长，加水作业按就近原则。可用市政管网接驳加水，轨行区消防管道加水和水罐车加水，配备 A100 消防水带 300 m（考虑全线车站已封顶，全线轨排井和端头井大部分已封堵，需从车站内接管至市政管网加水接驳点）。使用的 A100 消防水带，对 30 t 储水罐在正常水压下需约 1 h 加满水。

（1）市政管网接驳。由于全线车站均已封顶，端头井和轨排井大部分已封堵，市政管网接驳时应根据现场实际情况，选择最短接驳路径，缩短加水等待时间。市政供水接驳点如图 6.5.3 所示。

图 6.5.3　市政供水接驳点

（2）轨行区消防管道加水。消防管道覆盖整个轨行区，以满足冲洗作业时随用随加的作业需求。在条件允许的情况下，加水作业时应优先选择轨行区消防管道加长方式，能节省大量加水等待时间，缩短冲洗作业工期。隧道内消防管道如图 6.5.4 所示。

图 6.5.4　隧道内消防管道

（3）水罐车加水。根据现场实际施工情况，在无法市政接驳加水和消防管道加水的情况下，采用运水罐车运水至出入段线 U 形槽处为隧道冲洗车加水。运水罐车如图 6.5.5 所示。

图 6.5.5　运水罐车

（四）运行

隧道冲洗车运行作业需遵守轨行区管理规定请点作业，并持轨行区施工作业令进入轨行区作业。每次冲洗作业结束后需销点，轨道车停入指定停车区域，做到工完、料尽、场地清。未经批准不得进入轨行区作业。

（五）冲洗作业

冲洗前，提前通知各轨行区属地管理单位组织垃圾淤泥清理人员到场，将要冲洗的车站和区间提前完成清理垃圾、淤泥等工作，并提前联系调度室确保接触网已停电（为保证安全，冲洗前接触网停电），各专业设备防护到位。然后开始冲洗作业，冲洗遍数按照 1 遍进行，由隧道洞口位置向隧道废水泵房位置方向进行冲洗作业。在完成本区段范围内的冲洗后，列车运行至下一区段冲洗。如此反复直至完成全标段的隧道冲洗施工。冲洗完成后，车站和区间属地管理单位进行废水泵房的积水抽排工作，将泥沙、淤泥等装袋外运。

施工段冲洗顺序按照施工计划的安排依次冲洗完成，直到全线轨道冲洗结束。冲洗作业如图 6.5.6 所示。

图 6.5.6　冲洗作业

五、废弃物处理

（1）废水处理。隧道冲洗产生的废水，经由道床排水沟向区间废水泵房处汇集，经一段时间沉淀后，由轨行区属地单位进行废水处理。

（2）垃圾淤泥处理。隧道冲洗过程中产生的垃圾和淤泥在冲洗过程中要及时处理，由轨行区属地管理单位组织人员清理，冲洗前提前通知各轨行区属地管理单位组织人员到场，同时进行冲洗作业。

PART SEVEN

第七章

地铁轨道工程安全质量保证措施

一、安全生产保障体系

项目部建立二级安全管理体系，设安质部，配专职安全检查工程师，施工队设专职安全检查员，班组设兼职安检员，在施工过程中自下而上分别实施检查任务。同时认真接受建设单位安全监督和监理单位的安全监理，接受社会安全监督部门的监督。安全保障组织机构如图 7.0.1 所示。

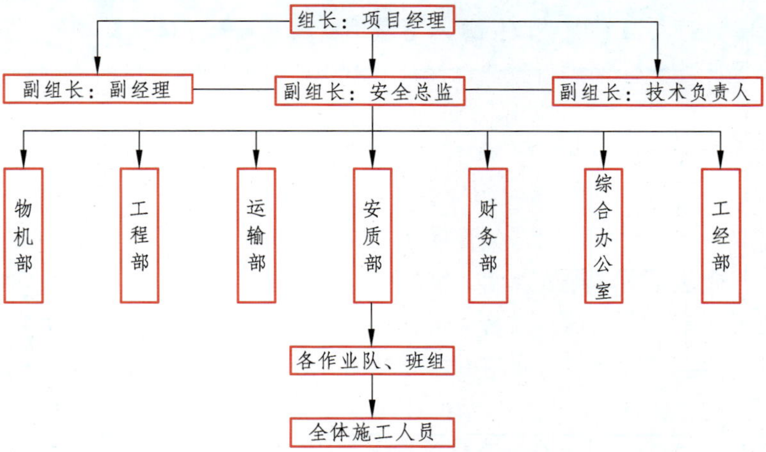

图 7.0.1　安全保障组织机构

二、安全生产责任制度

（一）明确安全体系要素职责分配

建立从项目经理、各部门、作业班长到操作工人的岗位安全责任制，明确各级管理职责，管生产必须管安全，建立严格的考核制度，将经济效益与安全挂钩。制定详细且切实可行的有关部门、人员的安全管理方案。

（二）实行逐级安全技术交底制

由项目经理部组织有关人员对工程项目和专项工序进行书面详细的安全技术交底，凡参加的人员要履行签字手续，并保存资料。项目经理部专职安全工程师要对安全技术措施的执行情况进行监督检查，并做好记录。

（三）加强施工现场安全教育制

针对工程特点，对所有从事管理和生产的人员进行全面的三级安全教育：重点对专职（兼）安全员、领工员、班组长，从事特种作业的龙门吊司机、起重工、电工、焊接工、机械工、钢筋工、模板工、吊装工、机动车辆驾驶员以及新工上岗、工人变岗和改变工种等人员进行培训教育，未经三级安全教育或考试不合格者，不得上岗。采用新工法、新工艺、新设备、新材料前要进行专门培训。

（四）认真执行安全检查制度

项目经理部要保证检查制度的落实，规定定期检查日期及参加检查的人员。经理部每旬进行一次，作业队每周进行一次，作业班组每天进行一次。非定期检查应视工程情况，如施工准备前、施工危险性大、采取新工艺、季节性变化、节假日前后等应视情况进行检查，并要有领导值班。对检查中发现的安全问题按照“四不放过”（事故原因未查清不放过、责任人员未处理不放过、整改措施未落实不放过、有关人员未受到教育不放过）的原则制定整改措施，定人限期进行整改，保证“管生产必须管安全”的原则真正落实。

（五）安全事故上报制度

本着“四不放过”的原则，各级领导必须亲自组织处理各种不同程度的事故报告程序、时间要求及处理方法，并应按照有关管理办法执行。项目经理部的安质部门要按时填报工程安全事故统计报表，向工程监理站上报工程发生安全事故的情况以及事故部位等。工点技术人员应立即采取有效措施，抢救人员，防止事故扩大，并保护事故现场。工程发生安全事故后，事故发生单位必须立即用电话或其他有效方式报告上级单位、设计单位和建设单位，并通知设计、监理（或监督）单位驻现场有关人员；事故现场有关人员应立即向本单位负责人报告；单位负责人接到报告后，应于 1 h 内向事故发生地县级以上人民政府安全生产监督管理部门和负有安全生产监督管理职责的有关部门报告。

（六）制定切实可行的保证安全奖惩办法

项目部预留安全奖金（保证金），按完成工程量及施工安全情况进行奖惩。应对项目经理部、项目部领导班子、先进个人制定详细的奖励办法，以及对项目经理部、项目部领导班子、责任个人制定详细的伤亡事故处罚办法。

（七）建立健全各项安全作业制度和防护措施

（1）整体道床施工中，各道工序应保持适当间隔，并进行有机衔接与配合。

（2）钢筋网焊接时，焊接设备必须经过调试运转正常后，方可正式施工，焊机必须由专人使用和管理，非专职人员不得擅自操作。焊接设备必须装接地线电源部分并要妥善保护，防止因操作不慎使钢筋与电源接触。严禁两台焊机使用一个电源闸刀，电焊工应穿戴必要的劳动防护用品，并在作业过程中注意保护自身安全。

（3）充分认识施工现场条件及设计文件，施工中应及时复核、检算，确认脚手架梯子、护栏、支撑、支护结构、主体结构的安全。

（4）施工作业人员，必须经过培训考核，持证上岗，严禁无证作业和酒后作业。

（5）坚持班前安全讲话制度。

（6）按规定佩戴劳保防护用品。

（7）在工作区内设置安全标识牌、消防专用设施。

（8）各种机械操作人员和车辆驾驶员，必须取得操作合格证，不准操作与操作证不相符的机械，不准将机械设备交给无本机操作证的人员操作。对机械操作人员要建立档案，进行专人管理。

（9）现场所有电器设备必须按规定装漏电保护器，必须设置可靠的金属外壳。

（10）施工中严格按照各工序技术交底布设安全防护设施，防护设施不到位或验收不合格的，不得进行下道工序施工。

三、施工安全保证措施

（一）一般要求

（1）建立安全管理组织体制，包括负责安全生产的领导、各级专职和兼职的安全管理人员。应制订各工种的安全操作规程、特种作业人员的审证考核制度、各级安全生产岗位责任和定期安全检查制度、安全教育制度等。

（2）认真对施工生产人员进行安全生产制度及安全技术知识的教育，增强法治观念。提高职工的安全生产思想意识和自我保护能力，督促职工遵守安全生产纪律、制度和法规。

（3）施工前，对管理、施工人员进行安全生产进场教育，介绍有关安全生产管理制度、规定和要求。组织召开管理、施工人员安全生产教育会议，并邀请施工监理及业主代表有关人员出席会议，介绍施工中有关安全、防火等规章制度及要求。

（4）施工期间严格执行和遵守安全生产、防火管理的各项规定，接受业主代表和施工监理的督促、检查和指导。

（5）施工中所用的各种机械设备，应由专人保管、使用。机械设备必须按其安全操作规程合理地使用、维修、保养，使用人员必须经过岗前培训，持证上岗。

（6）每天上班前进行安全讲话，强调安全事项。作业人员应按规定穿戴好工作服、安全帽、安全带和手套等防护用品。施工人员应对所使用的材料性能及安全措施有较全面的了解，并在操作中严格执行劳动保护制度。

（7）防护员要坚守岗位，随时注意工程列车动向，及时树立好防护牌。

（8）拆扣件时应注意防止弹条飞出砸伤人。

（9）雨天、刮风天进行接触焊作业时，必须要有可靠的遮盖防护措施，风力过大时应停止一切作业。

（10）严禁氧气瓶、乙炔气瓶及油料同车运输。正火作业时，氧气瓶、乙炔瓶要摆放在加热器侧风或上风向，并且相距 5 m 以上，乙炔瓶要远离火源 10 m 以上。

（11）工地焊接推瘤后的废钢要及时回收。

（12）隧道内作业时，必须有充足的照明设施，对讲机联系应通畅。

（13）垫滚筒时为防止钢轨倾斜或滑落，应在钢轨两侧用两台压机同时打起钢轨。落滚筒时严禁压机突然卸载。

（14）上扣件时每两人之间要间隔 3 根轨枕的距离，且人要站在扳手的一侧，防止相互碰伤。

（15）撞轨时要注意用力均匀，避免撞块飞出伤人。

（16）锯轨人员必须穿戴好防护用品方可作业。进行锯轨和打磨时，非操作人员应离开作业区至少 5 m。

（17）平板车在线路上停放时必须打好止轮器，防止溜车。

（18）拉伸时，严禁人员站在曲线内侧

（19）对施工区域、工作环境、操作设施设备、工具等必须认真检查，发现隐患应立即停止施工，并由有关单位落实整改后方可施工。

（20）对施工现场的各类安全防护设施、安全标志和警告牌不得擅自拆除、变动。如确实需要拆除或变动，必须经工地负责人和施工监理指派的安全管理人员同意，并采取必要、可靠的安全设施后方能进行。

（21）特种作业严格执行国家《特种作业人员安全培训考核管理规定》，考核合格后持证上岗，并按规定定期审证。施工人员应做到“定机定人”和有操作证。起重吊装作业人员必须遵守“十不吊”（超过额定负荷不吊；指挥信号不明、重量不明不吊；多人指挥、指挥人员精神不集中不吊；捆绑不牢、挂钩不符合安全要求不吊；斜拉歪吊、重物不稳不吊；吊物上有人或浮动物不吊；压力容器气瓶、乙炔瓶或爆炸物品不吊；带有棱角、刃口未衬垫不吊；埋在地下的物体不吊；无人指挥、抱闸失灵、光线暗淡看不清信号不吊）的规定，严禁违章、无证操作。严禁非定岗人员擅自操作电器、机械设备。

（22）严格执行防火防爆制度，易燃易爆场所严禁吸烟及动用明火，消防器材不准挪作他用。电焊、气割作业应按规定办理动火审批手续，严格遵守“十不烧”（焊工必须持证上岗，无特种作业人员安全操作证的人员，不准进行焊、割作业；凡属一、二、三级动火范围的焊、割作业，未经办理动火审批手续，不准进行焊、割；焊工不了解焊、割现场周围情况，不得进行焊、割；焊工不了解焊件内部是否安全时，不得进行焊、割；各种装过可燃气体、易燃液体和有毒物质的容器，未经彻底清洗，排除危险性之前，不准进行焊、割；用可燃材料作保温层、冷却层、隔音、隔热设备的部位，或火星能飞溅到的地方，在未采取切实可靠的安全措施之前，不准焊、割；有压力或密封的管道、容器，不准焊、割；焊、割部位附近有易燃易爆物品，在未作清理或采取有效的安全措施之前，不准焊、割；附近有与明火作业相抵触的工种在作业时，不准焊、割；与外单位相连的部位，在没有弄清有无险情，或明知存在危险而未采取有效的措施之前，不准焊、割）的规定，严禁使用电炉。冬季施工如必须采用明火加热的防冻措施时，首先应取得施工监理防火主管人员同意，落实防火、防中毒措施，并指派专人值班。

（23）施工现场应配备足够的灭火器材，并同当地消防部门联系，加强安全防范工作，消除一切可能造成火灾、爆炸事故的根源，严格控制易燃物和助燃物的贮存。施工期间要特别做好防火防灾工作，并密切配合当地有关部门做好周围防火工作，加强平时的警戒巡逻。对职工要进行防火安全教育，杜绝职工使用电炉，严禁乱扔烟头等不良习惯。对于不符合防火安全的要采取强硬措施进行整改。

（24）在工地重要电器设施周围，要设置接地或避雷装置，防止雷击起火，造成安全事故。对工地及生活区的照明系统要派人随时检查并进行维修养护，防止漏电失火引起火灾。

（25）材料存放要有专人负责，应挂有醒目的“严禁烟火”警告标志和防火措施。防水卷材、辅助材料及燃料应按规定分别存放并保持安全距离，设专人管理。

（26）组织公安人员、安全人员对易燃易爆物品的运输、储存、保管使用，定期对以上物品的管理进行全面检查，杜绝漏洞、消除隐患。

（27）吊装作业前必须有安全措施，并检查相关设备是否安全有效。吊装过程中必须有专人指挥。

（28）高空作业时，必须佩戴安全带，禁止酒后作业。

（二）测量作业人员

（1）测量电力线、通信线高度时宜用绝缘良好的干燥线绳测量，切忌用金属搭尺直接测量。

（2）水准测量时，跑尺人员注意沿途电线，防止触电。

（3）测量仪器指定专人保管，在使用和搬运过程中，要按说明书进行使用和保护，并定期送检。

（4）注意交通安全。穿越马路时，注意过往车辆。

（5）注意人身安全。进入施工场地必须戴好安全帽，穿防滑鞋、反光背心，并设置安全警示标志牌，必要时还应该安排专人担任安全警戒员。

（6）不得在起重机吊装的重物下通过或休息，不得在卷扬机钢绳旁停留，严禁踩踏电线、电缆、风管、水管及风枪等。

（7）若违章指挥，没有安全措施，强令测量人员冒险作业的，应及时向现场指挥提出暂停作业，在有安全措施后再进行测量作业。若解决无效则应立即停止工作，撤离现场。

（8）在夜间或在高架内的测量工作区域应有足够的照明方可作业，必须携带照明设备。

（9）进入高架区间，如需在轨行区行走时，必须提前请示调度，允许后方能进入，防止出现工程车安全事故。

（10）进出车站，上下楼梯时，注意脚下安全。在车站行走时，注意站台板预留的孔洞，防止跌落摔伤。踩踏木板时注意有无铁钉，防止被钉子扎伤。

（11）在地面测量时，注意防暑降温，测量时佩戴遮阳伞、雨伞等。

（三）起重吊装作业人员

（1）起重工必须经安全技术培训考试合格并持证上岗，严禁酒后作业。

（2）起重机作业时必须确定吊装区域，设警戒标志，必要时派人监护。

（3）大雪、大雨、大雾及风力六级及以上等恶劣天气必须停止露天起重吊装作业，雨雪雾大风不宜在带电的高压线下或一侧作业（能保证安全有效距离的除外）。

（4）起重工应健康，双眼视力不低于 1.0。

（5）作业前必须检查作业环境、吊索具、防护用品，检查吊装区域内无闲散人员，检查障碍是否排除、吊索具有无缺陷、捆绑是否正确牢固、被吊物件与其他物件无连接，确认安全后方可作业。

（6）作业必须执行安全技术交底，听从统一指挥。

（7）使用起重机作业时，必须正确选择吊点位置，合理穿挂索具，试吊。除现场作业人员外，严禁其他人员进入吊装作业区。

（8）使用两台以上起重机抬吊大型物件（如轨排等）时，单机荷载应合理分配，且不得超过额定荷载的 80%，作业时必须统一指挥、动作一致。轨排尤其是短轨枕轨排两侧应固定牢靠，连为整体。

（9）在高压线垂直或水平方向作业时，必须保持安全距离。

（10）挂钩工必须服从指挥员指挥，熟练运用手势、旗语、哨声，熟悉起重机的技术性能和工作原理，熟悉构件材料设备的装卸、运输、堆放等有关知识。并能正确使用吊索具和各种构件材料设备的拴挂方法，熟悉常用材料质量、构件设备重心位置的估算及就位方法。

（11）严格执行“十不吊”制度。

（12）安全操作要点。

① 穿绳。确定吊物重心，选好挂绳位置，穿绳宜用铁钩，不得将手臂伸到吊物下面。吊运棱角坚硬、边缘锋利或易滑的吊物时，必须加衬垫，用套索。

② 挂绳。应按顺序挂绳，吊绳不得相互挤压、交叉、扭压、绞拧。一般吊物可用兜挂法，但必须保持吊物平衡。对于易滚、易滑或超长超大的物品吊装，宜采用绳索方法，使用卡环锁紧吊绳。

③ 试吊。吊绳套挂牢固，起重机缓慢起升，将吊绳绷紧稍停，起升不得过高。试吊中，指挥信号工、挂钩工、司机必须协调配合，如发现吊物重心偏移或与其他物件粘连等情况，必须立即停止起吊并采取措施，确认安全后方可起吊。

④ 摘绳。落绳停稳支牢后方可放松吊绳。对易滚、易滑、易散的吊物，摘绳要用安全钩，挂钩工不得站在吊物上面，如遇不宜摘绳时，应选用其他机具辅助，严禁攀登吊物及绳索。

⑤ 抽绳。吊钩应与吊物重心保持垂直，缓慢起绳，不得斜拉、强拉，不得旋转吊臂抽绳，如遇吊绳被压，应立即停止抽绳（可采取提头试吊方法抽绳）。吊运易滚、易损、易倒的吊物时不得使用起重机抽绳。

⑥ 捆绑。作业时必须捆绑牢固，吊运集装箱等箱式吊物装车时，应使用捆绑工具将箱体与车体连接牢固，并加垫防滑。对管件、圆形构件设备等易滚、易溜滑物体必须用紧线器等工具紧固。

⑦ 吊装。锁绳吊挂应便于摘绳操作。扁担吊挂时吊点应对称于吊物重心，卡具吊挂应避免卡具在吊装过程中被碰撞。

（四）焊接作业人员

（1）电焊工必须经过专业训练，考试合格并持有安全操作证后方准进行独立操作（在学徒训练期间可逐步在师傅监护下进行操作）。

（2）电焊工必须按规定穿着工作服和使用防护用品（包括绝热手套、绝缘胶靴、面罩），在工作场所应符合安全要求。

（3）工作前要详细检查电焊机是否正常，绝缘是否良好，电焊机的外壳，必须有良好的接地。

（4）电源线与二次线路必须完整，绝缘良好，不得用其他物件代替。严禁将电源线直接放置在设备、钢缆、管道、容器以及钢轨上。

（5）在禁火区与有易燃易爆可能性的部位或有毒的地方动火必须办理手续和完备的动火许可证，经分析合格批准后方可施工。距离易燃易爆物品（如氧气瓶乙炔瓶）应保持安全距离。

（6）焊钳必须绝缘良好，接线要牢固且包好，避免松脱引起触电。

（7）在焊接工作场所不得存放易燃易爆物品，并应有防止焊渣飞落引起其他危险的措施。尤其是高等减振道床施工时，需严防橡胶减振垫起火，在现场应配备灭火设施。

（8）接线或电气设备发生故障时，应由电工进行检修，其他人员禁止乱动。

（9）打火前应告知辅助人员避开弧光。

（10）进行一般检修时，临时照明行灯电压应不超过 36 V；在低洼潮湿地方或金属容器内焊接时，其照明行灯电压应为 12 V。

（11）在隧道内焊接时，必须有良好的通风，防止中毒。不得同时进行电焊和气焊工作，但需要同时进行时必须采取一定的安全措施。

四、环保文明施工保证措施

（1）施工现场保持良好的通风条件，如果通风条件不良，必须安置临时通风设备。

（2）下班清洗工具时，未用完的溶剂，必须装入容器，并将溶剂盖严。易燃品由班组统一管理。

（3）使用的料具分类堆放，并且摆放整齐。施工完毕，未用完的材料应及时清理入库。

（4）作业完成后，应将现场易燃材料清理干净，临时堆放处要指派专人看守，防止无人看守易燃物品而引起火灾。

（5）设置连续、畅通的排水设施和沉淀设施要有排污许可证。严禁泥浆、污水、废水外流或堵塞下水道，或直接排入河道。

（6）建筑垃圾和其他散体物料装运应实行车辆密闭式运输，冲洗干净后出场，运输过程中严禁沿途抛、洒、滴、漏。

（7）经常清理施工现场的生活垃圾，并集中堆放。施工和生活中的废弃物，报废材料或施工中返工的挖除材料应分别运至指定地点。对于施工中废弃的零碎配件，边角料、包装箱等应及时收集清理并搞好现场卫生。

（8）施工及生活用的废水、污水要经过沉淀及初步净化后再排入排污系统，防止污染地表水及地下水。应采取切实有效的措施，避免有害物质（如燃料、油料、化学品以及超过允许量的有害气体和尘埃、弃渣等）污染场地周围的环境以及草地和树木。

（9）应严格控制施工噪声，白天要小于 70 dB，夜间要小于 55 dB。

（10）从事有害作业的人员应进行健康检查，预防和消除职业危害。

（11）加强项目部的卫生防疫。对生产、管理人员定期进行健康检查，对生活区域定期进行消毒。

（12）施工现场的所有施工机械及各施工作业面和堆料场必须按规定设置施工铭牌，所有施工管理、作业人员应统一穿戴作业服，佩戴上岗证，上岗证上标示姓名、职务、照片及编号等。周围居民和闲杂人员不得进入施工区域内，未经业主批准同意，外部任何单位和个人均不得进入工地。

（13）切实贯彻环保法规，严格执行国家及地方政府颁布的有关环境保护和水土保持的法规、方针、政策和法令。结合设计文件和工程实际，应及时提报有关环保设计，并按批准的文件组织实施。

（14）制定扬尘、噪声、夜间光污染控制等专项方案，尽力降低施工对周边居民的干扰和对环境的影响。对有害作业场所进行主动监测，对从事有害作业的人员配备必要的防护用品。采取切实有效的措施防止有害物质（如燃料、油料、化学品以及超过允许量的有害气体和尘埃、弃渣等）污染场地周围的环境以及草地和树木。

（15）测量作业时注意对周边环境的保护，不得任意踩踏绿化，不在现场及墙壁上乱写乱画。现场里程、坐标书写要工整、美观、醒目。

（16）汽车尾气排放应符合《汽车大气污染物排放标准》的要求。

（17）现场人员要语言文明、谦虚谨慎、待人诚恳，向相关单位解释技术问题时应口齿清晰，使用专业术语，解答过程应耐心有礼，与相关部门进行工作联系时，联络人员应注重仪表仪态。

（18）因工作需要于隧道内就餐的，餐后要及时清理现场杂物，餐具尽量不使用一次性餐盒，不乱丢垃圾，保持环境卫生。

（19）作业时不得勾肩搭背、嬉戏打闹，仪表不整者禁止进入办公区及作业现场。

五、质量保证措施

依据质量保证体系和本次项目工作内容和特点，建立覆盖项目作业全过程的严格质量管理与控制制度，并加以实施。

（一）严格执行技术标准

严格执行一系列强制性技术标准以及业主方的技术规定。

（二）严格执行经业主单位批准的项目实施方案

根据项目实施方案的要求，加强过程控制，重点监控关键环节的技术与成果质量，保证实施方案的全面贯彻落实。

（三）严格履行各级管理和作业人员的岗位职责要求

层层把关，逐级负责，各作业人员对作业组长负责，作业组长对队长负责，队长对主管领导负责。

（四）建立质量跟踪卡，对全过程进行质量跟踪和控制

确定并跟踪检查、落实每个过程的内容、完成情况、精度、存在问题和处理方法等，记录作业人员、工序负责人、技术负责人信息等。

（五）质量保证以事先控制为基础，质量检查为落脚点

在各工序作业开始前，对作业人员进行必要的技术交底和技术培训，对仪器设备定期进行鉴定，确保本项目所使用的所有仪器设备始终在有效鉴定周期内并处于良好状态，作业过程中，除本工序质量检查外，下一工序作为上一工序的用户对其质量进行检查验收。最终成果提交前，要进行严格的质量检查和评定。

（六）实行三级质量检查制度

项目实行三级质量检查制度：

（1）作业组自检。作业组长负责本组的质量检查工作，对提交的各项成果进行 100%的自检工作。

（2）审核人检查。审核人负责对作业组提交的各项成果进行 100%的检查作业，并填写检查记录。

（3）项目技术负责人检查。有具体审核资格的审定人对测量成果进行最终审核。

通过三级检查，合格率应达到 100%，优良率应达到 90%。

（七）建立各种技术与质量文档

对各工序的作业情况、有关技术问题的发现与处理以及质量检查应作明确的记载，建立各种技术与质量文档。

同时，应严格执行文件、资料交接制度，所有资料（含向业主、监理单位等提交的中间成果、最终成果，以及业主、设计单位等提供的图纸、资料等）通过“交接单”的方式进行文件往来。

（八）建立严格的质量奖惩制度

按照质量管理体系相关文件的要求，及时评价上述措施的有效性和适宜性，并加以改进。

PART EIGHT

第八章

地铁轨道工程竣工验收及资料移交

第一节　轨道工程竣工验收

一、验收依据

（1）《中华人民共和国合同法》主席令第 15 号。

（2）《中华人民共和国建筑法》主席令第 91 号。

（3）《建设工程质量管理条例》国务院令第 279 号。

（4）《房屋建筑和市政基础设施工程竣工验收规定》建质〔2013〕171 号。

（5）《建筑工程施工质量验收统一标准》GB 50300—2013。

（6）《地铁杂散电流腐蚀防护技术标准》CJJT 49—2020。

（7）《铁路轨道工程施工质量验收标准》TB 10413—2018。

（8）《铁路混凝土工程施工质量验收标准》TB 10424—2018。

（9）《地下铁道工程施工质量验收标准》GB/T 50299—2018。

（10）已批准的设计文件、施工图纸、说明书、双方签订的施工合同、设备技术说明书、设计变更通知书等。

二、验收条件

根据《建筑工程施工质量验收统一标准》（GB 50300—2013）的规定，工程质量应按下列要求进行验收：

（1）轨道工程施工质量应符合《建筑工程施工质量验收统一标准》（GB 50300—2013）和《铁路轨道工程施工质量验收标准》（TB 10413—2018）及《地下铁道工程施工质量验收标准》（GB/T 50299—2018）等规范的规定。

（2）地铁工程施工应符合工程勘察、设计文件的要求。

（3）参加工程施工质量验收的各方人员应具备规定的资格。

（4）工程质量的验收均应在施工单位自行检查评定的基础上进行。

（5）隐蔽工程在隐蔽前应由施工单位通知有关单位进行验收，并应形成验收文件。

（6）涉及结构安全的试块、试件以及有关资料，应按规定进行见证取样检测。

（7）检验批的质量应按主控项目和一般项目验收。

（8）对涉及结构安全和使用功能的重要分部工程应进行抽样检测。

（9）承担见证取样检测及有关结构安全检测的单位应具备相应资质。

（10）工程的观感质量应由验收人员通过现场检查，并应共同确认。

三、质量验收单元划分

地铁工程专业较多、各工法交叉较多，下述分部、分项划分规则仅供参考，具体应遵照《建筑工程施工质量验收统一标准》（GB 50300—2013）和其他相关验收标准，并结合地铁建设的特点及《地下铁道工程施工质量验收标准》（GB/T 50299—2018）确定。

（一）单位/子单位工程

全线轨道为一个单位工程，根据里程和区域可划分为若干子单位工程，如正线及辅助线轨道工程、车辆段及停车场轨道工程等。

（二）分部/子分部工程

根据施工内容，将（子）单位工程划分为若干（子）分部工程，如线路基桩、道床、轨道、线路附属工程等，其中道床工程可根据道床类型分为有砟道床、板式无砟道床、无枕式无砟道床、支撑块式无砟道床、长枕埋入式无砟道床等子分部工程。线路附属工程可根据安装部位分为道口、标志、轨道加强设备安装工程等子分部工程。

（三）分项工程

根据施工工艺流程，（子）分部工程亦可划分为若干分项工程，如支撑块式无砟道床分为轨排组装架设、道床板钢筋、道床板模板、道床板混凝土、防水层、保护层及伸缩缝、隔振器安装、基底钢筋、基底模板、基底混凝土、隔离层、减振垫铺设等分项工程。轨道分部工程可分为铺轨、工地钢轨焊接、铺砟整道、线路锁定、轨道整理、道岔铺设、道岔铺砟整道等分项工程。对于（子）分部工程道口可分为道口铺设和道口防护两个分项工程，标志可分为线路标志和信号标识两个分项工程，轨道加强设备可分为防爬设备、涂油器、挡车器等分项工程。

（四）注意事项

在工程验收过程中，考虑到地铁工程建设特点、施工组织实际情况，强化单位工程验收内容，简化单位工程验收的组织和程序。当单位工程施工结束，并具备验收条件的情况下，及时组织验收，减少不同工程之间的交叉和影响。

四、检验批验收

（一）概述

检验批是施工过程中条件相同，质量基本均匀一致，有一定数量的材料、构配件或安装项目，可作为检验的基础单位，按批验收。

（二）组织流程

（1）检验批的验收由项目监理部的专业监理工程师组织施工单位项目经理部的项目专

业质量负责人进行。

（2）施工单位项目经理部的项目专业质量负责人在对所施工的检验批自检合格后，将自检数据填入“检验批质量验收记录”用表，同时，按照工序报验要求填报“工序质量报验单”“施工原始记录表”等相关报验资料，报项目监理部验收。

（3）项目监理部专业监理工程师根据“工序质量报验单”中所要求到场检验的时间、内容等进行抽检，对检验批主控项目必须逐项检查，定量项目按平行检验要求进行抽检，如合格，准许施工单位进入下道工序；否则，施工单位应进行整改，重新报检，直至合格为止。

（三）质量合格条件

检验批质量合格的条件包括资料检查、主控项目检验和一般项目检验。资料检查包括原材料质保资料、复试资料，半成品、成品的试验、检测资料，各施工工序的操作检验等资料，要保证资料的真实性、完整性。

检验批的合格质量主要取决于对主控项目和一般项目的检验结果，主控项目是对检验批的基本质量起决定性影响的检验项目，不允许有不符合要求的检验结果，该项目的检查具有否决权，因此必须从严要求。

五、分项工程验收

（一）概述

分项工程的验收在检验批的基础上进行，与检验批具有相同或相近的性质，只是批量更大，包含全线（或站场线）。

（二）组织流程

（1）分项工程的验收由项目监理部专业监理工程师组织施工单位项目经理部的项目专业质量负责人进行。

（2）施工、监理单位根据各自的检验批验收资料进行汇总，对各分项工程分别进行验收。

（3）监理单位项目监理部应对施工单位分项工程的验收进行审核并确认。

（三）质量合格条件

分项工程合格质量的条件比较简单，只要构成分项工程的各检验批的验收资料文件完整，并且均已验收合格，则分项工程验收合格。

六、分部/子分部工程验收

（一）概述

（子）分部工程的验收在其所含各分项工程验收的基础上进行。分部工程的验收在其所含各（子）分部工程验收的基础上进行。

（二）组织流程

1. 自检并提交验收申请报告

自检是指（子）分部工程完工后要求监理工程师验收前由施工单位自行组织的检查，对查找出的问题及时进行整改、完善；自检合格后，项目经理部向项目监理部提出（子）分部工程的验收申请。

2. 现场初验

专业监理工程师收到验收申请报告后，先审查申请报告，若认为可以进行验收，则应由监理人员组成验收班子，参考工程合同、验收标准等相关要求。对竣工的工程项目进行初验，对初验中发现的质量问题，应及时以书面通知或以备忘录的形式告知施工单位，并令其按有关的质量要求进行整改甚至返工，直至符合要求后，项目监理部签署验收申请，同意组织工程验收。

3. 工程验收

在项目监理部初验合格的基础上，由总监理工程师组织建设、设计、施工等单位进行工程验收。

验收前，施工单位准备好已完工程的施工总结及一套完工档案资料（原件），监理单位准备验收工程的监理总结及一套完工档案资料（原件）。同时，项目监理部提前 3 d 将验收的时间、地点等以书面形式通知相关质量监督站，并向地铁公司建设分公司领取“质量验收报告”，并按“质量验收报告”的要求填写相关内容。总监或总监代表将验收的时间、地点等提前一天通知其他各有关单位，验收会议由总监理工程师主持，具体会议程序如下：

（1）施工单位对验收工程作施工总结。

（2）监理单位对验收工程作监理总结。

（3）设计（勘查）单位对施工单位按施工图和变更设计施工情况作总结。

（4）测量、监测、检测中心对测量、监测、检测等情况作总结。

（5）验收组对验收工程的实物质量进行现场检查和实测、实量，同时对工程档案资料进行检查。

（6）检查人员对工程资料、工程实体检查情况进行评述。

（7）质量监督站对验收工程的质量情况发表监督意见。

（8）总监根据验收组意见草拟并宣读工程验收意见。

4. 接受整改、完善

施工单位应根据验收意见进一步做好工程完善工作，监理单位要做好督促、检查工作。如工程质量不符合要求，施工单位应根据本次验收意见进行整改，在自检达到验收意见后，重新向项目监理部提出申请，项目监理部认为具备验收条件，则根据上述程序重新组织验收，直至通过验收。

5. 验收通过

在（子）分部工程通过验收后，项目监理部签署“工程报验单”。

项目监理部在分部工程验收合格 15 d 内，将此（子）分部工程质量验收记录报送质监站，并取得质监站签发的相应工程质量验收监督记录。

6. 验收意见汇总

若一个分部工程由几个子分部工程组成时，则施工、监理单位应在所有子分部工程验收完成后进行汇总，项目监理部应对施工单位核定的质量情况进行审核和确认。

（三）质量合格条件

（1）施工单位已完成施工图设计和合同约定的（子）分部工程的施工，并通过了自检，质量合格。

（2）施工单位已完成（子）分部工程的所有完工档案资料，并通过了项目监理部的验收。

（3）项目监理部已对施工单位所完成的（子）分部工程中的所有分项工程进行验收，并全部通过验收。

（4）项目监理部已完成（子）分部工程的所有完工监理档案资料。

（5）质监站责令整改的问题已全部整改完毕。

（6）工程实体观感质量符合验收要求。

七、单位/子单位工程验收

（一）概述

（子）单位工程的验收在其所含各分部工程均通过验收的基础上进行。

（二）组织流程

1. （子）单位工程验收组织

（子）单位工程由建设分公司分管部门经理组织，参加验收的单位包括勘察、设计、施工、监理、建设分公司等，质量监督部门对（子）单位工程质量验收进行监督。

2. 单位工程初验

工程初验由项目监理部总监理工程师组织施工、监理及相关单位人员参加，对该工程进行验收认可（指初验的检查、修补、复查直至满意的全过程），质量监督部门负责工程初验监督。单位工程初验按下述程序进行：

（1）施工单位向项目监理部提出工程初验申请。施工单位在对工程完成自检的基础上，向项目监理部提交“竣工报验单”“（子）单位工程竣工报告”“（子）单位工程竣工验收记录”等相关资料，提出工程初验申请。

（2）项目监理部审核施工单位的工程初验申请。项目监理部根据监理程序，审核施工单位的工程初验申请，认为该工程已具备工程初验条件，则在“竣工报验单”签署同意工程初验意见。若本次初验未能通过，则施工单位应对本次验收中发现的不足进行完善，在完善后完成自检，并按验收程序重新申请初验。

（3）准备正式验收工作。若（子）单位工程通过初验，施工单位应做好进行正式验收的各项准备工作，并向政府质量监督部门提交竣工验收相关资料进行审查，施工单位应根据其审查意见进行整改。

3.（子）单位工程正式验收

正式验收由建设分公司分管部门经理组织，参加验收的单位有施工、监理、勘察、设计、测量、检测、监测以及建设分公司等单位，政府质量监督部门负责对工程验收进行监督。按下述程序组织正式验收：

（1）在工程初验合格的基础上，项目监理部向建设分公司分管部门提出工程正式验收的申请。项目监理部完成（子）单位初验和完成（子）单位工程竣工资料的汇总、整理工作，并在得到建设分公司项目工程师的认可后，可向建设分公司分管部门经理提出工程正式验收申请。

（2）建设分公司分管部门经理验收。当建设分公司分管部门认为已具备工程验收条件，则组织勘察、设计、施工、监理单位、建设分公司等单位进行工程正式验收。验收会议的具体会议议程如下：

① 建设分公司、勘察、设计、施工、监理等单位分别汇报工程合同履约情况和在工程建设各个环节执行法律、法规和工程建设强制性标准的情况。

② 审阅（查）建设、勘察、设计、监理、施工单位的工程资料并实地查验工程质量。

③ 对工程勘察、设计、施工、设备安装质量和各管理环节等方面进行检查，形成工程验收意见。

（3）接受意见，进行整改、完善。若本次（子）单位工程正式验收未能通过，则施工单位应对本次验收中发现的不足进行整改，在整改并完成自检后，按验收程序重新申请初验和正式验收。（子）单位工程正式验收时，对工程实体和竣工文件材料进行检查提出问题和缺陷，必要时还需施工单位对该工程继续修补完善。一般情况下（不涉及结构、安全和使用的）需要修补完善的工作内容，经施工单位文字确认，地铁公司同意，可以留在质量保证期内完成。

（4）验收通过。（子）单位工程正式验收结束时，项目监理部、地铁公司签署“竣工报验单”，项目监理部签发“监理质量评估报告”，设计单位签发“工程设计质量检查报告”，勘察单位签发“工程勘察质量检查报告”。工程正式验收合格后，建设分公司分管部门应及时提交“工程验收报告”。“工程验收报告”主要包括工程概况、质量验收情况、建设单位执行基本建设程序情况，对工程勘察、设计、施工、监理等方面的评价，工程竣工验收时间、程序、内容和组织形式，工程竣工验收意见，签名盖章确认等内容。

（5）验收意见汇总。若一个单位工程由若干个子单位组成，各子单位工程分别进行验收并通过验收，则此单位工程可不进行验收，但仍需将各子单位工程的验收意见进行汇总，并作为该单位工程的验收意见。

（子）单位验收过程如图 8.1.1 ~ 图 8.1.6 所示。

图 8.1.1　现场外观质量检查

图 8.1.2　鼓山车辆段子单位工程验收

图 8.1.3　车辆段实景

图 8.1.4　内业资料查验

图 8.1.5　正线轨道子单位工程验收

图 8.1.6　轨道工程单位工程验收

（三）质量合格条件

（1）（子）单位工程所含分部工程的质量均应验收合格。

（2）质量控制资料应完整。

（3）（子）单位工程所含分部工程有关安全和功能的检测资料应完整。

（4）主要功能项目的抽查结果应符合相关专业质量验收规范的规定。

（5）观感质量验收应符合要求。

八、工程交付使用

竣工交付使用的工程必须符合下列基本要求：

（1）完成工程设计和合同中规定的各项工作内容，达到国家规定竣工条件。

（2）工程质量应符合国家现行有关法律、法规、技术标准、设计文件及合同规定的要求，并通过监理单位和建设单位组织的质量验收。

（3）工程所用的设备和主要建筑材料、构件应具有产品质量出厂检验合格证明和技术标准规定必要的进场试验报告。

（4）具有完整的工程技术档案和竣工图，已办理工程竣工交付使用的有关手续。

（5）已签署的工程保修证书。

（6）竣工交付使用的工程实行保修，并提供有关使用、保养、维护的说明。

第二节　轨道工程资料移交

一、资料移交依据

（1）《房屋建筑和市政基础设施工程竣工验收规定》建质〔2013〕171 号。

（2）《铁路轨道工程施工质量验收标准》TB 10413—2018。

（3）《建设工程文件归档规范》GB/T 50328—2014。

（4）《城市轨道交通工程文件归档要求与档案分类规范》DA/T 66—2017。

二、轨道工程接管交接资料

（一）轨道基础数据资料及图纸

1. 轨道详细图纸资料

（1）轨道竣工平面图、纵断面图。

（2）里程对照表、坡度表、高程表、水准点表（基桩表）。

2. 竣工设备台账

（1）正线里程对照统计表。

（2）正线与基地曲线资料统计表。

（3）场段股道统计表。

（4）辅助线长度统计表。

（5）正线与基地道岔统计表。

（6）上下行联结零件铺设统计表。

（7）道床形式统计表（含钢弹簧浮置板、橡胶减振垫及普通道床等）。

（8）辅助设施统计表（车挡、涂油器、道口统计表）。

（9）无缝线路铺设地段表。

以上资料需提供电子版、纸质版两份并加盖施工单位公章，监理单位负责审核。

3. 道岔详细图纸

道岔制造蓝图，含各个道岔零配件的详细尺寸信息，即制造图。

（二）试验报告与质量评定记录

（1）减振道床振动测试报告（含钢弹簧浮置板、橡胶减振垫及双层非线性扣件）。

（2）减振扣件的性能测试报告。

（3）道床状态参数（密度、纵横向阻力、支承刚度）检验报告。

（4）轨枕锚固抗拔检测报告。

（三）钢轨焊接及检验记录

（1）钢轨焊接接头记录表。

（2）钢轨焊接接头探伤复核报告。

（四）隐蔽工程验收记录

（五）工程测量定位记录

（六）轨道锁定记录

（1）试车线、出入段线、正线应力放散及锁定轨温资料。

（2）位移观测桩观测资料。

（七）建筑和设备限界、轨距、高程、位置检验记录

（1）轨道、道岔静态铺设精度检查报告。

（2）轨道高程、中线、线间距铺设偏差检测资料。

（八）其他资料

（1）正线、场段移交的备品备件（货场及清单）。

（2）所有合同要求的设备清单和现场核实的资料。

（3）正线、场段标识标记资料。

三、轨道工程竣工资料

轨道工程竣工资料包括检验批、合格证及试验报告，详见表 8.2.1 ~ 表 8.2.3。

表 8.2.1　轨道工程正线及辅助线检验批分项

分项工程	表号	表格名称
基桩测设	A3.6	工序质量报审、报验表
	E8.1	基桩测设检验批质量验收记录表
	E8.1Y	现场验收检查原始记录表（基桩测设）

续表

分项工程	表号	表格名称
轨排组装架设	A3.6	工序质量报审、报验表
	E8.9	轨排组装架设工程检验批质量验收记录表
	F4.9.7	胶接绝缘接头距轨枕边缘距离检验表
	E8.9Y	现场验收检查原始记录表（轨道组装架设）
道床板钢筋	A3.6	工序质量报审、报验表
	E8.4	钢筋工程检验批质量验收记录表
	E8.4Y	现场验收检查原始记录表（钢筋）
	F3.1	隐蔽工程验收记录表
道床板模板	A3.6	工序质量报审、报验表
	E8.5	模板检验批质量验收记录表
	E8.5Y	现场验收检查原始记录表（模板）
道床板混凝土	A3.6	工序质量报审、报验表
	F4.8.2	混凝土浇筑记录表
	F4.8.1	混凝土供应记录表
	A3.9	混凝土浇筑报审表
	F4.8.20	混凝土坍落度检查记录表
	F4.8.25	实体混凝土养护情况记录表
	E8.7	混凝土（施工）工程检验批质量验收记录表Ⅱ
	E8.8	混凝土（结构外观和尺寸偏差）工程检验批质量验收记录表Ⅲ
	E8.7Y	现场验收检查原始记录表［混凝土（施工）］Ⅱ
	E8.8Y	现场验收检查原始记录表［混凝土（结构外观和尺寸偏差）］Ⅲ
防水层、保护层及伸缩缝	A3.6	工序质量报审、报验表
	F3.1	隐蔽工程验收记录表
	F4.8.3	防水层基面检查记录表
	F4.8.5	防水层检查记录表
	F4.8.4	防水层铺装记录表
	E8.11	防水层、保护层及伸缩缝检验批质量验收记录表
	E8.11Y	现场验收检查原始记录表（防水层、保护层及伸缩缝）
隔振器安装	A3.6	工序质量报审、报验表
	E8.38	隔振器安装及顶升检验批质量验收记录表
	E8.38Y	现场验收检查原始记录表（隔振器安装及顶升）

续表

分项工程	表号	表格名称
基底钢筋	A3.6	工序质量报审、报验表
	E8.4	钢筋工程检验批质量验收记录表
	E8.4Y	现场验收检查原始记录表（钢筋）
	F3.1	隐蔽工程验收记录表
基底模板	A3.6	工序质量报审、报验表
	E8.5	模板检验批质量验收记录表
	E8.5Y	现场验收检查原始记录表（模板）
基底混凝土	A3.6	工序质量报审、报验表
	F4.8.2	混凝土浇筑记录表
	F4.8.1	混凝土供应记录表
	A3.9	混凝土浇筑报审表
	F4.8.20	混凝土坍落度检查记录表
	F4.8.25	实体混凝土养护情况记录表
	E8.7	混凝土（施工）工程检验批质量验收记录表Ⅱ
	E8.8	混凝土（结构外观和尺寸偏差）工程检验批质量验收记录表Ⅲ
	E8.7Y	现场验收检查原始记录表［混凝土（施工）］Ⅱ
	E8.8Y	现场验收检查原始记录表［混凝土（结构外观和尺寸偏差）］Ⅲ
隔离层	A3.6	工序质量报审、报验表
	E8.10	隔离层铺设工程检验批质量验收记录
减振垫铺设	A3.6	工序质量报审、报验表
	E8.39	减振垫铺设工程检验批质量验收记录
	E8.39Y	现场验收检查原始记录表（减振垫铺设）
防水层、保护层及伸缩缝	A3.6	工序质量报审、报验表
	F3.1	隐蔽工程验收记录表
	F4.8.3	防水层基面检查记录表
	F4.8.5	防水层检查记录表
	F4.8.4	防水层铺装记录表
	E8.11	防水层、保护层及伸缩缝检验批质量验收记录表
	E8.11Y	现场验收检查原始记录表（防水层、保护层及伸缩缝）
铺轨	A3.6	工序质量报审、报验表
	E8.21	铺轨工程检验批质量验收记录Ⅰ
	E8.22	铺轨工程检验批质量验收记录Ⅱ

续表

分项工程	表号	表格名称
铺轨	E8.23	铺轨工程检验批质量验收记录Ⅲ
	E8.21Y	现场验收检查原始记录表（铺轨Ⅰ）
	E8.22Y	现场验收检查原始记录表（铺轨Ⅱ）
	E8.23Y	现场验收检查原始记录表（铺轨Ⅲ）
工地钢轨焊接	A3.6	工序质量报审、报验表
	E8.15	工地钢轨焊接检验批质量验收记录表
	E8.15Y	现场验收检查原始记录（工地钢轨焊）
	F4.9.1	钢轨焊接焊头检验表
	F4.9.3	钢轨焊接接头外观检查记录表
	F4.9.4	钢轨焊接型式试验落锤检验表
	F4.9.9	接触焊正火参数记录表
铺砟整道	A3.6	工序质量报审、报验表
	E8.14	铺砟整道检验批质量验收记录表
	E8.14	现场验收检查原始记录表（铺渣整道）
	E8.24	铺砟整道工程检验批质量验收记录Ⅰ
	E8.25	铺砟整道工程检验批质量验收记录Ⅱ
	E8.26	铺砟整道工程检验批质量验收记录Ⅲ
	E8.24Y	现场验收检查原始记录表（铺轨整道Ⅰ）
	E8.25Y	现场验收检查原始记录表（铺轨整道Ⅱ）
	E8.26Y	现场验收检查原始记录表（铺轨整道Ⅲ）
线路锁定	A3.6	工序质量报审、报验表
	E8.16	线路锁定工程检验批质量验收记录表
	E8.16Y	现场验收检查原始记录表（线路锁定）
	F4.9.10	无缝线路技术资料
	F4.9.11	无缝线路纵向位移观测记录表
轨道整理	A3.6	工序质量报审、报验表
	F4.9.5	验收前无渣轨道静态几何尺寸偏差检验表
	F4.9.6	验交前无渣轨道静态几何尺寸偏差检验表
	E8.18	轨道整理检验批质量验收记录表Ⅱ
	E8.18Y	现场验收检查原始记录表（轨道整理）Ⅱ
	F4.9.8	轨枕间距检验表
	E8.17	轨道整理工程检验批质量验收记录表Ⅰ
	E8.17Y	现场验收检查原始记录表（轨道整理）Ⅰ

续表

分项工程	表号	表格名称
道岔铺设	A3.6	工序质量报审、报验表
	E8.27	有缝道岔铺设检验批质量验收记录表Ⅰ
	E8.28	有缝道岔铺设检验批质量验收记录表Ⅱ
	E8.27Y	现场验收检查原始记录表（有缝道岔铺设）Ⅰ
	E8.28Y	现场验收检查原始记录表（有缝道岔铺设）Ⅱ
道岔铺砟整道	A3.6	工序质量报审、报验表
	E8.29	道岔铺砟整道工程检验批质量验收记录表Ⅰ
	E8.30	道岔铺砟整道工程检验批质量验收记录表Ⅱ
	E8.29	现场验收检查原始记录表（道岔铺砟整道Ⅰ）
	E8.30Y	现场验收检查原始记录表（道岔铺砟整道Ⅱ）
线路、信号标志	A3.6	工序质量报审、报验表
	E8.35	线路信号标志检验批质量验收记录表
涂油器	A3.6	工序质量报审、报验表
	E8.41	涂油器工程检验批质量验收记录
挡车器	A3.6	工序质量报审、报验表
	E8.40.1	车挡检验批质量验收记录表

表 8.2.2　轨道工程车辆段及停车场检验批分项

分项工程	表号	表格名称
基桩测设	A3.6	工序质量报审、报验表
	E8.1	基桩测设检验批质量验收记录表
	E8.1Y	现场验收检查原始记录表（基桩测设）
铺底砟	A3.6	工序质量报审、报验表
	F3.1	隐蔽工程验收记录表
	E8.2	铺底砟检验批质量验收记录表
	E8.2Y	现场验收检查原始记录表（铺底砟）
预铺道砟	A3.6	工序质量报审、报验表
	F3.1	隐蔽工程验收记录表
	E8.3	预铺道砟检验批质量验收记录表
	E8.3Y	现场验收检查原始记录表（预铺道砟）
轨排组装架设	A3.6	工序质量报审、报验表
	E8.9	轨排组装架设工程检验批质量验收记录表
	F4.9.7	胶接绝缘接头距轨枕边缘距离检验表
	E8.9Y	现场验收检查原始记录表（轨道组装架设）

续表

分项工程	表号	表格名称
支承轨排组装架设	A3.6	工序质量报审、报验表
	E8.9	轨排组装架设工程检验批质量验收记录表
	E8.9Y	现场验收检查原始记录表（轨排组装架设）
道床板钢筋	A3.6	工序质量报审、报验表
	E8.4	钢筋工程检验批质量验收记录表
	E8.4Y	现场验收检查原始记录表（钢筋）
	F3.1	隐蔽工程验收记录表
道床板模板	A3.6	工序质量报审、报验表
	E8.5	模板检验批质量验收记录表
	E8.5Y	现场验收检查原始记录表（模板）
道床板混凝土	A3.6	工序质量报审、报验表
	F4.8.2	混凝土浇筑记录表
	F4.8.1	混凝土供应记录表
	A3.9	混凝土浇筑报审表
	F4.8.20	混凝土坍落度检查记录表
	F4.8.25	实体混凝土养护情况记录表
	E8.7	混凝土（施工）检验批质量验收记录表Ⅱ
	E8.8	混凝土（结构外观和尺寸偏差）工程检验批质量验收记录表Ⅲ
	E8.7	现场验收检查原始记录表［混凝土（施工）］Ⅱ
	E8.8	现场验收检查原始记录表［混凝土（结构外观和尺寸偏差）］Ⅲ
防水层、保护层及伸缩缝	A3.6	工序质量报审、报验表
	F3.1	隐蔽工程验收记录表
	F4.8.3	防水层基面检查记录表
	F4.8.5	防水层检查记录表
	F4.8.4	防水层铺装记录表
	E8.11	防水层保护层及伸缩缝检验批质量验收记录表
	E8.11Y	现场验收检查原始记录表（防水层、保护层及伸缩缝）
轨排组装架设	A3.6	工序质量报审、报验表
	E8.9	轨排组装架设工程检验批质量验收记录表
	F4.9.7	胶接绝缘接头距轨枕边缘距离检验表
	E8.9Y	现场验收检查原始记录表（轨道组装架设）

续表

分项工程	表号	表格名称
铺轨	A3.6	工序质量报审、报验表
	E8.21	铺轨工程检验批质量验收记录Ⅰ
	E8.22	铺轨工程检验批质量验收记录Ⅱ
	E8.23	铺轨工程检验批质量验收记录Ⅲ
	E8.21Y	现场验收检查原始记录表（铺轨Ⅰ）
	E8.22Y	现场验收检查原始记录表（铺轨Ⅱ）
	E8.23Y	现场验收检查原始记录表（铺轨Ⅲ）
工地钢轨焊接	A3.6	工序质量报审、报验表
	E8.15	工地钢轨焊接工程检验批质量验收记录表
	E8.15Y	现场验收检查原始记录表（工地钢轨焊接）
	F4.9.1	钢轨焊接焊头检验表
	F4.9.3	钢轨焊接接头外观检查记录表
	F4.9.4	钢轨焊接型式试验落锤检验表
	F4.9.9	接触焊正火参数记录表
铺砟、整道	A3.6	工序质量报审、报验表
	E8.14	铺砟整道检验批质量验收记录表
	E8.14	现场验收检查原始记录表（铺渣整道）
	E8.24	铺砟整道工程检验批质量验收记录Ⅰ
	E8.25	铺砟整道工程检验批质量验收记录Ⅱ
	E8.26	铺砟整道工程检验批质量验收记录Ⅲ
	E8.24Y	现场验收检查原始记录表（铺轨整道Ⅰ）
	E8.25Y	现场验收检查原始记录表（铺轨整道Ⅱ）
	E8.26Y	现场验收检查原始记录表（铺轨整道Ⅲ）
线路锁定	A3.6	工序质量报审、报验表
	E8.16	线路锁定工程检验批质量验收记录表
	E8.16Y	现场验收检查原始记录表（线路锁定）
	F4.9.11	无缝线路纵向位移观测记录表
	F4.9.10	无缝线路技术资料
轨道整理	A3.6	工序质量报审、报验表
	F4.9.7	验收前轨道静态几何尺寸偏差检验表

续表

分项工程	表号	表格名称
轨道整理	F4.9.8	验交前轨道静态几何尺寸偏差检验表
	F.4.10	轨枕间距检验表
	E8.17	轨道整理工程检验批质量验收记录Ⅰ
	E8.18	轨道整理工程检验批质量验收记录Ⅱ
	E8.17	现场验收检查原始记录表（轨道整理Ⅰ）
	E8.18	现场验收检查原始记录表（轨道整理Ⅱ）
道岔铺设	A3.6	工序质量报审、报验表
	E8.27	有缝道岔铺设检验批质量验收记录表Ⅰ
	E8.28	有缝道岔铺设检验批质量验收记录表Ⅱ
	E8.27Y	现场验收检查原始记录表（有缝道岔铺设）Ⅰ
	E8.28Y	现场验收检查原始记录表（有缝道岔铺设）Ⅱ
道岔整道	A3.6	工序质量报审、报验表
	E8.29	道岔铺砟整道工程检验批质量验收记录表Ⅰ
	E8.30	道岔铺砟整道工程检验批质量验收记录表Ⅱ
	E8.29Y	现场验收检查原始记录表（道岔铺砟整道Ⅰ）
	E8.30Y	现场验收检查原始记录表（道岔铺砟整道Ⅱ）
道口铺设	A3.6	工序质量报审、报验表
	E8.31	道口铺设工程检验批质量验收记录
	E8.31Y	现场验收检查原始记录表（道口铺设）
道口防护	A3.6	工序质量报审、报验表
	E8.32	道口防护措施工程检验批质量验收记录
	E8.32Y	现场验收检查原始记录表（道口防护）
线路、信号标志	A3.6	工序质量报审、报验表
	E8.35	线路信号标志工程检验批质量验收记录表
防爬设备	A3.6	工序质量报审、报验表
	E8.36	防爬设备检验批质量验收记录表
	E8.36Y	现场验收检查原始记录表（防爬设备）
挡车器	A3.6	工序质量报审、报验表
	E8.40.1	车挡检验批质量验收记录表
	E8.40.1Y	现场验收检查原始记录表（道口铺设）

表 8.2.3　轨道工程合格证及试验报告明细

编号	类型	名称	备注
1	合格证	商品混凝土出厂合格证	混凝土搅拌站提供
2		道钉锚固剂合格证	
3		橡胶道口板合格证	
4		橡胶嵌条合格证	
5		钢材合格证	
6		混凝土轨枕合格证	含长、短轨枕及岔枕
7		道岔合格证	含单开道岔和交叉渡线
8		扣件合格证	含橡胶垫板、尼龙套管及弹条
9		钢轨合格证	
10	试验报告	橡胶道口板及橡胶垫板试验报告	
11		铝热焊焊接接头试验报告	型式试验
12		锚栓抗拔试验报告	
13		钢材（HRB400）试验报告	
14		混凝土试块试压报告（同养）	
15		混凝土试块试压报告（标养）	

PART NINE

第九章

地铁轨道工程信息化应用

地铁轨道工程一般包含正线轨道、停车场及车辆段轨道施工，涵盖一般及中等道床（岔）、高等减振垫浮置板道床（岔）、特殊减振道床（岔）、碎石道床（岔）、交叉渡线、柱（壁）式道床等道床类型，铺轨体量大，工艺类型多，站后专业交叉频繁，安全风险压力大。需要利用现代化、信息化的管理手段，对铺轨基地建设、复杂道床施工、交叉作业进行提前仿真演练，消除施工盲点，优化施工流程，提高施工效率。需要利用网络化视频监控管理手段，加大对风险较大项目施工过程的监控。通过信息化、虚拟现实技术以及网络化视频监控技术在地铁轨道工程的应用，全面提高施工过程的管控能力，综合提升施工技术及安全管理水平。本节部分内容及数据参考长沙地铁 6 号线轨道工程。

第一节　BIM 技术在地铁轨道工程应用

一、BIM 技术概述

BIM（Building Information Modeling，建筑信息模型）是以建筑工程项目的各项相关信息数据作为模型的基础，进行建筑模型的建立，通过数字信息仿真模拟建筑物所具有的真实信息。BIM 技术是现阶段国内主推的工程建设信息技术，已经在全球范围内得到业界的广泛认可。它可以帮助实现建筑信息的集成，从建筑的设计、施工、运行直至建筑全寿命周期的结束，各种信息始终整合于一个三维模型信息数据库中。设计团队、施工单位、设施运营部门和业主等各方人员可以基于 BIM 技术进行协同工作，有效提高工作效率，节省资源，降低成本，实现可持续发展。BIM 技术作为一种新的建造技术在高层建筑、高铁、地铁、地下综合管廊等施工领域中得到了广泛应用，其所见即所得的技术优势极大提升了工程的管理水平。

BIM 的核心是通过建立虚拟的建筑工程三维模型，利用数字化技术，为模型提供完整的、与实际情况一致的建筑工程信息库。该信息库不仅包含描述建筑物构件的几何信息、专业属性及状态信息，还包含了非构件对象（如空间、运动行为）的状态信息。借助这个包含建筑工程信息的三维模型，可大大提高建筑工程的信息集成化程度，从而为建筑工程项目的相关利益方提供一个工程信息交换和共享的平台。

BIM 不仅可以应用在设计中，还可应用在建设工程项目的全寿命周期中。用 BIM 进行设计属于数字化设计，BIM 的数据库是动态变化的，在应用过程中不断更新、丰富和充实，为项目参与各方提供了协同工作的平台。

二、国内外现状

随着我国建筑行业的快速发展，越来越多的企业开始采用 BIM 技术来提高自身生产效率和产品质量。目前国内已经有不少大型工程公司以及建筑工程公司使用 BIM 软件进行项目施工管理，但由于各种原因，BIM 技术的应用并不是很普遍。究其原因，主要是传统建筑设计方式难以实现复杂工程项目的全生命周期信息共享和协同管理。同时，一些工程项目设计图纸也不够详细、精确，导致在实施过程中遇到许多困难。

据不完全统计，目前全球已有超过 2 亿用户使用 BIM 软件进行施工、设计和管理项目。此外，在国内市场上也有越来越多企业开始采用 BIM 技术来降低成本、提高效率，从而实现经济效益最大化。根据美国著名建筑信息咨询公司 ENRIOT 公司提供的数据显示，目前在美国每年将有大约 50 万建筑物通过 BIM 技术建造起来，其中只有不到 1%是传统意义上的“智能”建筑，而中国更是以高达 51%的比例成为 BIM 技术应用领域最大的国家之一，预计到 2030 年，这一数字将会达到 80%以上。尽管我国 BIM 应用尚处于起步阶段，但未来的发展前景十分广阔。

BIM 技术的价值主要体现在 BIM 的 3D 展现能力、BIM 的精确计算能力以及 BIM 的协同沟通能力上，据普华永道的研究报告，BIM 技术可使建设周期缩短 5%（其中，沟通时间减少 30%～60%，信息搜寻节约 50%），成本减少 5%。基于 BIM 的价值可以在传统建筑施工上产生以下新的变化：

（1）新理念的产生。BIM 技术的协同能力可使得建筑设计、施工、运营维护的过程集中于 BIM 平台上，可形成建筑全寿命周期理念，类似还可以形成建筑知识管理理念、新的建筑认知体系等。

（2）资源的重新整合和配置。BIM 技术是以数字为基础，可以结合“大数据”“云计算”等技术做好资源的动态管控，实现资源的重新整合和配置。

（3）新的思维及工作方式。BIM 技术“所见即所得”的思维理念会对建筑施工带来新的改变，如 3D 虚拟模型及衍生的“*n*D”功能（4D 动画，5D 造价……）等，思维改变也必将带动工作方式的变化。

三、BIM 技术在轨道工程全寿命周期内的应用

鉴于 BIM 技术的 3D 展现能力、精确计算能力以及协同沟通能力，将其应用到绿色建筑中可以很好地体现出绿色建筑的特点。借鉴国内外 BIM 技术在建筑施工管理中取得的良好实践，将 BIM 技术应用于绿色建筑的全寿命周期中（见表 9.1.1）。

表 9.1.1　BIM 技术在建筑全寿命周期内的应用

项目阶段	BIM 技术应用
决策阶段	（1）场地建模、漫游。在技术方案中，按照客户对建筑的需求，建立建筑的 3D 模型，使得各参与方对绿色建筑从一开始就有直观便捷的认识。 （2）规划定位，用地检查
开发阶段	（1）实现多系统协同合作，提高设计质量。对建设项目的各系统进行空间协调、消除碰撞冲突，大大缩短了设计时间且减少了设计错误与漏洞，进而提高设计的质量。 （2）模拟施工过程，提高可施工性。 （3）保证工程文件和设计图纸的准确性。 （4）仿真模拟散铺基地和机铺基地，可以提前了解很多场地布置上的问题，提高场地资源利用率，改进施工方案，优化场地配置

续表

项目阶段	BIM 技术应用
实施阶段	（1）4D 模拟，动态配置资源。三维建筑模型与进度编排相结合，可以实现一个 4D 动态模拟模型，及时发现施工过程资源配置风险，指导一线员工熟悉施工流程。 （2）利用工程算量，实现精益化施工。精确地掌握施工进度、成本、质量等方面的信息。对施工中资源配置进行动态管理，使精益化施工成为可能。 （3）构件的施工指导。对于一些结构特殊的构件，可以利用 BIM 建立 3D 模型，以一定比例制作实体模型，便于熟悉特殊构件的定位放线、模板制作和搭建
结束阶段	（1）提供建筑的使用情况和性能。提供入住人员和容量、建筑已使用时间、建筑财务方面的信息以及建筑的所有物理信息，以便于业主掌握信息，做出合理的决定。 （2）故障影响分析。便于管理人员后续的维修保养，实现建筑的升值、保值。 （3）安全管理及应急管理。利用 BIM 及仿真技术模拟运营过程的安全管理以及突发事件的管理，为决策提供依据和预案制订

四、BIM 应用的关键技术

BIM 技术的关键是模型和信息化，以模型为基础、信息为核心进行应用。因为该项目是地下轨道交通项目，所以拟采用 Autodesk（欧特克）公司系列软件和 Bentley（奔特力）系列软件结合进行构建建模，具体实施流程如图 9.1.1 所示。

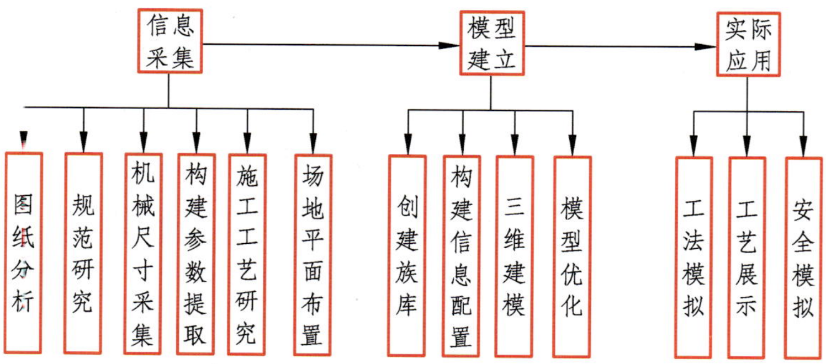

图 9.1.1　BIM 技术实施流程

（一）信息采集

（1）图纸分析。根据设计图和施工图对全线轨道工程专业（以长沙地铁 6 号线为例）进行分析，主要统计本线路中各个类型的道床、道岔、相关工程及所用零部件类型。

（2）机械尺寸采集。采集轨道工程中所用的机械设备实际型号类别和相关尺寸规格数据。

（3）构建参数提取。根据实际采购构建，对不同类别构建进行测量，以取得相关构建详细参数。

（4）规范研究。通过对最新规范和设计所参考的规范文件进行分析，结合铁路 BIM

联盟出版的相关标准和指南，制定工程轨道专业的 BIM 技术要求。

（5）施工工艺研究。通过对施工组织设计中采取的施工工艺进行分析研究，分解施工流程，并以此为依据制定工艺工法，展示流程和必要细节。

（6）场地平面布置。工程设有机铺基地和散铺基地，分别对两种基地进行平面布置，并在综合考虑交通、作业、安全、环境卫生的条件下进行优化。

信息采集主要是进行构件、机械和零部件的类型和详细参数进行统计和实际测量。对施工工艺流程进行梳理和步骤分解，并对相关规范和参考文件进行研究，规定 BIM 模型制定的标准和依据。对机铺基地和散铺基地平面布置进行详细规划，为后续建模工作和 BIM 模型应用工作提供必要的数据支持和参考规定。

（二）模型建立

（1）创建族库建立。根据第一步统计数据，分别对不同类型的构建、机械和零部件逐一进行三维建模，建立轨道专业 BIM 技术所必需的族库。

（2）构件信息配置。将族库所有模型详细参数录入相应模型，并对其进行材质添加，对关键混凝土结构进行配筋布置。

（3）三维建模。利用相关软件进行建模，主要对道床（一般、中等、高等、特殊、碎石、平交道口）、道岔（碎石、单开、交叉渡线）和相关施工机械进行建模。

（4）模型优化：对已建立模型进行检查，整体三维模型进行碰撞测试，布置细部构建，以及对模型进行渲染。

模型建立是 BIM 技术的关键过程，是把工程建筑结构由二维图纸向三维模型转变的过程，由 BIM 技术人员使用专业图形工作站和相关软件进行建模。该过程不仅产生三维模型，还可以对设计进行验证，发现设计图纸中存在的问题。对铺轨基地场地布置和内部作业亦可进行模拟，优化布置，提高场地空间利用率和作业效率。

五、BIM 应用的技术解决方案

（一）人员配置

基于项目需求，特成立 BIM 技术小组，由项目经理任组长，项目总工程师任副组长，在工程部下设 BIM 工作室，设 BIM 主管 1 名，组员 2 名，根据项目情况酌情配置外协单位。

（1）BIM 领导小组组长：负责 BIM 技术方案总体规划安排，监督计划实施进展情况。

（2）BIM 领导小组副组长：主要负责技术方案制定、督导计划执行，联系外协单位，制订协作方案。

（3）工程部长：结合项目进度对计划进行调整。

（4）BIM 技术主管：人员分工安排与进度计划制定和实施。

（5）项目成员：根据计划安排进行内外业作业。

（二）硬件设施配置

BIM 技术使用必要硬件设备是图形工作站，计划配置 2 台电脑，高性能台式电脑及笔记本电脑各一台，具体参数见表 9.1.2。

表 9.1.2　BIM 技术硬件设施参数

参数	ThinkPad P 系列	Intel i9
显示设备	FHD/4K	4K/200 Hz 及以上
CPU	i7-9850H 及以上	i9-9980H 及以上
内存	32G 及以上	32 G 及以上
硬盘	1T 及以上	1 T 及以上
显存	6G 及以上	6 G 及以上

注：以上仅为市场较常用建模工作站，因为考虑到模型后期处理问题，建议选择专业图形工作站，参考建模软件对 CPU、内存、显卡、显示器等硬件提出以上参考数据。

（三）配套软件

目前，BIM 技术人员拥有各系列建模软件和深化软件，主要应到本工程中的软件如下：

（1）Autodesk 系列软件：Autodesk Revit、Autodesk Navisworks、Autodesk 3Ds Max、AutoCAD Civil 3D 等。

（2）Dassault 系列软件：CATIA 三维参数化的建模与设计系统。

（3）DELMIA 施工过程模拟的虚拟仿真系统。

（4）SIMULIA 有限元分析计算系统。

（5）ENOVIA 项目管理和协同系统。

（6）其他系列软件：SketchUp、Pix 4D 等。

（四）辅助设备

对所有铺轨基地进行场地布置建模，需要无人机进行影像采集，项目部有专业航测人员。为满足影像资料清晰度和精准定位，拟采用大疆精灵 4Pro RTK，为便于作业，另外需要配备用电源。

（五）VR 体验馆

利用已建好的三维模型，对其进行深度渲染，结合 VR 技术和相关设备可以建立 VR 体验馆（综合体验中心）。

（六）外协单位

因人力、资源和时间有限，根据需求精细化程度，会将 BIM 工程部分作业内容与外部人员进行对接，与外部人员互相协作共同完成。

六、BIM 技术在轨道工程中的具体应用

BIM 技术在轨道工程可用于如下方面：

（1）工法模拟：主要对整体道床混凝土浇筑、构件安装等工法进行模拟。

（2）工艺展示：对不同道床、道岔施工工艺进行模拟展示，能更直观地对施工作业人员进行培训指导。

（3）安全模拟：模拟施工作业过程，并模拟安全事故发生及人员自救互救，指出危险源，增强现场人员全防范意识。

BIM 技术可利用前期建立的模型进行动态模拟，分别展示施工工艺，模拟工法。一方面将施工工艺详细操作流程进行展示，可以更好地指导现场作业人员；另一方面也可以对施工工艺进行优化，对其中存在的问题和不足进行施工前改进。同时可以模拟现场事故、对作业人员进行安全培训和紧急救援指导。

在施工阶段，BIM 专业工程师可以利用 BIM 的可视化、虚拟化、协同管理、成本和进度控制等优势，提升工程决策和施工管理水平，减少返工和浪费，有效地缩短工期，提高工程质量和经济效益。地铁施工具有工期短，施工工程量大，专业繁多复杂等特点，因此 BIM 技术的应用愈显重要。

采用 BIM 技术可使整个施工项目在整个施工过程中实现管理标准化、信息化、过程化、精细化，能够有效地实现建立资源计划、控制资金风险、节省能源、节约成本、降低污染、提高效率。应用 BIM 技术改变传统的项目管理理念，引领建筑信息技术走向更高层次，从而大大地提高地铁建设的速度，为城市轨道交通开启新的建设模式。

轨道工程施工中，主要使用 BIM 中几项主流软件（Autodesk Revit、Autodesk Civil 3D、Autodesk Navisworks）对施工工序进行三维建模，制作成模型图解及工艺动画视频，管理人员能更直观、高效地了解轨道施工工艺及质量管控要点，迅速提高施工生产效率。

一般及中等道床施工 BIM 模型见表 9.1.3，钢弹簧浮置板整体道床 BIM 模型见表 9.1.4。

表 9.1.3　一般及中等道床施工 BIM 模型

项目	图解
铺轨基地固定台位轨排拼装施工及轨排吊装	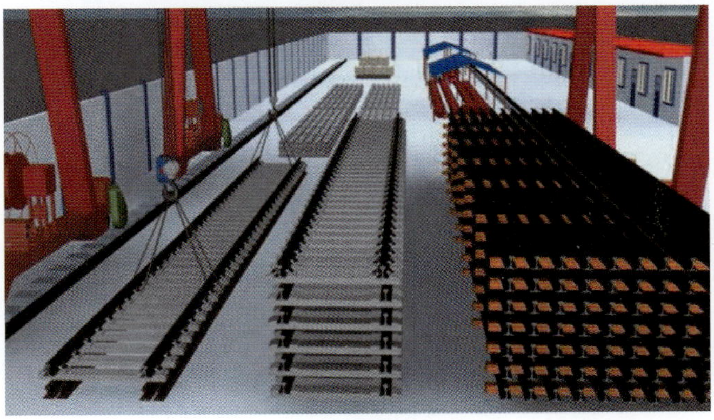

续表

项目	图解
地铁铺轨车走行系统安装、施工现场地铁铺轨车组装	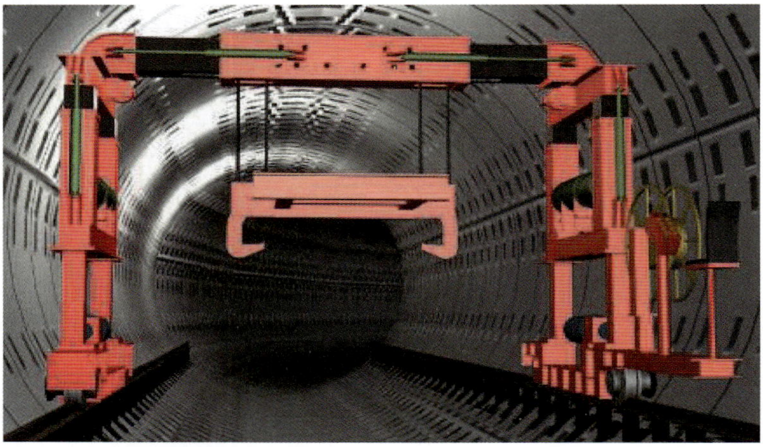
铺设基底钢筋网、地铁铺轨车吊运轨排运输至施工待铺点	
地铁铺轨车就位后，进行轨排铺设、架立、模板安装等施工	

续表

项目	图解
依据 CPⅢ控制网测量数据和轨道设计线形数据，通过轨检小车对轨排进行精密测量和精确调整	
轮轨式混凝土搅拌车运输至施工现场，地铁铺轨车吊送料斗浇筑混凝土	

表 9.1.4　钢弹簧浮置板整体道床 BIM 模型

工序说明	施工图解
铺轨基地进行钢弹簧浮置板钢筋绑扎，形成钢筋骨架	
龙门吊走行轨铺设；基地处理；基地钢筋绑扎、模板安装；基底混凝土浇筑	

续表

工序说明	施工图解
水沟盖板安装；隔离层铺设	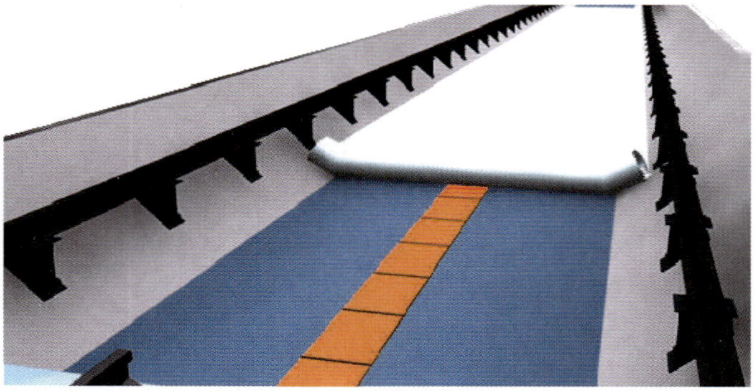
利用轨道车进行钢筋笼运输，地铁铺轨车吊运就位	
钢筋笼铺设，初调就位，剪力铰、伸缩缝模板安装、隔振器调整等施工	
依据 CPⅢ控制网测量数据和轨道设计线形数据，通过轨检小车对轨排进行精密测量和精确调整	

续表

工序说明	施工图解
轮轨式混凝土运输车运输至施工现场，地铁铺轨车吊送料斗浇筑混凝土	
浇筑完成浮置板道床，整段达到强度后进行顶升施工	

第二节　智慧云平台在地铁轨道工程应用

一、智慧云平台系统应用背景

地铁轨道施工期间，正式的通信系统尚未建立，地铁隧道内因无有效通信方式，导致隧道内和地面指挥部只能靠步行传递信息，管理手段原始落后，效率低下。尤其是行车和施工组织因通信不畅导致同一行车区段在同一时间内只能开行一列机车，行车组织效率低，且调度命令等指示不能及时、有效地传达给行车作业人员，极易造成由于臆测行车、盲目施工而导致发生安全事故。随着轨道交通建设竞争日益激烈，企业的生存和发展必须高度重视施工安全和成本控制。

采用针对轨道交通工程特点的综合调度指挥、安全管理智慧云平台系统，能有效地将项目、车辆、设施、物资、人员、环境等资源进行整合，构建一个实时高效的综合调度及监管平台，为指挥管理人员提供技术手段及决策依据。同时，进行施工作业区的智能化、自动化的管控，形成人管、技管、物管、联管、安管五管合一的立体化管控格局，确保安全生产。

二、智慧云平台系统设计原则

调度指挥集成系统要求在设计中采用先进、集成、安全、可靠的技术，同时考虑功能需求的变化和应用技术的快速发展，要求整个系统性能具有先进性、可靠性、安全性、开放性、易用性、标准化、可扩充性，以此确保能建成技术先进、实用可靠、经济合理、具有国内外先进水平的综合安防系统。系统设计遵循以下原则：

（1）先进性：系统应具有先进性，避免短期内因技术陈旧造成整个系统性能不高或者过早淘汰。

（2）可靠性和安全性：在充分考虑先进性的同时，应立足于用户对整个系统的具体需求，应优先选择先进、适用、成熟的技术，最大限度地发挥投资效益，所以系统应具有很高的可靠性和安全性。

（3）开放性：计算机网络选择和相关产品的选择要以先进性和适用性为基础，同时考虑兼容性。

（4）易用性：软件应操作方便，采用中文图形界面。

（5）标准化：系统产品应符合国际、国家、行业标准，便于多次升级和兼容新产品。

（6）可扩充性：软件采用面向对象的结构设计，具有一定的灵活性、可操作性和可扩展性，在今后业务发生变化时，模块的增加和对模块的修改不应对其他模块产生影响。系统设备采用模块化结构和总线通信方式，在系统规模扩展时，增加相应的模块即可。

三、智慧云平台系统

（一）系统概述

为切实规范隧道、地铁等施工安全管理，提升工程质量安全管理水平，在轨道施工时应用适用于隧道内外的综合调度指挥、安全管理系统——城轨工程智慧云平台（以下简称智慧云平台）。

智慧云平台以调度指挥、安全管理为中心，采用无线网络通信技术，从实用性出发，结合系统的安全性和保密性，系统构建在 WiFi 组网系统的专用网络上，所有的数据信息均可通过 WiFi 组网系统来传输。智慧云平台统一实现功能调用、设备控制、报警提示与数据查询等综合应用管理。

（二）系统架构

根据铺轨工程的建设需求，智慧云平台核心系统架构如图 9.2.1 所示。

（三）系统部署

根据项目控制中心、铺轨基地地理位置、周边环境及站台或下料口结构功能分布，在隧道内进行网络全覆盖，各子系统之间相互配合，实现施工区域安全的同时，建立起一套完善的、功能强大的技术防范体系，以满足本项目对安全管理的需要以及综合调度指挥的需要，实现人防、技防、安防的统一与协调。

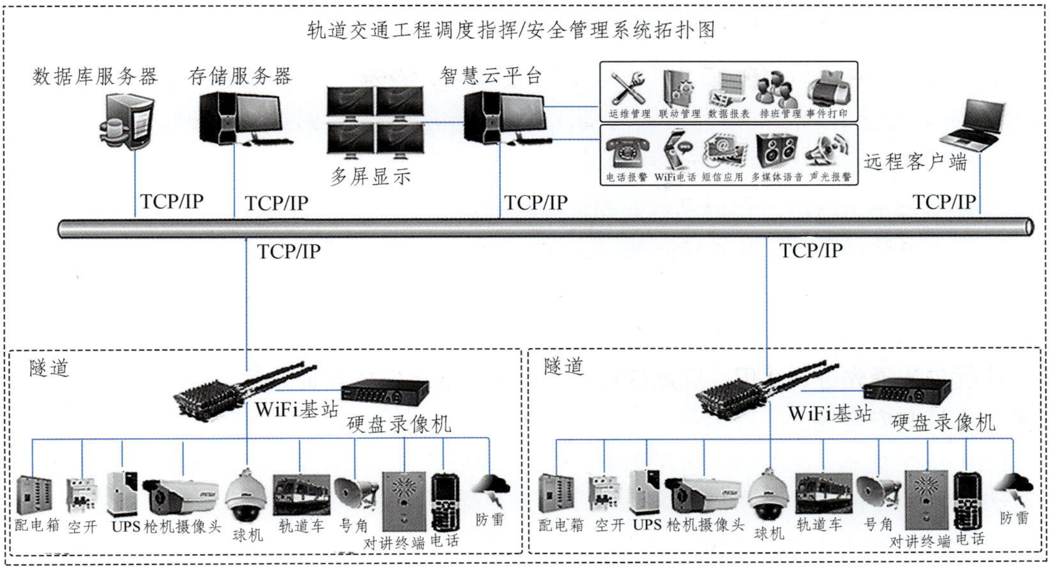

图 9.2.1　智慧云平台系统架构

对系统的建设建议包括下列区域及部位：

（1）项目经理部：宜包括项目经理部周界、外缘区域、办公区、生活区等。

（2）铺轨基地：人员、车辆出入口，办公区和物资堆放区。

（3）轨行区：包括轨行区进出通道、站台、下料区和轨行区重要位置。

四、智慧云平台系统功能简介

智慧云平台主要由 WiFi 组网系统、高清视频监控系统、车载智能化系统、人员定位管理系统、语音调度指挥系统和大屏显示系统等子系统构成，系统主要功能如图 9.2.2 所示。

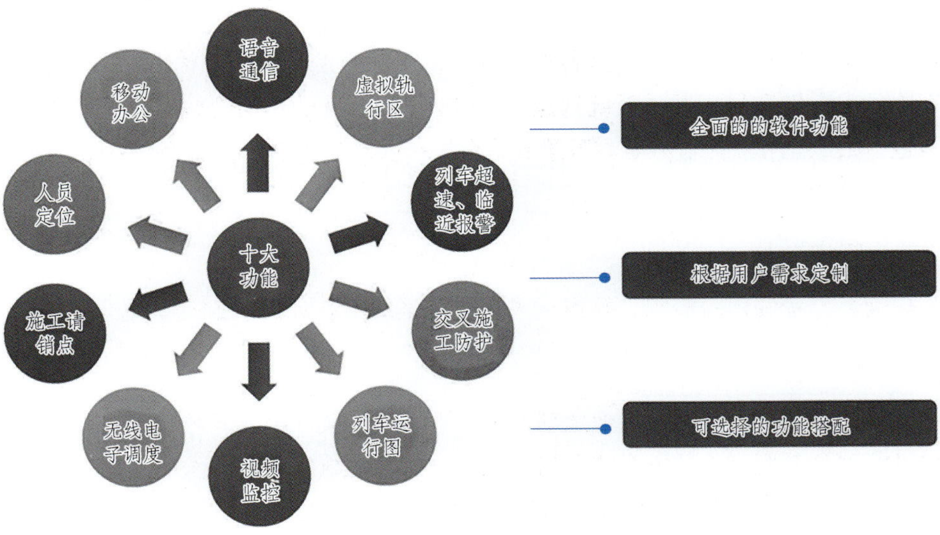

图 9.2.2　智慧云平台系统功能

（一）WiFi 组网系统

1. 系统介绍

WiFi 组网系统为隧道无网络环境下设计的专用无线覆盖方案，它是由网关路由器、交换机、WiFi 基站、网桥等网络传输设备组成的，可解决隧道内的网络问题。本系统根据现场情况和覆盖需求进行现场勘测和网络覆盖设计，覆盖范围包括项目的铺轨基地、轨行区和站台等区域。根据各项目的实际需求进行无线接入点部署设计，是实现轨行区安全管控平台基础设施的重要组成部分，是完全从实用性的角度出发设计的。

2. 系统功能

（1）机车通信：隧道内的机车车载设备可以通过 WiFi 组网系统与外界进行通信。

（2）手机通信：隧道内作业人员的手机可以通过连接覆盖的 WiFi 网络与外界进行通信。

（3）视频传输：隧道内的摄像机可以通过系统来进行数据传输。

智慧云平台 WiFi 组网系统框架如图 9.2.3 所示。

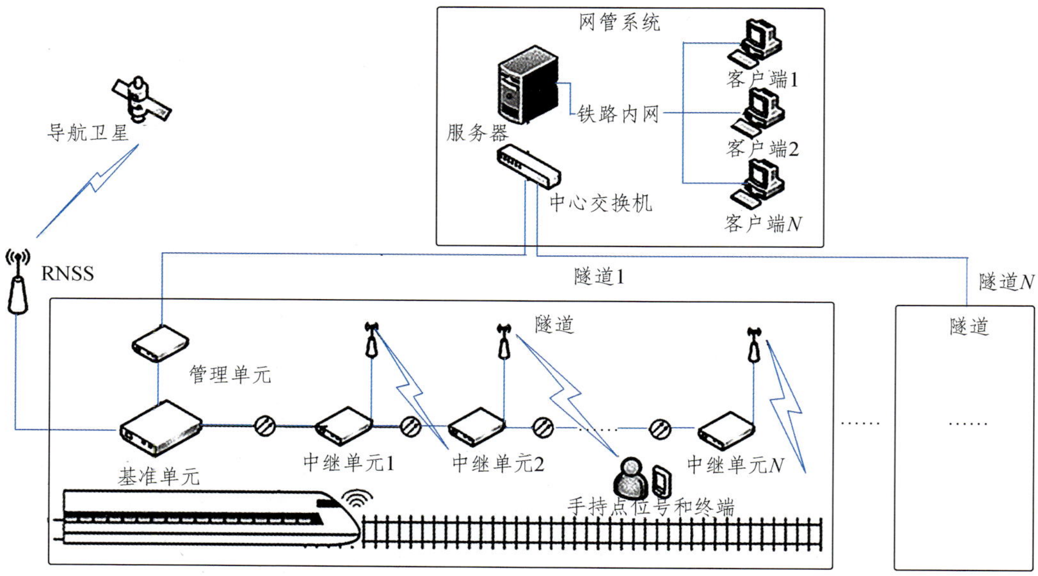

图 9.2.3 智慧云平台 WiFi 组网系统框架

（二）视频监控系统

1. 系统介绍

视频监控系统整体分为前端采集部分、网络传输部分和中心管理部分。视频监控系统框架如图 9.2.4 所示。

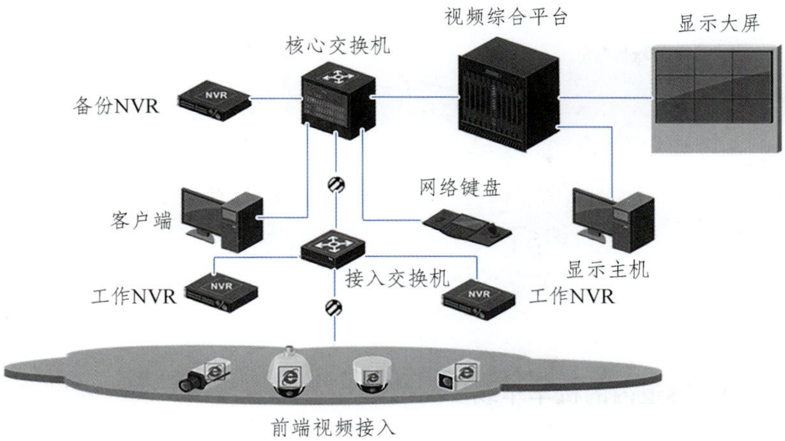

图 9.2.4　智慧云平台视频监控系统框架

2. 系统功能

数据采集子系统主要由图像采集设备：高清红外摄像机、网络硬盘录像机、网络传输设备等组成，可完成录像数据的本地储存以及相关信息的网络上传等任务。

（1）高清红外线摄像机：本系统采用 400 万像素高清摄像机，分辨率高达 1 920×1 080（含 OSD 信息），单台高清摄像机覆盖面积广。

（2）网络硬盘录像机：采用 32 路视频接口模块，标配 4TB 容量的硬盘，24 h 不间断录像，可保存 15 d 以上。

（3）网络传输设备：包括网桥、交换机、WiFi 基站等，将录像机采集的数据传输到后端存储设备上。

（三）车载智能化系统

1. 系统介绍

列车的行车作业是轨行区的最大危险源之一，通过给轨道车加装车载智能系统以达到管控目标，车载智能系统是基于无线通信的安全控制系统，它是一套独立的系统，系统主要由车载主机、人机交互屏幕、IP 视频监控、列车速度探测仪、列车定位设备、轨旁设备、地面数据处理主机等部分组成。智慧云平台车载智能化系统如图 9.2.5 所示。

2. 系统功能

（1）语音预警功能：机车出现超速行为、临近施工区段或其他机车时，系统同时向司机与调度室进行语音报警，提示司机注意减速、加强瞭望。

（2）超速报警：列车调度员可根据不同路段的线路质量状况，设置机车最高运行速度，当列车运行速度超过该速度时，系统自动向司机和调度进行报警提示，并将报警数据保存在系统内，以备后查。

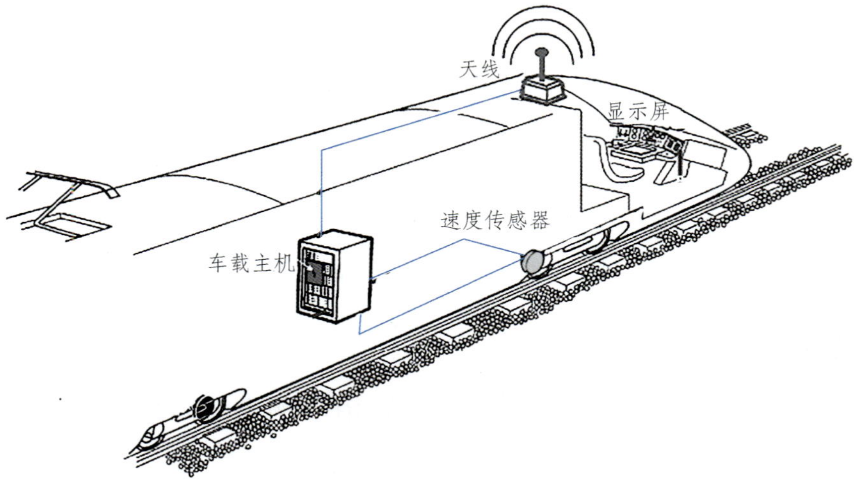

图 9.2.5　智慧云平台车载智能化系统

（3）接近报警：列车调度员可对影响行车的施工地段和道岔、路口等关键地点进行标注，当机车运行接近到标注位置时，系统自动向司机和调度提醒。

（4）临近报警：相同线路上两辆运动机车位置接近 1 km 时，系统向司机语音报警，同时向调度报警。并记录报警发生的时间、车辆、里程、速度等信息（包含隧道内无网络情况下的相互报警语音功能的记录信息）。

（5）防护牌报警：针对大铁线下作业密集人员作业或有侵限行为作业时，作业人员将电子防护牌开启并放置于作业区间附近，当机车临近时，电子防护牌会对作业人员，机车司机，调度室人员进行报警，提示施工人员下道避让，司机减速慢行，调度员注意观察。所有报警信息，系统将自动进行记录，以备后查。

（6）即时通信功能：在轨道车加装数字终端机，司机可通过语音对讲与管理中心取得联系。

（7）视频领航功能：在地铁隧道和地铁长轨大列进行顶进作业时，司机只能通过转运车长的语音指示进行指挥，其视觉感官上一直处于盲区状态。而视频领航系统可以通过将车载设备从设备放置于长轨大列或者平板车最前端，将前端视频信息实时显示于机车车载终端显示屏上，使司机可以通过观察，再配合转运车长的语音指示，降低施工风险、提高工作效率。

（8）调度命令功能：列车调度员可通过本系统拟写行车（施工）调度命令，并向司机、转运车长、车站值班员无线传输下达指令并语音提示，司机通过触摸屏系统点击“确认”后，“命令已接收”的信息可自动反馈至调度，在司机未确认前，语音提示不间断。

（9）机车检测功能：系统根据线路制作特定的虚拟轨行区地图，采用无源信标定位系统对机车进行定位，并在车载显示器、智慧云平台上显示机车的实时速度和位置。

（10）列车运行图：调度人员可使用该功能进行列车计划运行图的绘制，列车运行图采用铁路专用的十分格。计算机可自动生成列车的实时运行轨迹，列车区间运行所在线别可用不同的颜色区分。

（11）交叉施工及虚拟安全防护：调度人员通过施工计划，针对轨行区交叉施工影响行车的情况，在其施工区段进行施工防护区域的设置和标注，施工区域信息在二维地图显示，当施工列车运行至施工区域附近时，系统自动向调度中心和车辆司机报警，提示司机注意行车安全。司机可通过车载系统屏幕了解其行车范围内所有的施工分布状况，可极大提高行车的安全性。

（四）语音指挥调度系统

1. 系统介绍

语音指挥调度系统可以适用于各种作业现场的指挥及调度，指挥中心可以通过语音、视频、数据、文字信息等综合指挥手段与作业人员进行通信，满足各种复杂环境下的指挥调度业务的需要。系统支持丰富的终端类型，可以满足用户对固定岗位、移动人员及车辆设备等不同环境的使用需求。根据人员岗位和工作性质的不同，可以配置网络电话、手机和车载数字终端机等终端设备。基于软交换技术架构的通信指挥调度系统，在语音通信、数据传输等方面具有领先的技术和优异的性能。

2. 系统功能

（1）语音实时对讲：支持单呼、组呼、保持、转移。

（2）短信收发：支持短信息收发功能，在语音通话质量低下时可采用文字短消息进行联络沟通。

（3）录音：调度员在通话过程中可随时启动录音功能，实现实时录音。

（4）对讲机应用：用户终端机在系统服务器注册成功后，实现对讲功能，使用时只需按住对讲键即进入对讲状态。

（五）广播系统

1. 系统介绍

隧道广播系统是为中心调度室及隧道施工人员设计的另一重安全保障系统，是在出现事故或紧急情况时提供的紧急专用通信系统，适用于多作业人员的情况。其辐射面较语音通信更为广阔，是隧道日常通知和紧急救援的方式之一。

该系统采用了 IP 网络的设计方式，在原有的 WiFi 网络系统下进行数据传输，是一套纯数字传输的音频扩声系统。彻底解决了传统广播系统存在的音质不佳，维护不便等问题。该系统使用简单，每个接入点无需单独布线，安装扩展方便快捷。

2. 系统功能

广播系统功能主要包括：① 寻呼机可连接扩音广播等终端；② 可按照需求对这些广播终端灵活编组；③ 一键式广播，可快速呼叫指定的广播终端，终端收到广播消息后自动打开扩音声道播放广播。

（六）人员定位管理系统

1. 系统介绍

隧道人员定位管理系统是集隧道施工人员具体位置定位、人员考勤日常管理等功能于一体，使管理人员能够随时掌握施工现场人员、机具的分布状况，便于进行更加合理的调度管理以及安全监控管理。当发生事故时，救援人员可根据该系统提供的数据、迅速了解有关人员的位置情况，及时采取相应的救援措施，提高应急救援的工作效率。

智慧云平台人员定位管理系统示意图如图 9.2.6 所示。

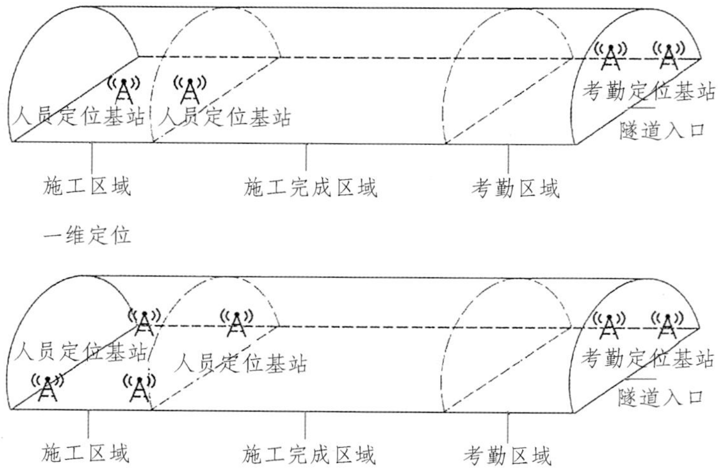

图 9.2.6　智慧云平台人员定位管理系统

2. 系统功能

（1）定位管理功能：可以查询进入隧道的人员身份及所处位置。

（2）考勤管理功能：通过定位基站可以判断出施工人员的出入场时间以及次数。

（3）安全管理：管理员在虚拟轨行区上可以看到人员及机具的实时位置，在安排行车或接触网供电时，可以很好地避免因人为疏漏所造成的安全隐患问题。

（4）紧急救援：在发生安全事故时，依靠人员定位系统可以快速地查看到隧道内的人员分布情况，救援人员可以直接准确地展开营救行动。

（七）智慧云平台

智慧云平台是基于中心调度室设计的是一个综合管理集中平台，平台建立了统一资源、统一人员管理的新型管理模式。系统通过对所有子系统的模块集成，以平台方式设计，将城轨工程运输调度、轨行区综合管理、轨行区监控以及轨行区文明施工等因素进行综合分析。智慧云平台如图 9.2.7 所示，其具有的功能如下。

图 9.2.7　智慧云平台

1. 电子虚拟轨行区（见图 9.2.8）

电子虚拟轨行区以虚拟电子地图的方式在电子大屏幕中显示轨行区车辆运行实时状态（实时速度、实时位置）、轨行区路段限速状况、轨行区交叉施工实时状态、轨行区道床分布、轨行区坡度等信息，可快速扩展展示施工需要的任意数据，便于调度人员实时掌握轨行区现场动态。虚拟轨行区作为系统的软件核心功能之一，主要设计目标是以直观的方式向各级管理者和调度提供轨行区的整体实时状态展示。设计方式参考地铁运行 OCC（运行控制中心）系统方式设计，专业性较强。

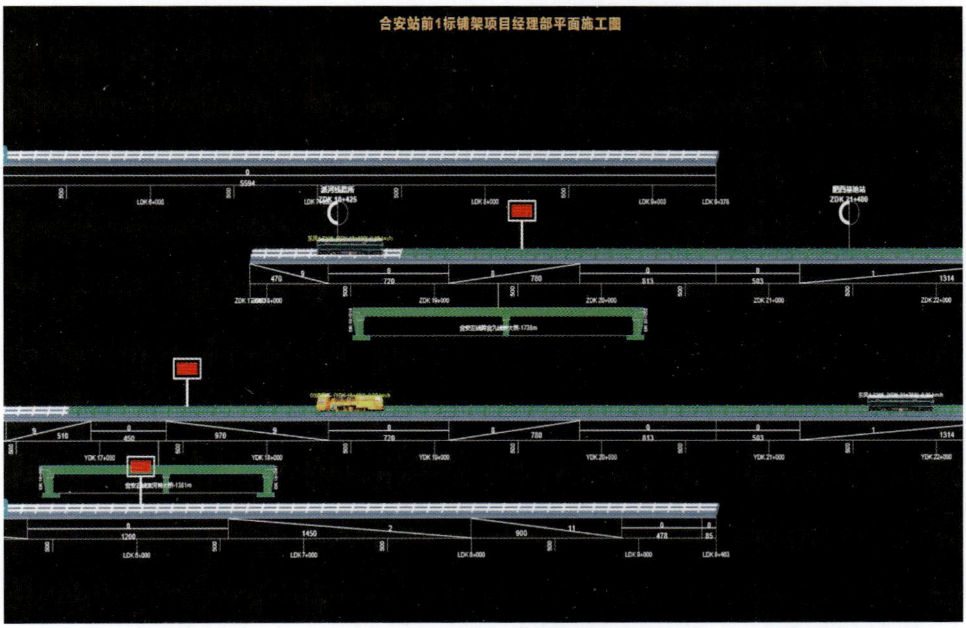

图 9.2.8　电子虚拟轨行区

2. 列车限速及超速报警功能

轨道单位行车调度人员通过不同路段的路面质量和施工情况，对每个路段设置不同的列车运行最高速度，当工程车辆运行至该区段时，如果超过设置的最高速度，则工程车辆与调度室系统同时自动报警，并且存储报警信息记录。

3. 虚拟临近报警

轨道车辆在轨行区进行运输工作时，系统实施监控隧道内所有的交叉施工范围和其他轨道车辆的运行位置。当相邻轨道车之间的距离小于调度设定的距离时，系统自动向两台轨道车同时报警。当轨道车运行临近交叉施工区域时，系统自动向轨道车司机提示前方交叉施工的位置，提醒司机注意减速行车。

4. 轨道车物理临近报警装置

在所有进入轨行区的轨道车安装临近报警装置，当车辆接近 800 m、300 m、100 m 时，轨道车报警装置自动提示司机注意减速，减少机车相撞和追尾事故。

5. 交叉施工及虚拟安全防护

调度人员通过施工计划，针对轨行区交叉施工影响行车的情况，在其施工区段进行施工防护区域的设置和标注，施工区域信息在二维地图展示。当施工列车运行至施工区域附近时，系统自动向调度中心和车辆司机报警，提示司机注意行车安全。司机可通过车载系统屏幕了解其行车范围内所有的施工分布状况，可极大提高行车的安全性。

6. 电子列车运行图绘制

电子列车运行图绘制功能采用国际通用的十分格电子运行图标准设计，调度人员可通过软件绘制电子版的列车运行图、列车计划图，系统可根据车辆的实际运行情况自动绘制列车的实际运行轨迹。同时，本功能利用列车运行图的规范，进行扩展，将交叉施工以块状绘制在列车运行图中，可用于自动检测每日列车计划和施工计划是否合理。本功能可协助调度人员在批准施工计划和行车计划时提高合理性，避免由于疏忽造成计划冲突而导致的施工安全风险。

7. 视频监控

轨行区管理中，由于线路里程长，巡视投入人力大，管理者很难掌握各施工单位的实际施工状态，不按要求施工、垃圾不能按要求及时处理、施工材料和施工机具乱拿乱放等现象难以及时发现。本系统的建设过程中，在隧道内关键、重点施工位置加装固定或移动摄像头，在工程运输轨道车辆前端加装领航摄像头，这些视频画面经过授权后可实时传输到管理者的手机或者电脑。尤其是轨道车前端视频，将成为管理者了解隧道内轨行区施工状态的眼睛，只要轨道车经过的路段，管理者即可实时了解情况，并可通过手机或电脑进行屏幕录制和拍照，极大地提高了隧道内安全文明施工的监控能力。

8. 视频领航

隧道内多采用轨道车运输，但由于前方平板车货物阻挡，司机无行车前方视角，盲区行车危险性大，在前方加装摄像头后，司机可通过车载屏幕实时查看行车前方情况，可极大提高运输的安全性。

9. 无线电子调度命令传输

调度人员可通过本系统向轨道车下达调度命令，命令实时传输到轨道车辆，系统语音提示司机接收调度命令，司机通过车载屏幕查阅调度命令后，通过专用对讲机与调度进行确认，同时点击屏幕确认按钮确认调度命令，调度系统自动进行状态更改确认。无线传输的调度命令可避免多基地施工时纸质调度命令传送困难的问题，同时又能满足纸质调度命令的调度命令闭环传输原则，简单高效。无线电子调试命令传输流程如图 9.2.9。

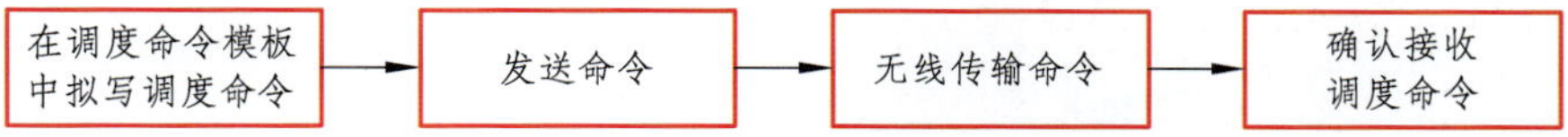

图 9.2.9　无线电子调度命令传输流程

10. 全线人员定位

通过在隧道安装人员定位基站，工作人员佩戴人员标签，可实现人员实时定位，并生成相应的统计表格以供查询。地面和高架桥也全程布置人员定位基站，可同样实现人员实时定位。

11. 移动办公

本系统提供的主要功能均有安卓手机版软件，管理人员可通过智能手机实时了解现场状况和工作动态，使得管理人员在外出时也能实时了解现场状态。

（八）总控中心

总控中心是全公司或各项目的监控与调度体系的核心部分，具有极高的管辖范围和管理权限，不仅集成了上述所有子系统的功能，还设计了智慧云平台对其加以管理和控制。

总控中心利用 WiFi 组网系统，将所有采集到的视音频、数据、报警信息进行传输、存储、分析；利用强大的计算机技术根据授权进行远程访问，实现远程管控、为领导决策、指挥调度、处理突发事件提供及时可靠的视频信息。

通过外接的视频显卡，LED 液晶拼接显示墙系统可选择任意 M（行）×N（列）拼接形式，可对所有输入信号实现任意位置开窗、单屏显示、组屏显示、跨屏显示、整屏显示、图像叠加、图像缩放、图像漫游等显示方式。

智慧平台总控中心如图 9.2.10 所示，智慧平台显示终端如图 9.2.11 所示。

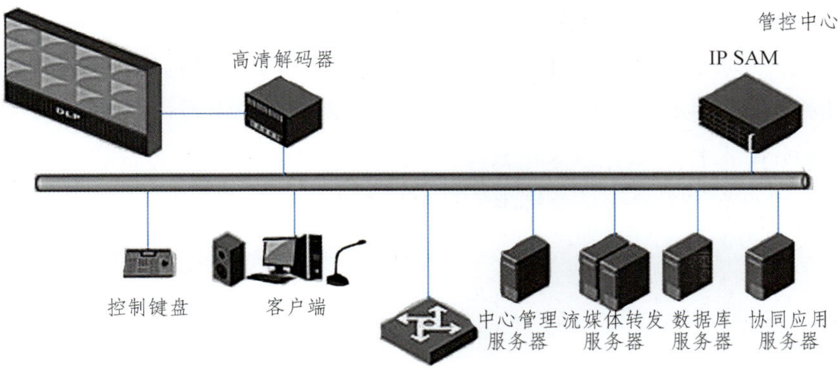

图 9.2.10　智慧平台总控中心

图 9.2.11　智慧平台显示终端

第三节　“二维码+互联网云技术”在地铁轨道工程应用

一、“二维码+互联网云技术”应用背景

传统工程施工过程中的人员管控、设备维护、施工流程管理等工作效率不高，多为人工传达或文件传达。在一系列传达的过程中，信息的时效性、准确性和保密安全方面容易出现偏差，不利于对工程施工的管理。

在信息化技术大量运用的时代，智能手机已全面普及，二维码具有储存量大、保密性高、追踪性高、抗损性强、备援性大、成本便宜等特性。“二维码+互联网云技术”在社会各行各业的应用已趋于普遍，且反馈良好，得到了社会广大受众的一致好评。

“二维码+互联网云技术”这些优秀特性应用到工程施工过程中，对于传统施工中出现的一些问题可迎刃而解。

二、“二维码+互联网云技术”概述

二维码又称二维条码，最常见的形式是 QR Code，QR 全称 Quick Response，是一个近几年来移动设备上流行的一种编码方式，它比传统的 Bar Code 条形码能储存更多的信息，也能表示更多的数据类型。

二维码是用某种特定的几何图形按一定规律在平面（二维方向上）分布的黑白相间的图形，是记录数据符号信息的。其在代码编制上巧妙地利用构成计算机内部逻辑基础的“0”“1”比特流的概念，使用若干个与二进制相对应的几何形体来表示文字数值信息，通过图像输入设备或光电扫描设备自动识读以实现信息自动处理。它具有条码技术的一些共性，每种码制有其特定的字符集，每个字符占有一定的宽度，具有一定的校验功能，同时还具有对不同行的信息进行自动识别的功能，以及处理图形旋转变化等特点。二维码能够在横向和纵向两个方位同时表达信息，因此能在很小的面积内表达大量的信息。

二维码和手机摄像头的配合将产生多种多样的应用，只需用安装二维码识别软件的摄像手机轻松一拍，二维码上的各种资料就可全部输入手机。二维码结构如图 9.3.1 所示。

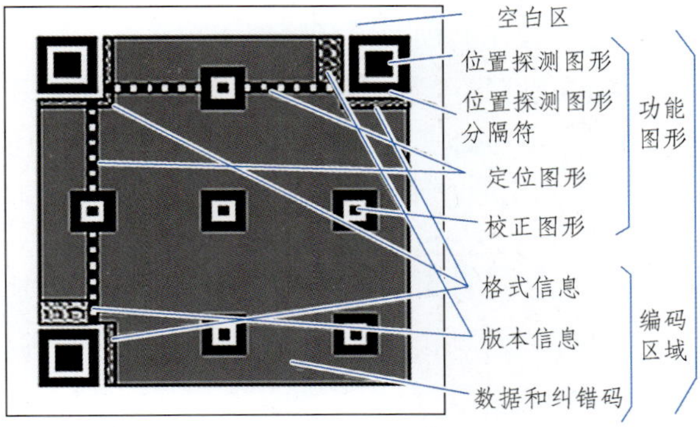

图 9.3.1　二维码结构

三、二维码的分类

二维码可以分为堆叠式/行排式二维码和矩阵式二维码。堆叠式/行排式二维码形态上是由多行短截的一维码堆叠而成；矩阵式二维码以矩阵的形式组成，在矩阵相应元素位置上用“点”表示二进制“1”，用“空”表示二进制“0”，由“点”和“空”的排列组成代码。

（1）堆叠式/行排式二维码。

堆叠式/行排式二维码（又称堆积式二维码或层排式二维码），其编码原理是建立在一维码的基础之上，按需要堆积成二行或多行。它在编码设计、校验原理、识读方式等方面继承了一维码的一些特点，识读设备和条码印刷与一维码技术兼容。但由于行数的增加，需要对行进行判定，其译码算法与软件也不完全相同于一维码。有代表性的行排式二维码有 Code 16K、Code 49、PDF417 等。

（2）矩阵式二维码。

短阵式二维码（又称棋盘式二维码）是在一个矩形空间通过黑、白像素在矩阵中的不同分布进行编码。在矩阵相应元素位置上，用点（方点、圆点或其他形状）的出现表示二进制“1”，点的不出现表示二进制的“0”，点的排列组合确定了矩阵式二维码所代表的意义。矩阵式二维码是建立在计算机图像处理技术、组合编码原理等基础上的一种新型图形符号自动识读处理码制。具有代表性的矩阵式二维条码有 Code One、Maxi Code、QR Code、Data Matrix 等。

四、“二维码+互联网云技术”在轨道施工中的应用

二维码+互联网云技术是通过收集设备信息参数台账、日常维护内容、维护人信息，将信息录入到后台生成二维码，同时设置记录模板和用户权限，可后台下载二维码，将二维码内容制作标牌和标签贴在设备上。设备维护人员可使用微信扫码添加维护记录，现场拍照。管理员可后台查看所有设备维护情况和详细信息，并导入备份。巡检人员可现场手机扫码查看设备的历史巡查记录。

使用“二维码+互联网云”技术，助力项目管理者实现人员管控、设备维护、施工流程管理等信息化改造，达到信息共享（现场扫码查看、信息分权限查看、手机分享）、提高施工效率（移动端快速操作、碎片化应用简单高效、减少业务中间环节）和加强管理（规范操作流程、信息汇总分析）的目的。施工现场二维码使用如图 9.3.2 所示。

图 9.3.2　施工现场二维码

参考文献

[1] 姜琪. 分析城市地铁轨道施工重难点及应对措施[J]. 名城绘，2020，(7)：88.
[2] 李洪昌，张伟，陶谦. 地铁工程施工用电动轨道车的功能特点[J]. 城市轨道交通研究，2020，23(3)：3.
[3] 吴坤标. 对城市轨道交通地铁临时用电施工和管理分析[J]. 建筑工程技术与设计，2021(25)：483-484.
[4] 刘建新. 城市轨道交通工程轨道施工方法和施工工艺探讨[J]. 建材与装饰，2017(15)：262-263.
[5] 王宝龙. 地铁轨道工程施工测量控制技术[J]. 国防交通工程与技术，2018，16(S1)：32-35.
[6] 中国有色金属工业协会. 工程测量标准：GB 50026—2020[S]. 北京：中国计划出版社，2020.
[7] 中华人民共和国住房和城乡建设部. 城市轨道交通工程测量规范：GB/T 50308—2017[S]. 北京：中国建筑工业出版社，2017.
[8] 北京市测绘设计研究院. 城市测量规范：CJJ/T 8—2011[S]. 北京：中国建筑工业出版社，2011.
[9] 中华人民共和国住房和城乡建设部. 地下铁道工程施工质量验收标准：GB/T 50299—2018[S]. 北京：中国建筑工业出版社，2018.
[10] 全国地理信息标准化技术委员会. 国家一、二等水准测量规范：GB/T 12897—2006[S]. 北京：中国标准出版社，2006.
[11] 沈阳建筑大学. 施工现场临时用电安全技术规范：JGJ 46—2012[S]. 北京：中国建筑工业出版社，2005.
[12] 中国机械工业联合会. 起重设备安装工程施工及验收规范：GB 50278—2010[S]. 北京：中国计划出版社，2010.
[13] 中国电力企业联合会. 电气装置安装工程起重机电气装置施工及验收规范：GB 50256—2014[S]. 北京：中国计划出版社，2014.
[14] 天津市建工工程总承包有限公司. 建筑施工安全检查标准：JGJ 59—2011[S]. 北京：中国建筑工业出版社，2011.
[15] 江苏省华建建设股份有限公司. 建筑机械使用安全技术规程：JGJ 33—2012[S]. 北京：中国建筑工业出版社，2012.
[16] 全国起重机械标准化技术委员会. 通用门式起重机：GB/T 14406—2011[S]. 北京：中国标准出版社，2011.
[17] 全国钢标准化技术委员会. 重要用途钢丝绳：GB 8918—2006[S]. 北京：中国标准出版社，2006.
[18] 沈阳建筑大学. 建筑施工起重吊装工程安全技术规范：JGJ 276—2012[S]. 北京：中国建筑工业出版社，2012.